U0676958

■ 高等职业学校**公共课**系列教材

大学生心理健康教育

DAXUESHENG XINLI JIANKANG JIAOYU

主　编◎张艳艳

副主编◎李林蔚　舒　畅　肖　瑶

重庆大学出版社

内容提要

本书首先对心理健康作了简单介绍,在了解心理健康基本知识的前提下,详细介绍了现在大学生特别是高职学生的自我意识、性格与气质、学习心理、人际交往心理、情绪、智力、恋爱、网络心理、就业择业心理,并在了解现在学生心理现状及问题的基础上,讨论出相应对策和实操训练。其内容既涉及理论知识,又联系了实训活动,既能够激发学生的学习兴趣,又能使学生在实训活动中做到心理健康。本书适用于关注心理健康,并需要提高心理健康水平的大学生,特别是本科及职业院校的学生。

图书在版编目(CIP)数据

大学生心理健康教育/张艳艳主编.--重庆:重庆大学出版社,2018.4(2025.1重印)

高等职业学校公共课系列教材

ISBN 978-7-5689-1059-0

Ⅰ.①大… Ⅱ.①张… Ⅲ.①大学生—心理健康—健康教育—高等职业教育—教材 Ⅳ.①G444

中国版本图书馆 CIP 数据核字(2018)第 060329 号

大学生心理健康教育

主 编 张艳艳
副主编 李林蔚 舒 畅 肖 瑶
策划编辑:顾丽萍

责任编辑:陈 力 赵 贞 版式设计:顾丽萍
责任校对:王 倩 责任印制:张 策

*

重庆大学出版社出版发行
出版人:陈晓阳
社址:重庆市沙坪坝区大学城西路 21 号
邮编:401331
电话:(023)88617190 88617185(中小学)
传真:(023)88617186 88617166
网址:http://www.cqup.com.cn
邮箱:fxk@cqup.com.cn(营销中心)
全国新华书店经销
重庆正文印务有限公司印刷

*

开本:787mm×1092mm 1/16 印张:16.25 字数:387 千
2018 年 4 月第 1 版 2025 年 1 月第 12 次印刷
印数:22 321—24 120
ISBN 978-7-5689-1059-0 定价:41.00 元

前 言

Preface

当今社会,科技迅猛发展,生活处处面临严峻的竞争和挑战。大学生作为社会建设的主要后备力量,他们肩负的责任是重大的,他们面临的压力也是巨大的。大学生需要良好的身体、健康的心理以及专业的素质去迎接挑战。

健康是生活幸福和事业成功的前提,而健康不单单指躯体健康,心理健康问题往往带给人们更大的影响。对于现在的大学生而言,由于社会的进步、科技的发展、经济水平的提高、医疗条件的完备,躯体上的疾病得到了有效的遏制,躯体的健康有了较高保障,人们在心理健康的维护方面有了更多需求。

从我国高校的普遍情况来看,大学生心理健康问题不容乐观,特别是近些年,心理问题导致的大学生休学、退学、犯罪、自杀等事件明显增多,党和国家一直高度重视大学生心理健康教育问题,这个问题也引起家庭、学校和社会的普遍关注,因此大学生心理健康教育课程也被列为各大高校的公共基础课程。

本书是根据教育办公厅 2011 年 5 月 28 日发布的《普通高等学校学生心理健康教育课程教学基本要求》,结合我国高等职业院校开展心理健康教育的实际情况,参考我国从事心理学研究、教学的专家和教师的科研、教学成果,再结合近几年各高校普查学生心理健康水平现状,兼顾参编教师的专长编写的。本书既考虑了教材的难度和适用对象,也加入了编者在实际工作中的经验成果。我们力求通过本门课程的学习,使学生深入了解自我,学会人际交往,了解危机处理办法,提高自我心理健康水平,进而使学生更好地应对挑战,解决问题,成为综合素质型人才。

本书与其他同类教材相比,具有以下特点:

(1)章节编排针对性强。本书从心理学的出现,逐步揭开心理学的神秘面纱,让学生对心理学有全面的了解,消除心理学是万能学科的看法;针对大学生的特点和心理发展规律,对大学生关注的就业问题、职业生涯问题进行重点阐述,同时对大学生使用网络做了科学引导。

(2)形式灵活多样。考虑到学生特点,本书的编写降低了专业知识的难度,设置了更多的实践,即案例分析、心理测试、情景模拟、心理活动等板块,以满足不同学生的需求,同时激发学生主动学习的热情,将所学运用于实践,又在实践中学习,让学生自我体验,并感受到学

习中的快乐。

（3）专业内容易懂。本书在设置内容时，考虑了形式上的灵活性、逻辑结构上的完整性，使学生通过教师的讲解，能更加深入地领会心理健康知识的博大精深，即使自学也能掌握心理健康的必备知识，并指导自己的生活学习实践，如爱情心理、快乐生活和快乐学习、我的情绪我做主等。

（4）案例来自教学实践。本书的案例，都是编者在教学实践中发现的典型的人、事，以匿名或者更名的形式展现出来，对在读的高职学生可以起到模范或者启示的作用，毕竟案例中的人或事与他们情况相似，能在心理上产生共鸣，能够起到解决问题或者指明方向的作用。

本书共分为十一章，各章具体分工如下：第一章、第八章由肖瑶编写，第二章、第三章、第四章、第五章和第十一章由张艳艳编写，第六章和第七章由舒畅编写，第九章、第十章由李林蔚编写；案例等资料搜集和校对由陈道雷、陈恒英、雷小红、梁霞、侯霜、裴直、王郡、王杰、朱利莎负责；全书由张艳艳进行最后的修改与统稿工作。

本书在编写过程中，参考了大量的文献资料和相关专家的科研成果以及大量一线教师的教学成果，在此表示真诚的谢意！

由于编写时间有限，加之编者的水平和能力有限，要将复杂的心理健康问题阐述完整，确实存在诸多困难，因此书中难免出现疏漏之处，恳请各位专家、同行和广大青年大学生朋友提出宝贵意见，以便在本书再版时加以完善。

编　者

2018 年 二 月

Contents ▰▰ ■ 目 录 ■

第一章 阳光心灵 健康人生——心理健康导论

时代在飞速发展,人们的生活水平在不断提高,工作压力和生活压力也在不断增加,人们的心理健康问题也就成了关注的热点。为了提高高职学生的心理素质,增强高职学生的适应能力和心理调适能力,促进高职学生的全面发展,帮助高职学生成功走向社会、走向职场,让高职学生了解心理健康的知识,认识心理健康的重要性,掌握一些心理调解的方法,是非常必要的。

第一节 心理学的发展史

心理学是研究心理活动和行为表现的一门科学。在实践活动和生活活动中,人和周围的环境发生相互作用,必然会产生这样或那样的主观活动和行为表现,这就是人的心理活动,或称为心理。

心理学的发展,可以从 17 世纪中叶算起,早期的联想主义心理学的基本思想是用联想来解释心理现象,而结构主义产生于 19 世纪后叶的德国,创始人冯特用实验的方法研究心理现象,这标志着心理学成为一门独立的学科,从哲学中独立出来。他于 1879 年将一个心理学实验室升级为第一个从事实验心理学研究的心理学研究学院。随着心理学的继续发展,认知心理学派、行为主义学派、格式塔心理学派等几大派系相继出现。

一、科学心理学的诞生

从最早的西方公认的"医学之父"古希腊希波克拉底对心理现象有着浓厚的兴趣开始,心理学已经有很长的历史,但是由于其研究对象的复杂性和不易确定性,长期以来属于哲学范畴,一直没有独立的地位。德国心理学家赫尔巴特首次宣称心理学是一门科学,可他反对使用实验法;德国著名心理物理学创始人费希纳对心理现象作了心理物理学测量,使实验心理学有了一个良好的开端,但他的目的却是为自己的哲学观点进行辩护,而不是让心理学独立出来;德国生理学家赫尔姆霍兹和德国感官生理学家恩斯特·韦伯在生理学的研究中采用了实验法,他们为心理学的独立做出了重大贡献,但是他们缺乏心理学的全局性观点;后来,德国心理学家冯特极力反对在心理学研究中进行玄学思辨,强调心理学研究对象的独特性,在他看来,心理学的研究对象不仅与哲学有区别,而且与自然科学也有差异。1879 年冯特在莱比锡大学主持建立了世界上第一个专门进行心理学研究的实验室,用实验法建立了新的实验心理学体系,这就标志着科学心理学的诞生,也标志着心理学的正式独立。

虽然在冯特以前,美国心理学家威廉·詹姆斯在哈佛大学也建立了一个心理学实验室,同年德国的卡尔·斯图姆夫也筹建过一个听觉实验室,费希纳和赫尔姆霍兹等人也做过许

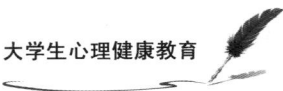

多生理心理学和心理物理学的实验,因为设备、方法等原因都未能做出较大的成果,因而影响甚微,但他们的研究对心理学的独立也做了很大的贡献。在冯特之前,对心理现象的解释主要靠直觉、推断和猜测,没有进行系统的科学分析和实验研究,冯特创立专业的心理学实验室之后,运用实验内省法、反应时法等研究方法,对人的感知觉、反应速度、注意分配、感情以及字词联想的分析等进行了研究,取得了大量重要成果。

二、心理学的派系

在有专门研究心理现象以来,不同的学派相继产生,他们研究的重点和方法都有不同。下面就联想主义、结构主义、机能主义、行为主义、格式塔心理学、发生认识论等心理学派加以阐述。

(一)联想主义

联想主义心理学是历史最早的心理学派,可以追溯到 17 世纪中叶,其后产生的心理学派的基本观点都是从联想主义心理学中得到启发的,因而联想主义心理学在西方心理学发展史上起着重要作用。

联想主义心理学主要使用联想来解释心理现象,早期的代表人物主要有霍布斯、洛克、贝克莱、休谟、哈特莱和穆勒父子等,但早期的联想主义者们基本凭借思辨来论证心理现象,没有进行精确的实验研究。

现代的联想主义心理学者们采用实验的方法研究认知活动的一些重要问题,目的是使心理学成为一门独立的、精确的学科。其主要的代表人物之一是德国心理学家艾宾浩斯,他在 1885 年发表了《论记忆》的著作,以无意义音节作为学习材料,以免被试产生任何联想,通过此设计研究联想是怎样形成的,得出了著名的遗忘曲线;另一位代表人物是美国心理学家桑代克,他在学习理论方面做出了很大的成就,曾做过许多动物学习实验以解释学习的实质。他认为,学习是渐进尝试错误的过程,人类的学习方式可能要复杂些,但本质是一致的,根据对动物学习的研究,总结出学习的三条基本定律,即准备律、练习律和效果律。

(二)结构主义

结构主义学派产生于 19 世纪后叶的德国,创始人是冯特。1879 年冯特在莱比锡大学建立了第一个心理学实验室,并把实验室升级为第一个从事实验心理学研究的心理学研究学院,这标志着科学心理学的诞生,使心理学从哲学中独立出来。

冯特的学生英籍美国心理学家铁钦纳把他们的研究学派命名为"结构主义",意思就是"关注心理的内容和结构,而不是心理活动的功能"。冯特希望建立一门关于"心灵的科学",借此来解释意识经验,就是要找到心灵最基本的单元(元素),以及各种元素合成心理复合体的方式和规律,建立一个"心理化学"体系,这也是"结构主义"名称的由来。为了建立起"心理化学"体系,他们开展了系统的研究,做了数百个实验,采用的方法是"内省法",就是向经过严格训练的被试(通常是研究生)呈现各种刺激,并要求被试描述自己的意识经验,在搜集这些意识经验的基础上分析心理元素。可谁来充当元素呢?冯特首先想到的是感觉。他认为,任何意识经验都是各种感觉化合而成的,他又把感觉从四个方面加以定义:通道(视觉、听觉、触觉、嗅觉)、质地(颜色、形状、结果等)、强度和持续时间。另外还有情感元素(伴随着感觉、情绪、注意和意志动作的简单情感)。这些多种多样的元素结合,构成了丰富多彩的意识经验。

这种试图研究心灵的内在结构,在实验中采用主观性很强的"内省法",简单地套用物质现象的成熟学科的方法来说明心理现象是行不通的。

(三)机能主义

"机能主义"(Functionalism)也是铁钦纳提出来的,研究的是心理活动的机能(功能),与结构主义正好相反。而机能主义正是在与结构主义的争论中成长起来的。

机能主义心理学的创始人詹姆斯(William James)和冯特相比,詹姆斯几乎没有做过什么原创性的研究,但他善于将心理学上的发现和日常生活联系起来,1890年,他出版了他的巨著《心理学原理》,后被缩写成《心理学教科书》(1892)供教学使用。詹姆斯感兴趣的是心理的功能——为什么以它特有的方式运行。他认为,意识处于一种川流不息的状态——意识流,其特性是意识都是个人的,意识是经常变化的,每一个人的意识都是连续不断的,意识决定于注意和习惯。

机能主义心理学强调在自然环境下研究心理现象。詹姆斯认为,心理学研究方法除了内省法和实验法外,还应该采用比较法。因此,他们对动物心理学、儿童心理学和变态心理学做了大量的研究。由于在研究中消极对待实验,这使得机能主义心理学对心理活动的解释缺乏强有力的证据支持。

(四)精神分析学派

奥地利精神病医师、心理学家弗洛伊德(S. Freud)创建了精神分析学派(Psychoanalysis),该学派的代表人物还有他的学生阿费烈德·阿德勒、卡尔·古斯塔夫·荣格、奥图·兰克、卡伦·霍妮等。他们主要从人的精神层次、人格结构、性本能、防御机制、释梦理论等方面对人的心理活动展开研究。

1. 精神层次

人的心理活动或者精神活动,包括欲望、冲动、思维、幻想、判断、决定、情感等,在意识、前意识和潜意识(无意识)3个层次里发生和进行,故被称为精神层次。在我们集中注意力的条件下,精神活动有些是能够被自己觉察到的,这种能够被自己觉察到的精神活动称为意识。而一些本能冲动或被压抑的欲望因为不符合社会道德,自身理智也不允许,无法进入意识层次被个体察觉到,就只有在潜意识里发生,这些心理活动一般情况下不会被个体所觉察,但当个体在醉酒、催眠状态或梦境中,自身控制减弱的情况下,偶尔会出现在意识层次里,个体能够觉察到。这种潜意识犹如冰山在水下的部分,意识只是浮在水面的部分,而前意识是在意识与潜意识之间的,通过某些特定的事件或行为会被个体察觉到,如同冰山与水面起伏接触的地方。

2. 人格结构

弗洛伊德把人格结构分成本我、自我、超我3部分。本我即原始的我,包含生存所需的基本欲望、冲动和生命力。本我是一切心理能量之源,即"力比多",为了追求性本能带来的快乐,缓解没有得到满足产生的紧张与痛苦,根本不管是否符合社会道德和行为规范,它唯一的要求是获得快乐,避免痛苦。本我是无意识的,不被个体所觉察。自我即现实中的"自己",是自己可意识到的部分,自我是完成或实现本我中符合道德规范的活动,遵循的是"现实原则",为本我服务。超我,就是理想中的我,包括两个部分,一个是良心,一个是自我理想。它是个体在成长过程中通过内化道德规范、社会及文化环境的价值观念而形成的,主要监督、批判及管束自我中的行为。超我的特点是追求完美,是无意识的,超我要求自我按社会可接受的方式去满足本我。

3. 性本能

弗洛伊德认为人的精神活动的能量来源于本能,本能推动着个体的行为。人类最基本的本能有两类:一是生的本能,二是死的本能或攻击的本能。生的本能包括性欲本能与个体生存本能。弗洛伊德认为性欲是指人们一切追求快乐的欲望,性本能(力比多)冲动是人一切心理活动的内在动力,当力比多积聚到一定程度就会造成机体的紧张,机体就要寻求途径释放能量。弗洛伊德把力比多的发展分为 5 个阶段:①口唇期(0~1岁);②肛门期(1~3岁);③前生殖器期(3~6岁);④潜伏期(6~11岁);⑤青春期(11或13岁开始)。

4. 防御机制

防御机制是自我的一种防卫功能。一般来讲,超我与本我之间,本我与现实之间,经常会有矛盾和冲突,这时个体就会感到痛苦和焦虑,自我就可以在不知不觉中,采取某种方式,调整冲突或矛盾双方的关系,使超我可以接受,同时本我的欲望也能得到某种形式的满足,从而缓和焦虑、消除痛苦,这就是防御机制。防御机制包括压抑、否认、投射、退化、隔离、抵消转化、合理化、补偿、升华、幽默、反向形成等形式。

5. 释梦理论

弗洛伊德把人格分成本我、自我、超我,各自负责自己的领域。当超我的控制减弱时,那些被压抑的本能就会被自我觉察到。以梦为例,梦不是偶然形成的联想,而是欲望的满足,个体在睡眠时,超我的检查松懈,潜意识中的欲望就闯入意识而形成梦,可见梦是对清醒时被压抑到潜意识中的欲望的表达。通过对梦的分析可以窥见人的内部心理,探究人潜意识中的欲望和冲突。因此精神分析学派在心理治疗中采用催眠的方式来治疗神经症。

(五)行为主义

行为主义只认客观观察,不认主观内省,代表人物有华生、斯金纳、托尔曼等。华生在他的《一个行为主义者所认为的心理学》中指出,心理学应该是一门纯粹客观的科学,其目标是预测和控制行为。在一项心理学研究中,哪些可观察到呢?一是刺激,这是主试精心设计和准备的;二是被试外显的反应,这是可以精确记录的生理反应。强调科学研究的客观性,这是心理学上的一个重大进步。行为主义始于 20 世纪 20 年代,能流行半个世纪,也是基于科学研究。

美国心理学家华生认为一切心理现象都可以还原为行为和生理反应,人与动物之间没有本质的区别。心理学家可以使用"刺激""反应"等术语,将所有心理学问题转化为刺激和反应之间的关系,从而建立起一个完整的科学体系。那么,行为主义心理学的主要内容就是条件反射,他引入俄国的巴甫洛夫的"经典条件反射",后来又添上"工具性条件反射"。

美国心理学家斯金纳虽然是彻底的行为主义者,但他对内部的心理事实或心理表征等概念不完全排斥。他认为,不应该因为困难就不研究诸如表象、感觉和思想等心理实体,他还认为心理事件是由外部环境刺激引发的,继而引发人的行为。他仍然研究刺激和行为之间的关系,避开了"心理事件"。他的最大贡献在于对迷信行为的研究,他用鸽子作被试,在鸽子身上发现了类似人类迷信的行为。他把8只鸽子分别放在经过改造的"斯金纳箱"(可以每隔15秒自动发放一次食物)中饲养,每只鸽子在箱里待几分钟,在这段时间里,不管它们做什么,都给予定时强化。结果是,这8只鸽子中有6只鸽子出现了有规律的行为。比如一只鸽子以逆时针方式在箱里转圈,在两次强化食物之间要转上2~3圈;另一只鸽子反复地奋力啄箱子上方的一个角落;还有一只鸽子翻来覆去地将头低下,仿佛要将其置于一根看不见的棍子之下,然后缩头、抬头;另外两只鸽子仿佛还"发明"了一套舞蹈动作。而这些行为在实验之前是没有的,虽然食物强化与鸽子新行为之间没有关系,但鸽子则认为它们的行为导致了食物的获得,因此推论鸽子产生了迷信。

华生创立的行为主义受到内部的批评和挑战,最典型的就是美国心理学家托尔曼,他一开始就对华生的学说提出了异议。他认为,目的是影响行为的决定性因素,应当用目的来解释人和动物的一切行为,因而他的学说被称为"目的行为主义"。其学说的主要内容有:第一,行为是有目的的,总是指向一定的目标;第二,要达到目的,就要选择一定的途径和方式;第三,选择的途径或方式应当符合最小努力的原则。例如,白鼠进入迷宫,目的就是找到食物,它必须找到能够获取食物的通道,在较多的通道中,它总是选择最短的、通过迷宫时间较少的通道。后来,他把"S(刺激)—R(反应)"公式改为"S—O(机体)—R",引入"O"这个中间变量。中间变量主要包括:①需要系统——特定时刻的生理剥夺和内驱力情境;②信念价值动机——表示宁可选择某种目的物的欲望强度和这些目的物在满足需求中的相对力量;③行为空间——行为是在个体的行为空间中发生的。在这种行为空间中,有些食物吸引人,另一些食物则令人厌恶。中间变量是不能直接观察到的,却起着决定性的作用。①

(六)格式塔心理学

格式塔心理学将冯特的结构主义说成是"砖块和灰泥的心理学",并提出了与结构主义完全对立的观点:心理现象不能分解还原成基本的元素,而应该在把握整体的前提下加以分析和研究,应该理解经验的整体结构。格式塔心理学创立于1911年,主要代表人物是德国心理学家维特海默、美籍德裔心理学家考夫卡、德国心理学家苛勒。

什么是格式塔?格式塔心理学派认为:心理经验不是多个静态、孤立元素的总和,而是经过组织的、动态的、不断变化的、由相互作用的一些事物构成的场。它将"场""完形"全面贯彻到了他们对心理过程(知觉、思维)的研究中。

苛勒曾经用黑猩猩做了许多解决问题的实验,最后得出结论:思维不是盲目地尝试,而是一种对情境的突然领悟,即顿悟。维特海默对创造性思维进行过系统的分析研究,并于1945年出版了《创造性思维》一书。他的研究从儿童解决简单的几何问题的过程,到爱因斯

---

① 邵志芳.认知心理学[M].上海:上海教育出版社,2006.

坦提出相对论的思维,范围很广泛。他强调完形,强调整体,认为创造性思维与对问题中某些格式塔的顿悟有关;打破旧的格式塔,发现新的格式塔,这就是创造性思维。

(七)人本主义心理学

人本主义由美国心理学家马斯洛于 20 世纪 50—60 年代创立,兴起于美国,70—80 年代迅速发展,代表人物主要有美国心理学家罗杰斯。人本主义特别强调人的正面本质和价值,并不研究人的行为和心理问题,强调人的成长和发展,称为自我实现。

人本主义心理学反对行为主义把人等同于动物,只研究人的行为,不理解人的内在本性,同时也批评弗洛伊德只研究神经症和精神病人,不考察正常人的心理,因而被称为除了行为主义学派和精神分析学派之外的心理学的第三种运动。

人本主义心理学强调人的尊严、价值、创造力和自我实现,把人的本性的自我实现归结为潜能的发挥,而潜能是一种类似本能的性质。人本主义最大的贡献是看到了人的心理与人的本质的一致性,主张心理学必须从人的本性出发研究人的心理。

马斯洛的主要观点:对人类的基本需要进行了研究和分类,将之与动物的本能加以区别,提出人的需要是分层次发展的;他按照追求目标和满足对象的不同把人的各种需要从低到高安排在一个层次序列的系统中,最低级的需要是生理的需要,这是人所感到要优先满足的需要。罗杰斯的主要观点:在心理治疗实践和心理学理论研究中发展出人格的"自我理论",并倡导"患者中心疗法"的心理治疗方法。人类有一种天生的"自我实现"的动机,即一个人发展、扩充和成熟的驱动力,它是一个人最大限度地实现自身各种潜能的趋向。

(八)发生认识论

如果说结构主义心理学派表达了心理学家对认知内部过程的浓厚兴趣,格式塔心理学派开展了对认知现象一般规律的大量研究,那么由瑞士心理学家皮亚杰创立的发生认识论则进一步拓展了认知研究的视野,从儿童智能发展的角度给认知心理学的创立和发展提供了强大的推动力,故发生认识论又称认知心理学。

皮亚杰认为,儿童的智能结构与成人有着质的差别,生物体对环境的适应方式在许多方面与儿童的智力发展特点吻合:两者都是某种适应的过程。关于儿童智力发展的理论,有四个基本概念:图式、同化、顺应和平衡。图式就是动作的结构或组织,它可以产生迁移和概括。同化就是将环境因素纳入已有的图式中,加强和丰富主体的动作。顺应就是改变主体的图式或动作以适应新的环境。个体就是通过同化和顺应的平衡来达到机体和环境的平衡。图式、同化、顺应和平衡相辅相成,推动心理结构和智力活动结构的发展。这就是皮亚杰的生物适应理论。儿童智力的发展就是图式的发展。一开始是感觉运动图式,以后出现表象图式、直觉思维图式,最后出现运算思维图式(具体运算水平和形式运算水平)。

第二节　认识心理健康

到底什么是心理健康? 心理健康的定义有很多种,每个定义都存在着争议,且又随着时代的步伐在发展,可谓是百家争鸣。1948 年世界卫生组织对心理健康有明确规定,《简明不列颠百科全书》也有心理健康和心理卫生的条目,后来的心理学家们也从认识、情感、意志、行为、人格等方面加以界定。

一、什么是心理健康

第3届国际心理卫生大会提出,心理健康的定义是:"所谓心理健康是指在身体上、智能上以及情感上与他人的心理健康不相矛盾的范围内,将个人心境发展为最佳的状态。"具体标志是:身体、智力、情绪十分协调;适应环境,人际关系良好;有幸福感;在生活、工作中能充分发挥自己的能力,有效率感。

从广义上讲,心理健康是指一种高效而满意的、持续的心理状态。从狭义上讲,心理健康是指人的基本心理活动的过程内容完整、协调一致,即认识、情感、意志、行为、人格完整和协调,能适应社会,与社会保持同步。

学者对心理健康的理解:自我意识广延、良好的人际关系、情绪上的安全性、知觉客观、具有各种技能、专注于工作、内在统一的人生观。

进入20世纪中叶后,由于现代科技与社会文化的迅猛发展,现代社会生活中的人普遍面临着激烈的竞争、频繁的应激、快速的节奏,前所未有的心理压力使人不堪重负,心理健康越来越受到人们的重视。1947年,世界卫生组织(WHO)在成立宪章中指出:"健康乃是一种身体的、心理的和社会适应的健全状态,而不只是没有疾病或虚弱现象。"这一章程将心理健康与身体健康放在同等重要的位置,是人们以一种多元视角全面看待健康的产物,反映了现代社会人们对健康概念的全面总结和更新。1989年,该组织又在健康的定义中增加了道德健康的内容以使其更加全面。

世界卫生组织估计,全球每年自杀未遂的人数达1 000万以上;造成功能残缺最大的前10种疾病中,有5个属于精神障碍;推算中国神经精神疾病负担到2020年将上升至疾病总负担的1/4。在中国,大概有1.9亿人一生中需要接受专业的心理咨询或心理治疗。据调查,在13亿人口中,有各种精神障碍和心理障碍的患者达1 600多万,在1.5亿青少年人群中,受情绪和压力困扰的青少年就有3 000万。

二、心理健康的标准

心理健康的标准,不同的心理学家有不同的看法,侧重点不一样,标准也有所不同,现列出三种不同的衡量标准。

(一)美国心理学家提出的心理健康的标准

①有充分的安全感,即不会感到有某种危险对自己造成威胁。

②充分了解自己,并能对自己的能力做恰当的估计,即人们常说的有"自知之明"。

③生活目标和理想切合实际,而没有过高的或缺乏明确的生活目标。

④与现实环境保持接触,即知行结合,而不是空想与自我封闭。

⑤能保持个性的完整和谐,悦纳自己,有良好的个人修养。

⑥具有从经验中学习的能力,而非固执、我行我素。

⑦能保持良好的人际关系,而非独来独往。

⑧具有适度的情绪发泄与控制能力,而非任意冲动或苦行僧式的压抑。

⑨在不违背集体意志的前提下有限度地发挥个性,而非盲从和随波逐流。

⑩在不违背社会道德规范的情况下能适当满足个人基本需要,也就是人们常说的要处理好集体与个人的关系。

(二)"八因素"标准

1. 智力正常

这是学习、生活与工作的基本心理条件,也是适应周围环境变化所必需的心理保证。

2. 情绪健康

情绪健康的标志是情绪稳定和心情愉快。包括的内容有:愉快情绪多于负面情绪、乐观开朗、富有朝气,对生活充满希望;情绪较稳定,善于控制与调节自己的情绪,既能克制又能合理宣泄自己的情绪;情绪反应与环境相适应。

3. 意志健全

意志是人在完成一种有目的的活动时,所进行的选择、决定与执行的心理过程。意志健全的大学生在各种活动中都有自觉的目的性,能适时地做出决定并运用切实有准备的方式解决所遇到的问题,在困难和挫折面前,能采取合理的反应方式,能在行动中控制情绪和言而有信,而不是行动盲目、畏惧困难和顽固执拗。

4. 人格完善

人格是个体比较稳定的心理特征的总和。人格完善就是指有健全统一的人格,个人的所想、所说、所做都是协调一致的。人格完善包括人格结构的各要素完整统一;具有正确的自我意识,不产生自我同一性混乱,以积极进取的人生观作为人格的核心,并以此为中心把自己的需要、目标和行动统一起来。

5. 自我评价正确

正确的自我评价是大学生心理健康的重要条件,进行自我观察、自我认定、自我判断和自我评价时,能做到自知、恰如其分地认识自己,摆正自己的位置,既不以自己在某些方面高于别人而自傲,也不以某些方面低于别人而自卑,面对挫折与困境,能够自我悦纳,自尊、自强、自制、自爱适度,正视现实,积极进取。

6. 人际关系和谐

良好而深厚的人际关系,是事业成功与生活幸福的前提。其表现为:乐于与人交往,既有广泛而深厚的人际关系,又有知心朋友;在交往中保持独立而完整的人格,有自知之明,不卑不亢;能客观评价别人和自己,善取人之长补己之短,宽以待人,乐于助人,积极的交往态度多于消极态度,交往动机端正。

7. 社会适应正常

个体应与客观现实环境保持良好秩序。既要进行客观观察以取得正确认识,以有效的办法应对环境中的各种困难,不退缩,又要根据环境的特点和自我意识的情况努力进行协调,或改善环境适应个体需要,改造自我适应环境。

8. 心理行为符合年龄特征

应具有与角色相应的心理行为特征。人的一生包括不同年龄阶段,每一年龄阶段其心理发展都表现出相应的质的特征,称为心理年龄特征。一个人心理行为的发展,总是随着年龄的增长而发展变化的。如果一个人的认识、情感和言语举止等心理行为表现基本符合他的年龄特征,则是心理健康的表现;如果严重偏离相应的年龄特征,发展严重滞后或超前,则是行为异常、心理不健康的表现。

(三)"三层面"标准

1. 心理层面

心理层面健康与否会影响一个人对人生的看法,心理健康的人即使遭遇挫败,也能以正向积极的态度处之,不但不会损及其成就感和满足感,反而可使其生活更具挑战性,更激发其创造力。心理的成长或发育是否成熟可以从一个人对环境的适应能力、对压力的调适能力、接受挑战的能力、面对挫折的反应以及解决冲突的办法来看,这些就是属于健康心理层面的特性。

2. 社会层面

人是在社会中不断地学习、发展和成长的,因此一个人的交际能力、社交能力、沟通技巧、阅人能力等会与日常生活中待人处事有极为密切的关系,这也就是关系个人健康的社会层面。

3. 智力层面

这是在一般说明健康定义时较少提及的部分,实际上智能的高低与个人的健康状态有绝对的关系,此种关系因牵扯到信念的问题,显得较复杂。再说智力与人应对进退,调适或解决问题的能力和技巧也有关,但这都不如智力让人判断新知的接受与否来得重要,因为这就关系到人的成长和发育。

(四)自测心理健康

世界卫生组织认为心理健康比躯体健康的意义更重要。一般情况下常用以下 15 个问题来测定心理老化情况:

①是否变得很健忘?

②是否经常束手无策?

③是否总把心思集中在以自己为中心的事情上?

④是否喜欢谈起往事?

⑤是否总是爱发牢骚?

⑥是否对发生在眼前的事漠不关心?

⑦是否对亲人产生疏离感,甚至想独自生活?

⑧是否对接受新事物感到非常困难?

⑨是否对与自己有关的事过于敏感?

⑩是否不愿与人交往?

⑪是否觉得自己已经跟不上时代?

⑫是否常常很冲动?

⑬是否常会莫名其妙地伤感?

⑭是否觉得生活枯燥无味,没有意义?

⑮是否渐渐喜好收集不实用的东西?

如果你的答案有7条以上是肯定的,那么说明心理出现老化的危机了,就需要调试自己的心理了。

第三节　高职学生常见的心理问题及产生原因

随着高职院校的快速发展,高职学生人数也在飞速增长。学校管理以及校园文化等大环境的不完善,加之高职学生本身的问题,使得他们存在这样那样的心理健康问题。如何对待高职学生的心理问题呢? 首先得清楚高职学生存在哪些问题,并分析产生心理问题的原因,这样才能解决学生存在的心理问题,促使他们快乐学习,健康成长。

一、高职学生常见的心理问题

相对于普通本科院校来说,高职学生的压力主要来自专业课的学习,由于社会对高职学生的认可程度还不高,导致高职学生学习自信心不足;就业前景的不乐观,也使他们对就业深感迷茫;家庭原因也使高职学生在处理各种社会关系时存在问题。

(一)学习压力大

对于高职学生而言,专业课的学习是他们的最大难点。专业学得好不好,能否拿到职业技能的资格证书,直接关系到他们以后能否找到好工作或者满意工作,可大多高职学生初、高中基础薄弱,学习习惯不好,对于专业知识,尤其是理工科的知识,他们很难消化,长此以往,学习问题凸显,压力增大,要么放弃学习,要么焦虑难受。

(二)交际问题突出

当代高职学生中,有的敏感、有的小气、有的自私、有的狂妄、有的眼高手低。这些性格上的缺陷,使他们在人际交往中经常受挫,而对挫折的忍受能力有限,就会产生人际交往焦虑,朋友圈子越来越窄,最后就是形单影只,孤孤单单的一个人。也有的学生不会说话,常常出现恶语伤人的情况,而这些学生自己并不知道错在自己。缺乏一定的交往技巧,也会造成交际困难。

(三)寝室不和谐

经常有学生换寝室,原因是和某某不和,或者难以忍受某某的脾气。现在的大学生,不管是本科生还是高职学生,寝室问题已经成了非常普遍的问题。作息时间不规律、自日散漫、夜猫子(玩游戏到深夜)、室友在休息也大声说话或者煲电话粥,这些都会引起寝室关系紧张。处理不好,轻则换寝室,重则退学。因为无法与寝室的同学和谐相处,怕回寝室,在寝室里找不到自己的位置,睡不好,吃不好,玩不好,极大地影响了学习。

(四)感情复杂

在校的高职学生中有一部分学生是单亲家庭,缺失了父爱或母爱的呵护,爱的不全面导致他们缺乏安全感；也有一部分学生是留守儿童，很小就跟爷爷奶奶、外公外婆生活，由于长期缺少父母的管教，而爷爷辈又无法在学习、心理等问题上给予及时的帮助，积累在一起，就产生了对父母的埋怨，等到爷爷辈无法束缚孩子的行为时，父母即使回到孩子的身边，也无法改掉孩子已经养成的坏习惯和坏毛病，而学生本身是不会原谅父母的，哪怕知道父母是为了自己而远离家乡的；也有一部分学生过早地谈恋爱，现在分开，各自在不同的地方，不对等的发展轨迹使相爱的俩人产生了隔阂，有了陌生感，从而产生了感情困惑。

（五）意志力差

做事情不能坚持，对成功与失败的归因不正确，很难做出成绩来，看不到成绩，自暴自弃，本来积极的心态会因为一时的失败或者看不到希望，就半途而废，这种现象在高职学生中很常见。也许给自己拟定了目标，设置了学习计划，但由于意志力薄弱，无法排除外界的干扰，一旦有诱惑，就会放弃计划，加入游戏或者玩耍中去。

二、高职学生常见心理问题产生的原因

以上种种问题，归纳起来有如下几点原因。

（一）就业前景不容乐观

不管是从新闻上看到，还是从朋友处得知，或是从学长处知晓，在校高职学生都会得到这样一个信息：工作不好找，想去的工作去不了，能去的工作太辛苦、工资又太低。加之学生对本专业学了之后能找什么样的工作缺乏足够的认识，就使得高职学生迷茫、彷徨，提不起精神，也没有学习的激情，因为他们觉得学好学坏没什么区别，有背景的怎么都能找到工作，没有爹妈拼的学习再好也无法进好的单位。由于这种错误的认知，在校高职学生中混日子的大有人在。学校的管理、老师的苦口婆心基本没用。

（二）社会大环境的影响

随着社会的发展，人们的思想观念也在不断变化，但是对高职学生的态度仍然不好，总觉得高职学生就是差生，不如本科生（特别是名校大学毕业生），社会对高职学生的认可程度还是很低，这种社会环境也使得高职学生产生莫名的自卑感；加之学习专业知识的难度大，想着学好一门技术的可能性小，因而缺乏信心，学习劲头不足，一天就胡思乱想，不采取实际行动，也就无法增长自己的知识和才能。

（三）学校管理的不全面

高职学校办学理念大多是"就业第一"，这一理念体现在学生管理、课程设置上。只要是跟就业没有关系的活动、课程可以取消；基础课得为专业课腾时间、腾地点，专业课先排，基础课插空，重专业，轻基础，使得人才培养向就业方向偏，学生也不重视基础课的学习，一些不良习惯得不到改正，人格的培养不全面，学生"德、智、体全面发展"成了喊口号。高职学生中有专业课拔尖的，在全市范围内甚至全国范围内都能拿到比赛的大奖，但这些学生却没能起到模范带头作用，没能把正能量传递给更多学生。

第四节 走进心理咨询，保持健康心态

心理咨询是什么？心理咨询有哪些方法？心理咨询的特点有哪些？从这些问题入手，来认识心理咨询，揭开它神秘的面纱，让学生走出误区，对它不再敬畏，有心理问题敢于走进心理咨询室，敢于向心理咨询师咨询自己的问题，从而使自己的心理健康，保持愉快的心情，理性地对待困惑，善于调适自己的情绪。

一、心理咨询的概念

心理咨询是一种人际帮助活动，咨询必须有两方才能进行，一方是接受帮助的，另一方是提供帮助的。前者为一名或数名需要帮助的有困难或问题的来访者，后者则是受过心理学方面的专门训练，能够给予所需帮助的咨询者。所谓心理咨询，是指咨询者依据一定的理论，针对来访者的特殊问题，运用一定的方法、技术或创设一定的条件来影响来访者，使后者的困难得到解决或达到某一特定的咨询目标。

心理咨询是一个人际互动过程。互动又叫相互作用，是社会心理学的一个概念，指两个主体相互影响的过程。互动的实质是一方对另一方发出影响信息（刺激），另一方对这种影响进行认知和评价并作出一定行为（反应），后者的反应又作为反馈信息（刺激）作用于前者这样一个包含着或简或繁的心理活动的过程。咨询是一种互动，是双向的信息交流而非单向交流。这一特点意味着，不仅咨询者在影响、改变来访者，来访者也在影响、改变咨询者。互动成功与否，关系着咨询的质量和效果。

二、心理咨询的方法和原则

心理咨询就是心理咨询师把不同心理学派的方法运用到心理咨询中，比如精神分析学派的释梦、暗示、催眠等方法，行为主义学派的系统脱敏，认知心理学派的 ABC 理论，以达到助人自助的过程。心理咨询师要有严格的职业素养。

（一）心理咨询不是心理治疗

两者的关键差别在于前者是采取发展模式而后者则基本上采取病理模式。在心理咨询中，咨询人员与来访者的关系是平等的关系，而在心理治疗中，心理医生与来访者的关系基本上称医患关系。

（二）心理咨询不是生活咨询

心理咨询有着严格的职业要求，以发展来访者的独立思考与决策能力为最终目标。而日常生活咨询基本上是规劝式、说教式的。心理咨询通常需要一个过程，仅通过一两次见面是不能产生心理咨询效能的。

（三）心理咨询不是社交谈话

心理咨询在正式的心理咨询室内进行，并以保密为首要原则。心理咨询不可以在社交场合中进行,不能视为一般的聊天活动。

(四)心理咨询不是逻辑分析

心理咨询是人心灵的沟通,要求咨询人员体验来询者的内心世界,并做出适宜的反应,即以情为基础。倘若咨询人员面对来询者只进行逻辑分析,就不是心理咨询。

(五)心理咨询不是交朋觅友

心理咨询是一种特殊的人际关系,它要求咨询人员与来询者保持一定距离,确立一种十分中立的关系。心理咨询需要有"距离美",需要区分私人友谊与心理咨询的关系。

(六)心理咨询不是安慰别人

安慰人不是心理咨询的目标,而实现自我安慰、助人自助才是其目标。心理咨询也不是去替他人分担痛苦,而是帮助来访者面对困难寻求自救良方。不合时宜和不必要的安慰、劝解应尽量避免。

(七)心理咨询不是替人除难

助人自助是心理咨询的最终目标,也是其最高境界。如果将心理咨询简单看作替人出谋划策、排忧解难,实在误解了心理咨询的基本精神,这种治标不治本的做法无益于来询者的成长,是心理咨询之大忌。

心理案例

冯特

威廉·冯特(Wilhelm Wundt,1832 年 8 月 16 日—1920 年 8 月 31 日),德国生理学家、心理学家、哲学家,被公认为实验心理学之父。他于 1879 年在莱比锡大学创立世界上第一个专门研究心理的实验室,这被认为是心理学成为一门独立学科的标志。他学识渊博,著述甚丰,一生作品达 540 余篇,研究领域涉及哲学、心理学、生理学、物理学、逻辑学、语言学、伦理学、宗教等。

西格蒙德·弗洛伊德

西格蒙德·弗洛伊德(Sigmund Freud,1856 年 5 月 6 日—1939 年 9 月 23 日)是奥地利精神病医师、心理学家、精神分析学派创始人。弗洛伊德 1873 年入维也纳大学医学院学习,1881 年获得医学博士学位。1882—1885 年在维也纳综合医院担任医师,从事脑解剖和病理学研究,然后私人开业治疗精神病。1895 年正式提出精神分析的概念。1899 年出版《梦的解析》,被认为是精神分析心理学的正式形成。1919 年成立国际精神分析学会,标志着精神分析学派最终形成。1930 年被授予歌德奖。1936 年成为英国皇家学会会员。1938 年奥地利被德国侵占,赴英国避难,次年于伦敦逝世。他开创了潜意识研究的新领域,促进了动力心理学、人格心理学和变态心理学的发展,奠定了现代医学模式的新基础,为20世纪西方人文学科提供了重要理论支柱。

心理测量

测试一:

焦虑自评量表(SAS)

焦虑是一种比较普遍的精神体验,长期存在焦虑反应的人易发展为焦虑症。本量表包含20个项目,分为4级评分,请您仔细阅读以下内容,根据最近一星期的情况如实回答。

填表说明: 所有题目均共用答案,请在A、B、C或D下画"√",每题限选一个答案。

姓名: 性别:□男   □女

自评题目:

答案: A 没有或很少时间;B 小部分时间;C 相当多时间;D 绝大部分或全部时间。

题目	A	B	C	D
1. 我觉得平时容易紧张或着急	A	B	C	D
2. 我无缘无故会感到害怕	A	B	C	D
3. 我容易心里烦乱或感到惊恐	A	B	C	D
4. 我觉得我可能将要发疯	A	B	C	D
*5. 我觉得一切都很好	A	B	C	D
6. 我手脚发抖打战	A	B	C	D
7. 我因为头疼、颈痛和背痛而苦恼	A	B	C	D
8. 我觉得容易衰弱和疲乏	A	B	C	D
*9. 我觉得心平气和,并且容易安静坐着	A	B	C	D
10. 我觉得心跳得很快	A	B	C	D
11. 我因为一阵阵头晕而苦恼	A	B	C	D
12. 我有晕倒发作,或觉得要晕倒似的	A	B	C	D
*13. 我吸气呼气都感到很容易	A	B	C	D
14. 我的手脚麻木和刺痛	A	B	C	D
15. 我因为胃痛和消化不良而苦恼	A	B	C	D
16. 我常常要小便	A	B	C	D
*17. 我的手脚常常是干燥温暖的	A	B	C	D
18. 我脸红发热	A	B	C	D
*19. 我容易入睡并且一夜睡得很好	A	B	C	D
20. 我做噩梦	A	B	C	D

评分标准: 正向计分题A、B、C、D按1、2、3、4分计;反向计分题(标注 * 的题目题号:5、9、13、17、19)按4、3、2、1计分。总分乘以1.25取整数,即得标准分。低于50分者为正常;

50~60分者为轻度焦虑;61~70分者为中度焦虑,70分以上者为重度焦虑。

测试二:

抑郁自评量表(SDS)

本量表包含20个项目,分为4级评分,为保证调查结果的准确性,请您务必仔细阅读以下内容,根据最近一星期的情况如实回答。

填表说明:所有题目均共用答案,请在 A、B、C 或 D 下画"√",每题限选一个答案。

姓名: 性别:□男 □女

自评题目:

答案: A.没有或很少时间;B.小部分时间;C.相当多时间;D.绝大部分或全部时间。

题目	A	B	C	D
1. 我觉得闷闷不乐,情绪低沉	A	B	C	D
*2. 我觉得一天之中早晨最好	A	B	C	D
3. 我一阵阵哭出来或想哭	A	B	C	D
4. 我晚上睡眠不好	A	B	C	D
*5. 我吃得跟平常一样多	A	B	C	D
*6. 我与异性密切接触时和以往一样感到愉快	A	B	C	D
7. 我发觉我的体重在下降	A	B	C	D
8. 我有便秘的苦恼	A	B	C	D
9. 我心跳比平时快	A	B	C	D
10. 我无缘无故地感到疲乏	A	B	C	D
*11. 我的头脑跟平常一样清醒	A	B	C	D
*12. 我觉得经常做的事情并没困难	A	B	C	D
13. 我觉得不安而平静不下来	A	B	C	D
*14. 我对将来抱有希望	A	B	C	D
15. 我比平常容易生气激动	A	B	C	D
*16. 我觉得作出决定是容易的	A	B	C	D
*17. 我觉得自己是个有用的人,有人需要我	A	B	C	D
*18. 我的生活过得很有意思	A	B	C	D
19. 我认为如果我死了别人会生活得更好些	A	B	C	D
*20. 平常感兴趣的事我仍然照样感兴趣	A	B	C	D

评分标准:正向计分题 A、B、C、D 按1、2、3、4 分计;反向计分题(标注 * 的题目,题号:2、5、6、11、12、14、16、17、18、20)按4、3、2、1 计分。总分乘以1.25 取整数,即得标准分。低于50分者为正常;50~60分者为轻度焦虑;61~70分者为中度焦虑,70分以上者为重度焦虑。

第二章　认识自我　完善自我——自我意识

　　"认识你自己"——这是古希腊一座阿波罗神庙的门楣上刻着的一句名言。直到现今，这句话还依稀可见，令许多旅游者感到神秘而古老。短短几个字，却是人类迄今为止也很难解释的一个话题。

　　我国自古就有训诫"人贵有自知之明"，这也表明人类在认识自然的同时，认识人本身也非常重要。从某种意义上讲，人认为自己是怎样的一个人，比他真正是一个什么样的人更重要，因为每个人都是按照自己认为是个什么样的人去为人处世的。而一个人只有对自己各方面都有比较明确的了解，才能在环境的适应上，获得较满意的结果。所以正确的自我意识是心理健康的首要条件。

　　新时代的大学生们都希望了解自己、把握自己，但是在生活中很少有人花时间进行自我思考，甚至不了解自己的个性。在信息时代里，大学生群体接触、接收信息呈裂变式增长，他们知道很多道理和现象，但没有思考和加工，仅仅是简单接收，更缺乏自我认识。有的学生单纯地向往自由，认为自由就是谁也不能干涉自己，进入大学就是享受自由生活，本来入学时，成绩名列前茅，但是逐渐懒惰，更加随心所欲，最终荒废了学业。有的学生因为自我需求没有得到很好的满足，就报复他人、报复社会，做出一些不理智的行为。有的学生因为在学习、交际等方面较差，进而沉迷网络游戏，认为在游戏角色里才能实现自己。虽然认识自我是长期而艰巨的任务，但是是必需的和可能的。从人的发展阶段来讲，大学期间也是自我意识急剧增长、迅速发展和趋于完善的重要时期，本单元将从自我意识内容展开，一起探讨大学生自我意识发展的特点，分析自我意识的形成以及形成过程中的矛盾冲突，帮助大家树立正确的自我意识，寻找认识自我、完善自我的途径和方法，培养健康人格和成为德才兼备的高素质技能型人才。

第一节　自我意识概述

　　我们每天都会认识新的世界，也会不断认识自我。一个人在心理发展历程中，一般要经历从幼稚到成熟的过程，而形成正确的自我意识是心理成熟的标志，对心理健康起着重要作用。我们可以在一张纸上画出心中的自己，尽量表现出自己的特征，并写上简短的几句话。然后与老师、同学分享。你的自我意识与他人的认识吻合吗？你认识自己了吗？

一、自我意识的含义及内容

（一）自我意识的含义

　　自我意识是意识的核心部分，就是对"自我认知"或者说个体作为主体的"我"对自己以及自己与周围环境关系的认识,包括对自己存在的认识,以及对个体身体、心理、社会特征等方面的认识。这种认识是个体通过观察、分析外部活动及情景、社会比较等途径获得的,是一个多维度、多层次的心理系统。

(二)自我意识的结构

由于自我意识既是心理活动的主体,也是心理活动的客体,它涉及认知、情感和意志过程的多层次、多维度的心理现象,因此,自我意识可划分为自我认知、自我体验和自我调控3个方面。

1. 自我认知

自我认知是指个体对自己的身心状况、与他人的关系的认知。它是自我意识的首要成分,也是自我调解控制的心理基础。主要包括自我感觉、自我知觉、自我观察、自我分析、自我评价等。如"我是一个什么样的大学生""我在班级里扮演一个什么角色"等。

2. 自我体验

自我体验主要以自尊心和自信心为主要内容。它是主观自我对客观自我的情绪体验,是在自我认知基础上产生的。自我体验经常以自尊、自怜、自爱、自弃、自信、自卑、荣誉感、耻辱感等表现出来。如"我是否接纳自己""我是否对自己的现状满意"等。

3. 自我调控

自我调控是指个体对自己的行为、活动以及态度的调节与控制。主要包括自我检查、自我控制、自我监督。它是自我意识直接作用于个体行为的体现,是个体自我教育、自我发展的重要机制,是自我意识能动性的表现。如"我应该如何改变自己""我应该怎样实现理想""我应该怎样达成目标"等。

(三)自我意识的内容

1. 生理自我

生理自我是指对自己身体特征的认识和身体状态的感知。如对性别、年龄、身高、体重、容貌、身材等的认识,对生理病痛、温饱饥饿、劳累疲乏的感受等。生理自我与遗传、身体素质有关,如果一个人不能接纳自己,认为自己个子矮、身材差,就会表现出自卑;若一个人过于夸大自己的容貌、身材,就会表现出自恋。

2. 社会自我

社会自我是指自己在群体中的地位、作用以及自己与他人关系的认识、评价和体验。如自己在群体中的地位、名望、受尊重度、接纳程度,拥有家庭、朋友圈、社会的支持等。如果一个人认为周围的人不喜欢自己、不接纳自己、找不到知心朋友,就会感到孤独、寂寞。

3. 心理自我

心理自我是指对自己的感知觉、能力、情绪、兴趣、动机、气质、性格等的认识和体验。如果一个人对自己的心理自我评价低,认为自己智商低、情商低、自制力差、情绪起伏大,就会否定自己。

自我意识的结构和内容相互联系、有机组合、完整统一,成为一个人个性的核心内容,如表2-1所示。

表 2-1　自我意识的结构

内　容＼结　构	自我认知	自我评价	自我调控
生理自我	对自己身体、外貌、衣着、风度、家属、所有物等的认识	英俊、漂亮、有吸引力、迷人、自我悦纳	追求身体的外表、物质欲望的满足,维持家庭的利益等
社会自我	对自己的名望、地位、角色、性别、义务、责任、力量的认识	自尊、自信、自爱、自豪、自卑、自怜、自恋	追求名誉、地位,与他人竞争,争取得到他人的好感等
心理自我	对自己的智力、性格、气质、兴趣、能力、记忆、思维等特点的认识	有能力、聪明、优雅、敏感、迟钝、感情丰富、细腻	追求信仰,注意行为符合社会规范,要求智慧与能力的发展

二、自我意识的产生与发展

人的自我意识是随着人的每一个阶段的成长而逐渐发展的。从起始于婴幼儿时期,萌芽于童年期,形成于青春期,发展于青年期,完善于成年期,需要 20 多年的时间。大学阶段是自我意识从发展走向成熟最重要的时期。

(一)埃里克森人生八阶段学说

美国心理学家爱利克·埃里克森(Erik H. Erikson)的人格发展论中,将人的自我意只形成与发展分为相互联系的八个阶段(见表 2-2),并详细论述了每个阶段的特定心理、社会发展课题,他称之为"心理社会危机"。每个阶段心理、社会发展课题的完成、危机的解决,就会产生积极的品质,反之,就会产生消极的品质。

表 2-2　埃里克森的人生发展阶段

阶　段	年　龄	心理危机(发展关键)	发展顺利	发展障碍
婴儿期	0～1 岁	对人信赖←→对人不信赖(trust vs. mistrust)	对人信赖,有安全感	与人交往,焦虑不安
婴儿后期	2～3 岁	活泼自主←→羞愧怀疑(autonomy vs. shame and doubt)	能自我控制,行动有信心	自我怀疑,行动畏首畏尾
幼儿期	4～5 岁	主动←→退缩内疚(initiative vs. guilt)	有目的、方向,能独立进取	畏惧退缩,无自我价值感
儿童期	6～11 岁	勤奋进取←→自贬自卑(industry vs. inferiority)	具有求学、做事、待人的基本能力	缺乏生活基本能力,充满失败感
青年期	12～18 岁	自我统合←→角色混乱(identity vs. confusion)	自我观念明确,追求方向肯定	生活缺乏目标,时感彷徨迷失

续表

阶　段	年　龄	心理危机(发展关键)	发展顺利	发展障碍
成人前期	19～25岁	友爱亲密⟷孤独疏离(intimacy vs. isolation)	成功的感情生活,奠定事业基础	孤独寂寞,无法与人亲密相处
成人中期	26～60岁	精力充沛⟷颓废迟滞(generativity vs. stagnation)	热爱家庭,栽培后进	自我恣纵,不顾未来
成人后期	60岁以上	完美无憾⟷悲观绝望(integrity vs. despair)	随心所欲,安享天年	悔恨旧事,徒呼奈何

1. 婴儿时期(0～1岁)

信任与不信任:这是获得信任感而克服不信任感阶段。所谓信任,是婴儿的需要与外界对他需要的满足保持一致。这阶段的婴儿对母亲或其他养育者表示信任,婴儿感到所处的环境是安全的,周围人是可以信任的,由此就会扩展为对一般人的信任。婴儿如果得不到周围人的关心与照顾,他就会对外界特别是对周围的人产生害怕与怀疑的心理,以致影响到下一阶段的顺利发展。

2. 婴儿后期(2～3岁)

自主与羞怯、怀疑:这是获得自主感而避免怀疑感与羞耻感阶段。个体在第一阶段处于依赖性较强的状态下,什么都由成人照顾。到了第二阶段,儿童开始有了独立自主的要求,如想要自己穿衣、吃饭、走路、拿玩具等,他们开始探索周围的世界。这时候,如果父母及其他照顾他们的成人,允许他们独立地去干一些力所能及的事情,并且表扬他们完成的工作,就能培养他们的意志力,使他们获得一种自主感,能够自己控制自己。相反,如果成人过分爱护他们,处处包办代替,什么也不需要他们动手,或过分严厉,这也不准那也不许,稍有差错就粗暴地斥责,甚至采用体罚,就会使孩子产生自我怀疑与羞耻之感。

3. 幼儿期(4～5岁)

主动与内疚:这是获得主动感受而克服内疚感阶段。个体在这阶段的肌肉运动与言语能力发展很快,能参加跑、跳、骑小车等,能说一些连贯的话,还能把自己的活动扩展到家庭以外的范围,除了模仿行为外,个体对周围的环境充满了好奇心,知道自己的性别,也知道动物是公是母,常常问这、动动那。这时候,如果成人对孩子的好奇心以及探索行为不阻挠,让他们有更多机会去自由参加各种活动,耐心地解答他们提出的各种问题,那么孩子的主动性就会得到进一步的发展,表现出很大的积极性与进取心。反之,如果父母对儿童采取否定与压制的态度,就会使他们认为自己的游戏是不好的,自己提出的问题是笨拙的,自己在父母面前是令人讨厌的,进而使孩子产生内疚感与失败感。这种内疚感与失败感会影响下一阶段的发展。

4. 儿童期(6～11岁)

勤奋与自卑:这是获得勤奋感避免自卑感阶段。儿童的智力不断地得到发展,特别是逻辑思维能力发展迅速,他们提出的问题很广泛,而且有一定的深度,他们的能力也日益发展,参加的活动已经扩展到学校以外的社会。这时候,对他们影响最大的已经不是父母,而是同伴或邻居,尤其是学校中的教师。他们很关心物品的构造、用途与性质,对于工具技术也很感兴趣。这些方面如果能得到成人的支持、帮助与赞扬,则能进一步加强他们的勤奋感,使之进一步对这些方面产生兴趣。

5. 青年期(12~18 岁)

自我同一与角色混乱:这一阶段的核心问题是自我意识的确立和自我角色的形成。青少年对周围世界有了新的观察与思考,他们经常考虑自己到底是怎样一个人,他们从别人对他的态度中,从自己扮演的各种社会角色中,逐渐认清了自己。此时,他们逐渐疏远了自己的父母,从对父母的依赖关系中解脱出来,而与同伴们建立了亲密的友谊,从而进一步认识自己,对自己的过去、现在、将来产生一种内在的连续之感,也认识到自己与他人在外表上与性格上的相同与差别。认识到自己的现在与未来在社会生活中的关系,这就是自我同一感。

6. 成人前期(18~25 岁)

亲密与孤独:这是建立家庭生活的阶段,也是获得亲密感、避免孤独感的阶段。亲密感是人与人之间的亲密关系,包括友谊与爱情。亲密感的社会意义,是个人能与他人同甘共苦、相互关怀。亲密感在危急情况下往往会发展为一种互相承担义务的感情,它是在共同完成任务的过程中建立起来的。如果一个人不能与他人分享快乐与痛苦,不能与他人进行思想情感的交流,不相互关心与帮助,就会陷入孤独寂寞的苦恼情境之中。

7. 成人中期(25~60 岁)

繁殖与停滞:这是获得创造力感,避免自我停滞阶段。这一阶段有两种发展的可能性,一种可能是向积极方面发展,个人除关怀家庭成员外,还会扩展到关心社会上其他人,关心下一代以至于子孙万代的幸福。他们在工作上勇于创造,追求事业的成功,而不仅是满足个人需要。另一种可能性是向消极方面发展,即所谓自我停滞,就是只顾自己以及自己家庭的幸福,而不顾他人的困难与痛苦,即使有创造,其目的也完全是为了自己的利益。

8. 成人后期(60 岁以上)

自我完善与悲观失望:这是获得完善感、避免失望感的阶段。如果前面 7 个阶段积极的成分多于消极的成分,就会在老年期汇集成完善感,回顾一生觉得这一辈子过得很有价值,生活得很有意义。相反,如果消极成分多于积极成分,就会产生失望感,感到自己的一生失去了许多机会,走错了方向,想要重新开始又感到为时已晚,于是产生了一种绝望的感觉,精神萎靡不振,马马虎虎混日子。

(二)我国心理学界的自我意识发展理论

我国心理学家提出了自我意识发展的三阶段模式,即生理自我、社会自我和心理自我发展模式。

1. 生理自我的形成(0~3 岁)

新生婴儿不具有自我意识,不能区分自己与外界环境。

8 个月左右,自我意识开始萌芽。

1 岁左右,逐步认识自己的身体,明白自己与外界环境是分开的,自己与他人是不同的。

2 岁左右,开始牙牙学语,学会用"我"代表自己,知道自己的名字。

3 岁左右,自我意识逐步清晰,开始出现羞辱感、占有心。萌生自立的需求——对许多事情要求"自己来做"。

2. 社会自我的形成(3~14岁)

从3岁到青春期,个体开始进入自我意识的发展期。这一时期是全面接受社会文化影响,开始学习角色的重要时期。个体通过家庭、幼儿园、学校参与游戏、学习、劳动等不同活动,在模仿、认同、练习等过程中逐步形成各种角色观念,即性别角色、子女角色、朋辈角色、学生角色等。虽然青春期少年开始积极关注自己的内部世界,但他们主要从别人的观点去评价事物、认识他人,对自己的认识也服从于权威或是同伴的评价。因此,这一时期个体意识的发展被称为"社会自我"发展阶段,也称为"客观化"时期。

3. 心理自我的形成(14岁至成年)

这个时期,人的性意识觉醒,抽象思维能力和想象力大大提高,自我意识经过分化、矛盾,走向统一,趋于成熟。个体开始清晰地认识到自己的内心世界,开始有明确的价值探索和追求,强烈要求独立,产生了自我塑造、自我教育的紧迫性和实现自我目标的驱动力。这也是自我意识形成的最后阶段。通过自我意识去认识内外部,而且这样的自我意识过程将伴随我们一生。

三、自我意识与心理健康的关系

自我意识对人的心理健康起着重要的作用,是评判心理健康的标准之一。英国心理学家理查德·林恩博士在1997年总结归纳前人大量关于心理健康标准的研究之后,提出了心理健康的9条标准。其中半数以上都与自我意识相关:自我接纳(但不是自我陶醉);自我认识;自信心和自制力;清晰洞察现实情况;勇敢,有挫败时不会一蹶不振,具有复原力;平衡和进退有度;关爱他人、热爱生命、人生有意义。

国内外心理学家在界定心理健康标准时,都将自我意识作为主要的指标。可见,心理健康的人必然对自己有客观的认识,能够悦纳自己,有很强的自尊,但又不会自以为是或是自我陶醉。人必须首先爱自己、尊重自己,才能真正地爱其他人。高职学生自我意识的发展状况既是以往心理发展和健康状况的集中反映,也是现阶段学生心理健康、人格发展的新起点。

有健全自我意识的人常常表现为:

①自我肯定,自我统一。

②自我认识、自我体验、自我调解,协调一致的人。

③独立的,同时又与外界保持协调的人。

④一个主动打造自我且自我具有灵活性的人。

⑤心理健康的人,不仅自己能健康发展,而且能促进社会文明和进步的人。

第二节　认识自我

对于刚刚走进高职校园的学生来讲,适应大学的生活环境,正确认识自己、塑造自己、发展自己是非常重要的。

对于刚进入高职校园的学生来讲,准确定位、精确择业、成就自我都建立在认识自我的基础上。人们常说"人最好的朋友是自己,最大的敌人也是自己",你是否有所体会?

【校园生活分享】

耀眼夺目的小敏

计算机专业大二学生小敏，曾是某中学的优秀学生，是学校重点培养对象，却因高考发挥失常，只考上了一所高职院校。因中学期间从未接触过专业技能学习，刚进大学时，参加学校组织的专业技能考试，她发现自己的成绩是全年级倒数第几名，让小敏失落了许久。冷静之后，小敏仔细观察同学们的学习方法、态度，回顾自己的学习体会，总结经验，并时常与同学作客观的比较，发现自己学习态度认真、记忆力好、肯吃苦、爱钻研的特点，进而学习其他同学的钻重点、讲方法、巧记忆、勤联系等长处，取长补短。第一学年，小敏就进入班级前10名，取得"最佳进步奖"。第二学期，小敏继续保持学习势头，突击外语弱项，通过英语等级考试。第三学期，进入专业核心技能学习关键阶段，男生优势逐渐显现，小敏正视了人们认为女生学计算机专业会越来越吃力的偏见，发挥了自己在美术和音乐方面的特长，结合计算机三维制作软件，制作出二维及三维的动态影音，充分将个人兴趣与专业结合，在学校和全市的大学生三维动画大赛中取得骄人成绩。

当代高职学生有着自己独有的个性特点，小敏正确认识自我、成就自我，是每一位当代高职学生学习的榜样。了解认识高职学生心理发展一般过程也是正确认识自己的有效渠道。

一、高职学生自我认识发展的主要特点

(一)强烈关注自己的发展

对当代高职学生而言，思想上的独立与经济上的依赖，生理上的成熟与心理社会性成熟的滞后存在着深刻的矛盾。从年龄上看，高职学生到了应该是自立的、独立承担社会责任的阶段，但校园相对单纯的学习生活又使他们应当承担的社会责任从时间上向后延续。这种社会责任的向后延续使学生们处于"准成人"状态。这样也为高职学生广泛深入细致地思考自我提供了时间的现实可能性，但并没有减轻他们心理上的压力，特别是对于高职贫困学生。有学生在微博中写道："看着家里白发苍苍的父母为了自己高昂的学费而奔波，早起晚归，生活贫寒，而自己却在学校享受着安逸的生活，有时还厌学逃课，顿时一种负罪感悄悄地袭上心头。"

鉴于这种矛盾心理，大学生在进行积极的自我探索过程中更加关心自身的发展和利益。比如会经常反思：我聪明吗；我的风度如何；我是否受欢迎；这件事是否与我有关等问题。

(二)自我认识的自觉性和主动性明显提高

高职教育是很多高职学生最后的校园学习阶段。在他们面前摆着许多深刻的课题和选择。我选择的专业是否适合我，我是否能掌握专业技能，以后是否能找到对应的工作，我是否能吃苦，我的职业规划是什么等。这些都是他们急于思考，又想得到满意答案的问题。这种自发性的思考，相比少年时期学习生活变得更加主动、更自觉、具有较高的水平。

（三）自我体验丰富而复杂

普通青年进入社会后,社会角色开始定位,在自我体验上相对来说比较稳定简单。考上本科的学生因学习时间较长,进入社会缓冲时间也较长,自我体验相对来说也比较平稳。高职学生的体验相对来说更加丰富和复杂。大部分高职学生表现出喜欢自己、满意自己、自尊、自信、好胜等优良品质,但也表现出敏感、闭锁、情绪波动性大等特点。凡是涉及"我"以及与"我"相关的许多事物,都常常引起高职学生的情绪、情感强烈反应。高职学生对别人的言行和态度极为敏感,把自己的情感体验闭锁于内心,而且内心体验起伏不定。如当取得优异成绩时容易产生积极、肯定的自我体验,甚至是骄傲自满、忘乎所以;当遇到挫折和困难时又极易产生消极、否定的情感体验,甚至是自暴自弃、悲观失望。

（四）自我意识发展的广度和深度不断提高,过程中出现明显的年级和个别差异

高职这一特殊的学习阶段,既要求学生对专业技能的掌握,同时也让他们和其他大学生一样享有优越的生活学习环境和宽裕的自由学习活动时间。学校为他们提供了一个博览群书、自由发展、自我实现的大舞台,外加信息时代的来临,互联网、物联网的高速发展,拓宽了学生自我认识的渠道和方式。学生的视野更开阔了,关心的事情也更多了,对社会的期望也更高了。不仅是自我的气质、风度和性格等一般问题,还会涉及社会地位、社会责任、自我价值等问题。在新的时代背景下,高职学生的自我意识达到了新的广度和深度。

同时,高职学生的自我意识发展也表现出显著的年级和个别差异。大一、大三年级的学生自我意识相对较高且稳定,而大二年级学生自我意识较低、内心矛盾冲突最为尖锐、思想斗争激烈、回顾和瞻望的时间较多,是高职学生自我意识发展相对稳定中不稳定的时期,也是学生自我意识发展分流时期,自觉的学生更加自觉主动,表现消极的学生更加消极。消极的学生如果不能及时被引导或是自我觉醒,就可能走向死胡同。行为上表现出违规违纪,厌学;心理上表现为以自我为中心,漠视集体、他人等。

二、高职阶段学生自我意识的发展

高等职业教育是高职学生接受职业理念教育、修炼和完善自我的关键时期。这一时期,自我意识得到快速的发展,并逐渐走向成熟。自我意识作为高职学生人格发展的核心要素,在自我认知、自我体验与自我调控三者相互影响、相互作用的过程中,其发展存在明显的分化—矛盾—整合的过程。

（一）自我意识的分化

自我意识的分化主要表现为下述 6 个方面。

1. 主观我与客观我之间的矛盾

自我有主观我与客观我之分,英语中的 I 与 Me 能很好地区分这一含义,前者是主观我,用来表示我是什么,我做什么;后者作宾语使用,表示怎样看待我,给我什么。主观我是一个人对社会情境作出的反应,是自我中积极主动的一面。主观自我与客观自我应该是统一的,这种统一是个人对客体的认识与个人愿望的统一,是个人与社会的统一,是"自我同一性"的

形成,更是良好的自我意识的标志。但是,由于自我的结构是多种多样的,每个自我所处的社会环境存在着很大的差异,主观我与客观我并不总是存在着统一。

高职学生的主观我与客观我的矛盾相对突出。作为同龄人中能够接受高等教育的人,高职学生对自我有较高的积极评价,但由于他们远离社会,缺乏社会经验,在校园浓郁的学术与文化氛围中成长,对社会的了解不足。另一方面,随着高等教育大众化进程的推进,传统本科院校向应用技术型转型,适龄青年接受高等教育的机会增加,高等职业教育理念和学校发展缓慢,社会对大学生的评价更趋客观。高职学生作为高等教育中既掌握技能又有理论的群体的优越性逐渐消失。

2. 理想我与现实我的冲突

理想我是指个人想要达到的完美的形象,是个人追求的目标,它引导个体实现理想中的个人自我。现实自我是个人从自己的立场出发,对现实中自我的各种特征的认识。现实自我又称个人自我,主观性较强。在现实生活中,理想自我与现实自我总是存在着一定差距,合理的差距能够使人不断进步、奋发有为。但是,如果差距过大,则有可能引起自我的分裂,导致一系列心理问题。

高职学生,选择职业教育,他们心中承载着无数的梦想,每个人都渴望一把登天的天梯,他们有抱负、有追求、有理想,成就动机强烈,特别是信息时代下,很多学生心中涌动着比尔·盖茨、马云般成功的梦想,他们为自己设定了一个美丽的"理想我",也对学习生活进行了理想化的设定。但当他们一脚踏入大学时,现实与心中的理想形成了巨大的反差,新生出现了"理想真空带"与"动力缓冲带",一时间找不到自己生活的方位。对理想自我的渴望与对现实自我的不满构成了这一时期高职学生自我意识发展的重要组成部分。值得重视的两个方面是:一是理想我与现实我有一定距离是正常的,它可以激励学生奋发图强、积极向上,向着梦中的方向飞奔;二是当现实我距离理想我太过遥远时,学生会产生各种各样的心理不适甚至自暴自弃,变得平庸无为,变得无所事事,变得没有动力。

当理想我与现实我发生冲突,积极的自我调适便非常必要。这时,要重新调整和评估自己的理想,直到通过努力可以达到为止。

3. 独立与依附的冲突

高职学生生理与心理的成熟使他们渴望独立,以独立的个体面对生活、学习与工作中遇到的问题,但长期的校园生活使他们应有的社会阅历与经验相对匮乏,当应激事件出现时,却又盼望亲人、老师、同学能够替自己分忧。另一方面,心理上的独立与经济上的不独立也形成了明显的反差。在他们迫切希望摆脱约束、追求自立的同时,却又不可能真正摆脱家长、老师的支持和帮助。特别是对于某些独生子女来说,由于长期受到父母的溺爱,这种独立与依赖的矛盾就表现得非常突出。

应当指出的是,独立并非独来独往,独立并非不需要任何人的帮助和指导,并非不需要依赖别人,而在于个人必须对自己的行为负有责任。"一个好汉三个帮",即使是一个独立性很强的人,也有依靠别人的需要。不同的是,独立的人更多的是依靠自己的力量和努力去克服或解决自我的问题,而不是完全依靠他人的帮助或依赖于别人;独立的人能够权衡利弊、审时度势,能够勇敢做出决定并能够勇于承担自己的行为责任。

过分的依附使学生缺乏对客观事物的判断能力与决断能力,显得优柔寡断,缺乏主见;而过分的独立又使部分学生陷入"不需要社会支持"及"凡事都要靠自己"的状况,但在遭遇挫折时又会出现不知如何寻求帮助的情况。事实上,任何心理成熟的独立的现代人,都需要他人的帮助,广泛的社会支持是个体心理健康不可或缺的。

4. 渴望交往与心灵闭锁的冲突

没有哪个时期比青少年时期更加渴望友情与爱情,更加渴望同辈群体的认同并找到归属感。在这个时期,每个人都渴望着爱与友谊,渴望着交往与分享,渴望着自我价值得到实现,渴望着探讨人生的真谛,寻找人生的知己,希望成为群体中受尊敬与欢迎的人;然而另一方面,高职学生的自我表露又受心灵闭锁的影响,总是不经意地将自己的心灵深藏起来,与同学有意无意地保持一定的距离,存在着戒备心理,不能完全敞开心扉。这也是高职学生常常感到"交往不如中学那么自如真诚"的原因所在。

5. 自负与自卑的冲突

自信是一种健康的心理,是一种健全自我意识与成熟人格的标志。但是,由于高职学生的自我意识尚在发展过程中,心理尚未完全成熟,不可能对自己有正确的认知,因而对自己的认知往往会出现自信的偏差:自负或自卑。自负是一种过度的自信,拥有这种心理的人,缺乏自知之明,往往以为自己对而别人错,把自己的意志强加在别人身上,不能与人和睦相处。自卑是一种自我否定,表现为对自己缺乏信心,对自己不满和否定,拥有这种心理的人总以为自己存在缺点、不足与失误,因而遇事总会胆怯、心虚、逃避、退缩,缺乏独立主见。自负与自卑总是紧密相连的,自负表现强烈的人往往也是极度自卑的人。与其他群体相比,高职学生表现出较高的自尊与自信,他们渴望成功,不甘落后,对成功的渴望比预期高,特别是当小小的成就来到身边时,就很容易表现出骄傲自大、唯我独尊,相当自负,好像世界尽在手中。当遭遇失败与挫折时或者甚至是小小的失利如考试失败、恋爱失败等,他们便开始怀疑自己的能力,进而产生自我否定、自我怀疑甚至自暴自弃,陷入强烈的自卑之中。这些都与学生自我认知不良、自我定位不准确有关。

6. 理智与情感的冲突

高职学生情绪的一个显著特点是两极分化,或高或低,波动性大,易冲动,不易控制。但随着身心的发展,认知水平的提高,大学生渐渐成熟,在遇到客观问题时,既想满足自己情绪与情感的要求,又想服从社会及他人的需求。特别是当遇到失恋等人生打击时,尽管理智上能够理解,却在感情上难以接受。

(二)自我意识的整合

自我意识的矛盾冲突,常常会给高职学生带来不安或心理痛苦,他们总是力图通过自我探究来摆脱这种不安与痛苦。在自我意识的矛盾冲突中,高职学生的自我意识也在不断调整、发展。在自我意识的不断调整、发展的过程中,他们极易寻求新的支点,寻找自我意识的统一点,整合自我意识。由于自我意识具有复杂性与多维性,高职学生逐渐在多向度中审视自我、调整自我,向理想自我靠近。这也是我们常说的自我同一性的建立。从多维度观察的自我同一性越高,学生自我意识的发展越好,人格越完善。但是,由于高职学生的成长背景、家庭教养方式、社会经济地位、个人人生志向、职业目标的不同,他们的自我意识整合的结果

与类型也不同。从自我意识的性质看,高职学生自我意识的整合结果表现在 3 个方面。

1. 积极自我的建立:自我肯定

自我肯定,即对自我的认识比较清晰、客观、全面、深刻。这种积极自我的特点是在经过痛苦的选择与调整之后,学生逐渐成长,使自己的理想我与现实我趋于统一,主观我与客观我趋于一致,对自我的认识更加深刻、客观、理性。积极的自我不仅了解自己的长处与优势,也了解自己的不足与劣势,他能够分析哪些是通过努力可以达到的,哪些是属于无法企及的,从而进行积极的自我肯定,向着理想自我迈进。

2. 消极自我的建立:自我否定

消极的自我意识分为两个方面:自我贬损型与自我夸大型。自我贬损型的人由于总在积累失败与挫折的经历,对现实自我的评价较低,并时常伴有没有价值感、自我排斥、自我否定。他们不但不接纳自己,甚至自我拒绝、自我放弃,表现为没有朝气、随波逐流、缺少激情,生活没有目标,其结果则更加自卑,从而失去进取的动力。自我夸大型的人正好相反,他们对自我的评价非常高,往往脱离客观实际,常常以理想自我代替现实自我,盲目自尊,虚荣心强,心理防御意识强。其行为结果要么表现为缺乏理智,情绪冲动,忘记现实自我而沉浸于虚无缥缈的自我设计中;要么自吹自擂、自我陶醉,却不去为实现自我作出努力。自我贬损型与自我夸大型的共同特点是对自我评估不正确、理想自我不健全,缺乏实现理想自我的手段,形成后的自我虚弱而不完整,是一种不健康的自我整合。虽然,高职学生中这种类型的人较少,但严重者可能用违反社会道德规范或违法犯罪的手段来谋求自我意识的整合。

3. 自我冲突

自我冲突是难以达到整合的自我意识,它表现为自我评价始终在真实自我上下徘徊,自我认知或高或低,自我体验或好或坏,自我控制时强时弱,心理发展极不平衡,有时显得自信而成熟;有时又表现出自卑而不成熟,让人无法评估。自我冲突的人表现为两种类型:自我矛盾型与自我萎缩型。自我矛盾型的大学生,内心冲突激烈,持续时间长,自我认识、自我体验、自我调控不稳定,新的自我无法整合。例如,有的大学生可能既是一个自信的人,也可能是一个自卑的人;既是一个诚实的人,也可能是一个骗子;既是一个性格孤僻的人,也是一个善于交际的人。自我萎缩型的大学生缺乏理想自我,但又对现实自我深感不满,他们消极放任、自怨自艾,甚至麻木、自卑,以至于越来越消沉,对自己丧失信心,严重的还可能导致精神分裂或绝望轻生。因此,自我冲突的大学生要逐渐调整自己的自我认知,客观认识自己与他人,客观看待成功与挫折,这样才能使自我意识在良性轨道上循环。

三、高职学生自我意识出现困扰的原因

高职学生出现自我意识困扰的原因是多种多样的,产生这种心理的原因也多种多样,是生理、学校、社会、家庭和个性及他人的影响等因素相互作用的结果。

(一)生理因素

从小时候自我意识萌芽开始,对于一个发育正常且健康的人来说,别人不会认为有什么特殊,他也不会发现自己与别人有什么不同,也就不会有积极或是消极的评价和体验。但是对于一个身体有缺陷、疾病的孩子来说,他会从自己与他人的比较中发现不同。如有的学生

觉得自己太胖,就不愿参加体育活动;有的学生觉得自己长得丑,就不愿与同学交往。一般高职学生中,男生比较注重自己的身高,女生会更加关注自己的相貌等。这就是生理因素的作用。

(二)学校因素

高职教育阶段,知识学习已由基础知识和基本技能为主转向理论的系统化、专业化、技能化和高级化,这期间既是由"被动填鸭式"到"主动探索式"的学习方式和学习思维转变的过程,又是一个从单一文化知识层面的学习到理论与技能并重,同时还是一个由单纯业务学习到丰富自身综合素质与内心世界、陶冶情操、健全人格的过程。在这样一个复杂变化的过程中,高职学生难免产生一些心理矛盾。另外,由于学生思想不成熟和高职院校技能学习任务繁重,总觉得学校严格的管理制度,校规、校纪与他们追求个性的张扬相矛盾,从而产生激烈冲突。这种困扰使很多学生难以接受,严重的还可能出现伤害自己或他人的行为。

(三)社会因素

当代社会发生了巨大的改变,随着信息时代、大数据时代的来临,新的社会刺激的冲击,当代高等职业教育面临巨大的挑战和机遇,高职学生的人生观、价值观等也随之发生重大变化,这直接影响到自我认识发展。

(四)家庭的影响

现代心理学研究表明,家庭环境对人的一生发展会产生重要的影响。不管是积极影响还是消极影响,一个人早期经验对他的自我意识的形成都有非常重要的意义。每个人来到这个世界上时,首先接触的就是家庭。家庭的教养方式、教养态度和家庭的经济地位都会直接影响孩子的自我意识的发展。

改革开放至今,我国一直实行严格的计划生育政策,出生的独生子女增多,过分溺爱的家庭教养类型也越来越多,这些家长的过分保护、过分顺从,使孩子过分依赖,并使其自我意识长期处于幼稚水平。另外,社会经济地位高的家庭,子女容易产生优越感,家庭成员社会地位急剧变化,易使子女的自我意识的发展出现混乱。

(五)个性

个性包括一个人的需要、动机、兴趣、信念以及价值观、人生观。青少年时期是一个人理想、信念和世界观从形成到成熟的时期。理想、信念和世界观一旦形成,便决定了青少年会成为一个什么样的人,准备怎么去做,能否及时调整自我理想,从而提升自我,实现和超越自我。

(六)他人的影响

高职学生正处于学习知识、了解社会、探索人生的重要时期,这些主要活动基本上都是在与人交往的过程中进行和实现的。高职学生对人际交往有着强烈的渴望和需求,此时恋爱也浮出水面,人际交往的复杂性和广泛性比中学时代要复杂得多。这些问题解决不好就会产生心理问题,引起障碍,影响到自我意识的发展。此外,在交往中他人对自己的评价也会影响个体自我意识的发展。

自我要成为一个什么样的人,总是离不开社会生活中各种人物,尤其是自己心中榜样的影响。中国有句古话:"近朱者赤,近墨者黑。"说的就是个体身处环境中,人和事对自我发展的影响。不同时代有不同的楷模,通过学校教育或是阅读文艺作品,知道了历史和现实生活中有各种各样的英雄人物。于是,在自我意识里便产生了"要像他们一样"的观念,进而影响个人意识的形成和发展。①

第三节　纳悦自我　完善自我

高职学生自我意识的发展与完善,关系到个人前途及命运,更与自己的身心健康息息相关,正如古希腊哲学家苏格拉底所说的"认识你自己",自我意识的完善也是一个不断地进行自我认知、自我评价、自我悦纳、自我改造、自我完善的过程,正如雕琢一件工艺品一样,真正的匠人为了心中的追求,终生不悔。

心理学告诉我们:自我不是发现出来的,而是我们创造出来的。善于认识自我的人更能把握生活,获取生活的幸福和成功。日本"管理之神"松下幸之助,曾总结过自己的成功经验有:"我有三个缺点,都被我改成了三个优点:第一是因为家里穷,知道奋斗能成功;第二是没有文化,懂得要学习;第三是身体不好,懂得要依靠别人。本来是三个弱点变成了三个优势。"善于认识自我的人,清楚地知道自己的优点和缺点,能扬长避短,从而找到自己的成功方向。

总之,认识自我与个人的成功和幸福有很大的关系,认识自己越深入,就越能拥有更加幸福的人生。

一、自我认知遵循的原则

自我认识具有主观性,但在自我认知的过程中,可遵循以下原则。

(一)社会决定性原则

个体由自然人到社会人的社会转化过程中,总会受到社会制约,与社会发生千丝万缕的联系。人都是社会网络中的一个网结点,不但有从社会获得再发展的权利,也有为社会发展所承担的义务。同时,个人不仅仅要进行自我评价,还要借助社会和他人的评价,只有这样才能更全面地认识自己。但要注意自我认知的主体是个体自身。当自我评价与社会、他人评价相矛盾时,不能盲目地附和舆论去自誉或自毁,成为舆论的奴隶。

(二)唯物辩证原则

任何事物都蕴藏着各种矛盾并处于不断的发展变化之中。作为"客体"的自我同样也在不停地发展变化。要历史地、客观地、全面地、发展地进行自我认知,避免盲目性、绝对化、简单化。坚持唯物辩证法是自我认知的重要原则。

---

① 魏丽萍.心理健康教育[M].北京:北京师范大学出版社,2011.

（三）实践性原则

自我认知不是简单的"闭门思过"，自我评价也不是孤芳自赏或是顾影自怜，而是通过一系列的实践活动，客观地对自己加以肯定或是否定。

（四）自我激励原则

自我认知的目的是自我发展和自我完善，减少自我失败或是淡化自我失败的体验。正确地认知自我不在于你发现了自己多少长处和短处，而在于能扬长避短，不断进行自我激励。

二、正确认识自我的方法

自我意识是人所特有的心理标志，它不是与生俱来的，而是后天获得的，是个体在社会环境中，在与他人的互动中逐渐形成的。一般而言，大学生对自己的认知可以通过以下 4 个方面逐渐形成。

（一）乔哈窗口理论

美国心理学家约翰和哈里提出了关于人自我认知的窗口理论，被称为"乔哈窗口理论"，如图 2-1 所示。当然生活中的窗口更具有多样性。

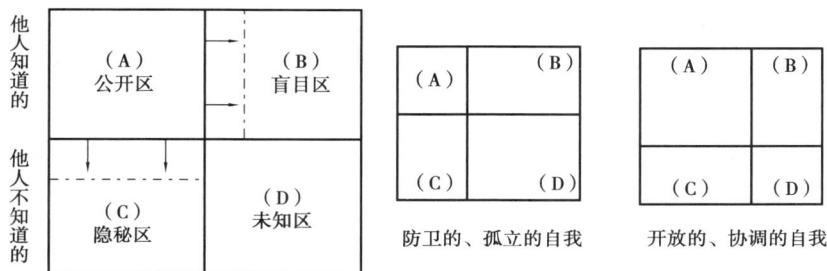

图 2-1　乔哈窗口

人对自己的认识是一个不断探索的过程。每个人的自我都有四部分：公开的自我、盲目的自我、秘密的自我和未知的自我。通过与他人分享秘密的自我或他人的反馈，像照镜子一样，可以减少盲目的自我，人对自己的了解就会更多、更客观。

（二）比较法

比较法与乔哈窗口理论相似，即个体可以通过与他人的比较进一步认识自己。他人是照见自己的镜子，与他人的交往是获得自我概念的主要来源，在比较中认识自己的优点和不足，从而能够吸取他人所长补自己所短，使缩短主观自我与客观自我的差距成为可能。

比较法虽然是认识的重要方法，但是通过比较并不一定能够产生正确的认识。如果比较得不适当，可能还会产生消极的结果。比如有的学生经常与知名高校的学生相比，发现差距，从而产生紧迫感和奋进感，激励自己更加努力学习；而有的学生和社会上一些无所事事、不求上进的青年相比，则看到了自己许多长处，增强了自信心。但是这种比较，也有可能带来自卑和自负。因此,在进行比较时,应注意以下几点。

①注意可比性原则。相比较的人之间,要有存在着共同的、可比的因素,用自己的优点和他人的缺点比或是拿自己的缺点同他人的优点比,还有拿性别、家庭等不可变因素相比,所获得的自我认识都是片面和不可信的。

②注意比较的对象和条件。选择相比的对象应该是与自己有相似性的,在比较的过程中还应注意到造成这种差异的多方面原因,包括主客观条件、环境等因素,综合系统地比较才能产生正确的认识,帮助自我成长。

③注意比较的内容。要多比较本质性的、核心的内容,比如道德、品行、智慧、意志品质、综合能力等。

④注意比较的数量和质量,做到少而精。

⑤注意横向与纵向相结合。既要学会与他人比较,也要学会与自己的过去相比较。

总之,比较过程中既要全面、客观,又要突出重点,进行多维度比较。如一位大二学生是这样进行描述比较的。

我是一个内向、坚强、上进、自信、有理想、懂事、好学、乐于助人、疾恶如仇、争强好胜、渴望成功与优秀、有一点自私、妒忌心强、自制力弱、说些小谎的大学男生。

在父母眼中:我是一个懂事、有些害羞、不用父母操心、上进的、不乱花钱、有些懒惰的大男孩。

在兄弟姐妹眼中(只有一个妹妹):我是妹妹心中可以依靠与信赖的大哥,是一个诚实守信、爱护妹妹的好哥哥。

在同学眼中:我是一个大方、乐于助人、受人尊敬、好人缘、有些懒散、追求自由的人。

在老师眼中:我是一个默默无闻、成绩优秀、自律、品学兼优的学生。

在恋人眼中:我是一个懂得爱、有责任感、守时守信、有幽默感、坚强的好男人。

这是一个学生的自我描述,也是自我认知的一部分,当自己将这些描述清晰地整理出来时,你可以与你的同学及家人、朋友、恋人沟通,听取他们对你自己评价的认同度,然后进行比较整合。

(三)评价法

评价法也是实现自我认识的有效途径之一,是指通过自评或他评的方式来认识自己。

个体对自我的认识,在很大程度上受评价的影响,别人的评价就犹如一面镜子。儿童就是通过把别人对自己的评价当作一面镜子来不断认识自我的,包括认识自己的优点和缺点。大学期间,个人的活动范围增大,可以通过社交团体接触到的不同的人的评价来衡量自己,全面认识自己,从而促使自我意识不断发展。另一方面,通过客观的自我反思来认识自己也是非常重要的。

如下两段文字,从不同时期和角度对阿里巴巴创始人马云先生进行了描述、评价。这两段文字也告知我们如何正确地认识自己,进而帮助自己成长,阅读后你可将感想实时记录。

马云1:他缔造了一个电商帝国,帮助成千上万的小企业主和数亿客户找到彼此。他开拓出崭新的市场,创造了前所未有的工作机会。他在中国富豪排行榜上名列前茅,也是"2014 大中华区最慷慨的慈善家"。

马云2：在杭州的一所中学校园里，一个学生被通知：因为打架记过太多，必须转学。为了上高中，这个学生考了两年。他踌躇满志地想考上北京大学，但高考（课程）数学只考了1分，考了3次才考上一所不起眼儿的大学。（节选自《人民教育》冀晓萍）

（四）其他方法

生活中，我们还可以通过测量法、实践反思法、内省法等来认识自己。

三、全面悦纳自己

（一）理性面对现实自我

人的自我发展首先来自对现实自我的全面认同与接纳。

人的自我身心状态、自我与家庭、自我与社会文化处境和他人对比都各具特征，恰恰是人与人之间的差异构成了世界的多彩与多元，同时也造就了人们命运的跌宕起伏。因此，要做到全面、立体化接纳自我，其意义在于既认同自己的优势，又接纳自己的劣势，在接纳中规划自我，在自我的命运格局中最大限度地发展自我，实现自我。具体而言，我们要做到如下几点。

①接受自己，相信自己是独一无二的，有价值感、自豪感、愉快感和满足感。

②性情开朗，对生活乐观，对未来充满憧憬。

③平静而理智地看待自己的长处与短处，冷静地对待得与失。

④树立远大理想，并以此激励自己，不断克服消极情绪。

⑤不以虚幻的自我补偿内心的空虚，也不以消极态度回避漠视自己的现实，更不以抱怨、自责来否定自己。

（二）无条件地接纳自我

相信生命的历程就是由成功与失败、甘甜与艰苦、快乐与痛苦所构成的。人的自我意识的产生、发展与成熟伴随着整个生命历程。只有理解了失败的过程，才会更好地找到成功的途径。无条件地接纳自己的过去与现在，实事求是地从当前出发，规划自我发展。

具体而言，无条件地接纳自己，可以从以下步骤进行：首先，以慷慨和诚实的态度写出10项自己的优点、自己喜欢自己的地方；其次，以诚实的态度列出不喜欢自己的地方，在可以改变的地方做上标号，对不喜欢又无法改变的缺点，试着去接受它，对所有能改变的缺点，发誓去改变它；最后相信自己是有价值的人，相信"天生我材必有用"。

心理案例

案例一：

小张是电影学院导演系的研究生，个子高高的，长得也很帅，但几年下来他有一个很悲观的想法：做导演需要出名，而真正出名的导演又有几个呢？而且自己家是外地的，从本科

到研究生一路走来实在太累了,既要学习,又要协调各方面的关系,这种压力使得他喘不过气来。最终,他办理了退学手续。学校老师、同学无不为他感到惋惜。大学生现在面临的压力大,造成心理的落差比较大,造成这种情况的原因是什么?大学生应该怎么找准自己的位置?

案例二:

据英国《每日邮报》网站 2015 年 3 月 19 日报道,尽管不断有科学家对人工智能的潜在威胁作出警告,但人们对这一领域的探索从未停止。近日曝光的一段视频显示,最新一代的 iCub 人形机器人已经具有了自我意识,能够玩游戏、表现 6 种情绪,并对触摸和语音指令作出回应。

iCub 是一款以 4 岁儿童为原型的机器人,开发时间已达 10 年。它能够受目标驱动,还可以用挑眉、微笑等面部表情表达 6 种情绪。iCub 最初由意大利理工学院研制,逐渐具备了爬行、走路、随音乐跳舞、抓取物品、说话及表达情绪等能力。

视频中,iCub 参与了一种简单的球类对战游戏。根据传感器接收到的信息,它的目标和情绪会不断变化,还能对胜负作出恰当的反应。在失分时,iCub 会皱眉和挑眉,有时还会像脾气暴躁的人一样咒骂。而在得分时,iCub 则会微笑并说出"拿下"之类的词语。但在表达不同情绪时它的语调并没有明显变化。iCub 还会在球弹出界外时大笑,并在输掉比赛时表达不满。

讨论:(1)什么是自我意识?

(2)机器人 iCub 是否拥有自我意识?

(3)试分析拥有自我意识的机器人对社会的利弊。

心理训练

训练一:

认识自我

该活动主要帮助学生进一步认识自我和善于分享自我,活动时间共计 20 分钟左右。该活动可以根据课堂教学需求穿插在教学中。活动设计如下:

体验活动名称:背上留言

课前准备 A4 纸每人一张、彩笔、胶条、背景音乐。

体验设计:(1)分发 A4 纸一张、笔一支,并将纸贴在学生背上。

(2)播放音乐,将学生分为若干小组,组员开始相互在对方背上留言(给下一位同学留言的时候,大声读出该同学背上的上一条留言内容),写上对他的认识、优点、缺点或是建议以及最想对他说的话,签名自愿。

(3)10 分钟后,老师宣布停止,取下背上的留言,按小组进行分享。

(4)团体分享"背后的留言"。可分享自我认识是否与同学对自己的认识一致,对别人的评价有何感想,从体验活动中得到什么启示。

(5)教师总结。

训练二：

悦纳自我

【活动目的】

（1）发掘自己及他人的正向特质。

（2）与他人分享自己的优点和缺点。

（3）培养积极自我评价的习惯。

【准备工作】

（1）准备"我很不错"自我分析表和镜子；

我的个性	朋友	喜欢的学科	特长	家人	其他
友善、多愁善感	很多,还要多交几个	计算机、摄影	足球	爸爸、姐姐	画画、音乐

（2）实训室（六方桌教室）；

（3）进行分组。

【实施步骤】

（1）首先示范说明是正面评价,然后发给学生"我很不错"自我分析表,让他们填写。

（2）每组请一位同学朗读自己的分析表,其他同学可以补充他的其他优点。

（3）教师讲评：虽然有许多不顺利、悲观的事情发生在我们的身边,但同时许多顺利、喜悦、乐观的事情也依然在进行,只是我们过度悲伤时,常常忽略了它们的存在。只要用心体会,我们依然会发现这些美好的事物。

（4）手持一面镜子,由教师示范说出自己的三项优点。

（5）学生在小组内轮流进行,其他学生可以发言补充同学的优点。

（6）集体分享。

（7）教师总结。

训练三：

独特自我

【活动目的】帮助组员界定个人的长处和限制,也学习接纳自己和欣赏自己,同时肯定自己是一个独特的人。活动结束,每个人能够做到赞美别人和自己以及学会给别人反馈的技巧。

协助组员认识个人的优点与局限,同时让组员学习赞赏别人、接受赞赏、表达负面的看法、接受别人对自己的负面评价等。

【准备材料】表格

【活动步骤】

（1）以简短的话语解释每个人都是独一无二的。

（2）发表,并填写自己的长处和局限。

（3）小组赞美。

首先是两两赞美，写下对方在活动或是其他事情中做得比较好的行为，比如说："每当你赞美别人的时候，都显得非常真诚。"

其次，分小组进行。每个人大声地赞美他的伙伴，其他人则要认真听。然后再衡量每个赞美是否符合赞美人的标准（具体、真诚、引其向善等）。最后，每个同学分享 2~3 个其他同学的优点或是与此相关的故事，要求每个人必须讲，讲的深浅依了解程度而定。

（4）小组的希望。

当小组成员发展已经成熟、组员之间的信任已经稳固后，组长可以邀请大家彼此道出对方的局限。在进行时，也要与步骤（3）一样，要有事实有根据地说出自己的看法。

（5）小组精彩回顾：请任意一位同学汇报本组讨论的热点及感想。

【注意事项】

本活动最关键的环节是在暴露彼此弱点的时候，要注重引导，主要从稳定性、内外性、可控性 3 个维度去归因。同时要把控小组信任关系发展情况，在比较的情况下进行，也要提醒同学们在提出自己观点的时候，注意自己的措辞和态度的表达，做到真诚、开放，不可带有攻击性、侮辱性或是嘲笑。在事态可能失控的情况下，组长或老师要及时进行干预和阻止。

发言过程中，组长要善于引导，权衡小组成员的发言权，多鼓励平时发言少、不善于表达、不自信的同学多发言、多参与，以此达到共同进步的目的。

心理测量

测试一：

自我意识测验

下面给出了一些关于生活感受的问题，它们的答案并没有对错之分。如果问题中所提到的情况与你的真实感受相符合，就回答"是"，不相符，就回答"非"，如果一般或不确定，就回答"中"。请在相应的字母上打"√"。

题　目	评　价		
	是	中	非
1. 遇到不公平的事你能控制自己的感情吗？	A	B	M
2. 一个人时，你常陷入对未来的幻想之中吗？	V	A	M
3. 朋友们认为你为人热情吗？	V	C	Z
4. 你对任何事情都抱有实事求是的态度吗？	M	X	A
5. 你有可能成为你所在集体的领导吗？	V	A	C
6. 你对任何事情都满怀信心吗？	B	Z	M
7. 朋友有困难时你会慷慨解囊吗？	C	A	X
8. 你喜欢与人辩论吗？	A	B	C
9. 你做事喜欢尽善尽美吗？	A	C	B
10. 你的同学认为你富有想象力吗？	A	B	X
11. 你愿意将财产奉献给你认为正当的事业吗？	V	A	X

12. 你的老师认为你的理解力强吗？　　　　　　　　　　C　Z　B
13. 与别人相处时你能忍让吗？　　　　　　　　　　　　C　A　X
14. 你是否对任何事情都爱发表不同的意见？　　　　　　V　A　X
15. 朋友认为你是一个主持公道的人吗？　　　　　　　　C　M　A
16. 遇到急事你能三思而行吗？　　　　　　　　　　　　M　X　B
17. 你浪漫吗？　　　　　　　　　　　　　　　　　　　A　C　X
18. 你有能力参加许多业余活动吗？　　　　　　　　　　V　Z　X
19. 你能舍己救人吗？　　　　　　　　　　　　　　　　C　Z　M
20. 对你来说，人格比利益更重要吗？　　　　　　　　　C　M　X
21. 如果成功的希望小，你会铤而走险吗？　　　　　　　V　A　B
22. 你羡慕英雄吗？　　　　　　　　　　　　　　　　　V　A　M
23. 你善于交际吗？　　　　　　　　　　　　　　　　　A　M　B
24. 你喜欢论述别人认为不可能的事吗？　　　　　　　　C　B　M
25. 你的同学认为你是一个多疑的人吗？　　　　　　　　B　Z　V
26. 你觉得自己是个明智的人吗？　　　　　　　　　　　M　X　B
27. 你的想法、爱好、对事物的判断常从一个极端到另一个极端吗？　　V　B　C

测验说明：

1. 得 8 个以上 A 者的评价

你雄心勃勃，凡事总想做到尽善尽美。你总说去干一些可望而不可即的事情，由于你对这些事情缺乏了解，因此很容易见异思迁，缺乏持之以恒的精神，以至于经常落得"竹篮打水一场空"的结果。应注意克服夸夸其谈的毛病，培养求实的精神，要面对现实。

2. 得 7 个以上 B 者的评价

你的无知和急躁使你有时好像一个理想主义者，但实际上你有的不过是虚荣心、兴趣和一点经验罢了。这个小测验揭示出你的肤浅和平庸的志趣，同时也告诉你，你并不缺少善良和热情的冲动，这会使你重新认识自己并鼓励自己不断进取。你并不是坏人，不必伤心。

3. 得 6 个以上 C 者的评价

你为人热情，富有想象力，很诚恳。你也很浪漫，很有正义感，有人情味和求实精神。你喜欢依法办事，审时度势。你爱思考，你感到最幸福的事莫过于生活在和睦、舒畅而富有创造力的环境中。

4. 得 6 个以上 M 者的评价

实用和安全是你生活的准则，同时遇到任何情况你都有自己的解决办法。你对生活充满信心并渴望得到柔情和同情，但你绝不沉溺于任何幻想和一切空洞的假象之中。你的特点就是总想从生活中吸取有益的东西。你的这一特点还常常影响周围的人，这很好。

5. 得 6 个以上 V 者的评价

你天资很好，很有理想。你总是尽一切努力去实现自己的愿望，在你完全沉浸在幸福之中时，你会有些得意忘形。胜利面前你从不止步；但在逆境中你会垮下来。你有能力调动周围的人，你是一个很有才气的人。

6. 得 6 个以上 X 者的评价

你不富于幻想,也不狂热,你对自己、对别人和对你的上司都始终如一。你生活在自己的小天地里,保护着自己的利益,对外界所发生的事情漠不关心。如果对你使用得当,你会是一个很有成就的人,反之则会一事无成。

7. 得 4 个以上 Z 者的评价

你对任何事情,甚至你自己的事情都无动于衷。

你固执、多疑,总处于从属地位。你有才干,但不会选择自己的道路,自立能力差。你的优点是忠诚,缺点是麻木不仁,你要好好地反省一下你的所作所为,以便认识你自己。

测试二:

自信心测验

根据自身情况,请如实回答下列各题,在相应方框内打√。

序号	题目	是	否
1	一旦你下了决心,即使没有人赞同,你仍会坚持做到底吗?		
2	参加晚宴时,即使很想上洗手间,你也会忍着直到宴会结束吗?		
3	如果想买性感内衣,你会尽量邮购,而不亲自到店里去吗?		
4	你认为自己是个较完美的人吗?		
5	如果店员的服务态度不好,你会告诉他们的经理吗?		
6	你不经常欣赏自己的照片吗?		
7	别人批评你,你会觉得难过吗?		
8	你很少对人说出你真正的意见吗?		
9	对别人的赞美,你持怀疑的态度吗?		
10	你总是觉得自己比别人差吗?		
11	你对自己的外表满意吗?		
12	你认为自己的能力比别人差吗?		
13	在聚会上,只有你一个人穿得不正式,你会感到不自在吗?		
14	你是个受欢迎的人吗?		
15	你认为自己很有魅力吗?		
16	你有幽默感吗?		
17	目前的学习是你的专长吗?		
18	你懂得搭配衣服吗?		
19	危急时,你很冷静吗?		
20	你与别人合作无间吗?		
21	你认为自己只是个寻常人吗?		
22	你经常希望自己长得像某某人吗?		
23	你经常羡慕别人的成就吗?		
24	你会为了不使他人难过,而放弃自己喜欢做的事吗?		
25	你会为了讨好别人而打扮自己吗?		
26	你勉强自己做许多不愿意做的事吗?		
27	你任由他人来支配你的生活吗?		
28	你认为你的优点比缺点多吗?		

序号	题　目	是	否
29	你经常跟人说抱歉吗？即使在不是你错的情况下？		
30	如果在非故意的情况下伤了别人的心，你会难过吗？		
31	你希望自己具备更多的才能和天赋吗？		
32	你经常听取别人的意见吗？		
33	在聚会上，你经常等别人先跟你打招呼吗？		
34	你每天照镜子超过三次吗？		
35	你的个性很强吗？		
36	你是个优秀的领导者吗？		
37	你的记性很好吗？		
38	你对异性有吸引力吗？		
39	你懂得理财吗？		
40	买衣服前，你经常先听取别人的意见吗？		

依下表计算你的分数：

（1）是→1　否→0　　　　（15）是→1　否→0　　　　（29）是→0　否→0

（2）是→0　否→1　　　　（16）是→1　否→0　　　　（30）是→0　否→1

（3）是→0　否→1　　　　（17）是→1　否→0　　　　（31）是→0　否→0

（4）是→1　否→0　　　　（18）是→1　否→0　　　　（32）是→0　否→1

（5）是→1　否→0　　　　（19）是→1　否→0　　　　（33）是→0　否→0

（6）是→0　否→1　　　　（20）是→1　否→0　　　　（34）是→0　否→1

（7）是→0　否→1　　　　（21）是→0　否→0　　　　（35）是→1　否→0

（8）是→0　否→1　　　　（22）是→0　否→1　　　　（36）是→1　否→0

（9）是→0　否→1　　　　（23）是→0　否→0　　　　（37）是→1　否→0

（10）是→0　否→1　　　（24）是→0　否→1　　　　（38）是→1　否→0

（11）是→1　否→0　　　（25）是→0　否→0　　　　（39）是→1　否→0

（12）是→1　否→0　　　（26）是→0　否→1　　　　（40）是→0　否→1

（13）是→0　否→1　　　（27）是→0　否→0

（14）是→1　否→0　　　（28）是→0　否→1

得分说明：

25～40分，说明你对自己自信心十足，了解自己的优点，同时也清楚自己的缺点。如果你得分接近40的话，别人很可能会认为你狂妄自大，甚至气焰太甚。你不妨在别人面前谦虚一点，这样人缘才会好。

12～24分，说明你对自己颇有自信，但是你仍或多或少缺乏安全感，对自己产生怀疑，你不妨提醒自己，在优点和长处方面并不输人，特别强调自己的才能和成就。

11分以下，说明你对自己显然不太有信心。你过于谦虚和自我压抑，因此经常受人支配，从现在起，尽量不要去想自己的弱点，多注好的方面去衡量，先学会看重自己，别人才会真正看重你。

第三章　解密人格　优化个性——性格与气质

　　生活在重庆地区，我们经常会听闻：那崽儿脾气大得很，不要惹；那位美女很有气质等。这里的脾气、气质等生活用语与心理学人格、个性有何关系呢？我们除了通过意识认识自己，还能通过其他渠道认识自我吗？捷克民主主义教育家夸美纽斯说："人的教育不过是帮助自然本性按自己的方式发展的艺术。"这里的自然本性又是何物？

　　读到这里，试着去了解其他人的思想、行为等，看看有什么不一样。我们会发现人格或个性并不神秘，就在我们的生活中。解密人格，优化个性，维护身心健康，这是本章的三要任务。

第一节　人格概述

　　"将心比心，心心相印"，体现了人的共性；"性格迥异，情趣各异"，则体现了人的差异性。当我们注意观察，就会发现面对同一件事，不同的人表现不一样，有的人手脚麻利，又快又好，有的人虽然手脚利索，但粗枝大叶。当遇上一对孪生姐妹或是兄弟时，他们长相极其相似，穿着打扮也一样，从外貌上很难辨别，但是相处久了之后，就很容易辨别。

　　现实生活中，认识自己，了解他人，不仅可以通过生理自我、社会自我，如高矮胖瘦、穿着打扮、社会职务等辨别、界定不同的人，同时也能用不同的方式与各种不同性格的人相处。人的心理差异其本质就是人格的差异。

一、人格的含义

　　人格也称个性，这个概念源于希腊语"Persona"，原来主要是指演员在舞台上戴的面具，类似于中国京剧中的脸谱。心理学借用这个术语来说明：在人生的大舞台上，人也会根据社会角色的不同来换面具。这些面具就是人格的外在表现。面具后面还有一个实实在在的真我，即真实的自我，它可能和外在的面具截然不同。

　　随着社会的发展，人格的含义不断扩展和引申，运用范围越来越广泛。站在道德角度，"人格"与品格同义，用于评价人的行为及人品；站在法律的角度，"人格"与人权近似，是指权利、义务主体的资格；站在文学角度，人格是指人物心理的独特性和典型性。

　　心理学则是根据人的心理结构及其外在行为方式来定义人格：

　　人格是人的各种心理特征的总和，是构成一个人的思想、情感及行为的相对稳定的组织结构。

　　人格是一个特有的统合模式，这个独特模式包含了一个人区别于他人的、独特的、稳定而统一的心理品质。

二、人格的结构

人格和个性这两个概念有密切关系,又有一定区别。这种差异反映了心理学家在概念理解上的差异。东方心理学界常用个性这个概念,强调个体之间的差异。而西方心理学界常用人格这个概念,把人格看作个性中除了能力以外的其他部分。在具体的划分上,因心理学流派不同,对人格结构划分也不同。人格结构动力理论将人格分为了 3 个层次:本我、自我和超我;人格结构的类型理论将人格分为了内—外向人格;艾森克的人格结构维度理论将人格分为了内外倾、神经质和精神质 3 个基本维度或类型。

本书将人格和个性这两个概念看作相互通用的概念,这与心理学中的人格概念略有差异。以此,将人格分为了人格倾向性和心理特征,如图 3-1 所示。

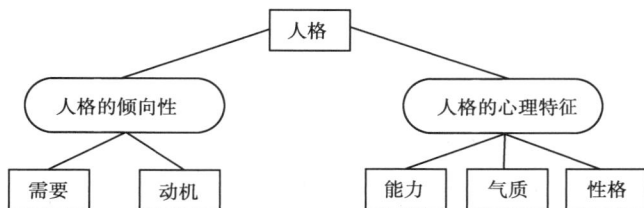

图 3-1 人格结构

三、人格特征

(一)整体性

人格中的各种心理特征构成了一个有机的整体。或者说一个人从其行为模式中表现出心理特征的整体性,构建人的内在心理特征。虽然不能直接观察,但却表现在行为中,从人的各种行为所表现出来的特征是一个整体。

(二)稳定性

俗话说"江山易改,本性难移",说的就是人格结构具有相对稳定性。人格的稳定性不受时间和地域的限制,那些偶然表现出来的,属于一时性的心理特征不能称为人格特征。比如,喝醉酒后比较兴奋,一时话多了,不能表明这个人就具有活泼的性格特点。但这种稳定性不是绝对的,随着社会的发展和个人的成长,一个人的人格将会发生渐进式的改变。

(三)独特性

每个人都具有不同的遗传素质,都在不同的环境下发育和成长,从而决定了人格的组织结构的独特性。心理学家着重个别差异的研究,但也承认,生活在同一社会群体中的人,也会有一些相同的人格特征,心理学家同样重视对这些共同特征的探讨。人格特征的独特性和共同性的关系,就是共性和个性的关系,个性中包含着共性,共性又通过个性表现出来。

(四)动机性和适应性

人格支撑着人的行为,驱动着人趋向或避开某种行为,可以说人格是一种内在精神动

力,这种内在动力是一种与生俱来的力量(与情绪无关),导向人们朝某一方面发展,驱使人们有效地适应环境生活。

(五)自然性和社会性

人的心理是大脑的机能,人格的形成要以个体的神经系统的成熟为基础,或者表现出人格的自然性。人格并不是孤立存在的,它在很大程度上受社会化的制约。社会文化和成长的教育环境是人格形成的主要因素之一。因此,人格是自然性与社会性的统一。

四、人格的发展

每个人的人格发展经历了不同的阶段,人格的发展大体上可以分为萌芽期、重塑期和成熟期,每个时期有其特点。

第一阶段:萌芽期——从出生到进入青春期之前。

当婴儿出生3~8个月时,婴儿便可区分"我""他"。

8个月~1岁时,对自我开始有些模糊的认识。

2周岁以后,开始确立作为个体的一些基本概念,如性别、年龄。

3周岁时,在父母和老师的教育下,提高了动作的协调性和自控能力,逐步学会比较自如地运用语言,形成了初步的性格及情绪反映方式等。随着怀疑感的产生,会对周围的事情提出问题,并逐步发展到对周围世界进行一定程度上的观察和思考。与此同时,产生了朦胧、机械的道德感、价值观等。在这个时期,人以模仿为主,依赖性很强,自觉程度较低,缺乏个体的主动性。

第二阶段:重塑期——从青春期开始到青年期结束。

这是人格突变和重建时期,也是人的生理和心理都处于显著变化的时期。

身体的急剧发育和性的成熟,使青年开始关心自己的身体和探索自己的内心世界,同时也开始关心他人对自己的评价。心理学家把这个时期称为"断乳期""I与me的分裂期"或是"感情上的暴风雨期"等。在这个时期,个体由依附走向独立,由无忧无虑的儿童成长为承担社会责任和义务的成年人。在心理方面,气质、性格、情感态度等都开始由易变转向稳定,独立意向增强,学会用自己的眼睛去调整、修正和完善,所以称为人格的重塑和重建。

第三阶段:成熟期——从成年期到老年期。

随着自我意识的日益成熟,人在社会中的位置和适应这个阶段的能力得到强化,人格特质与行为方式也逐步趋于稳固,社会角色得到确立,由过多的自我调节向积极参加社会生活迈进。开始专注于自身的事业,发挥才干,为社会谋利益并进一步实现自我人生价值;同时会关注、维持家庭及教育子女。在事业和情感上会产生全面的体验和认识。心理上若遇到强烈刺激也会趋于平稳,观念上把青年后期积淀下来的东西消化,有选择地从成熟走向坚定和开阔。

第二节 气 质

自然界没有两片完全相同的叶子,人世间也没有两个完全相同的人。在芸芸众生中,有的人热情奔放,有的人稳重沉着,有的人刚毅果断,有的人优柔寡断。人的这种差异是如何产生的? 与什么相关呢? 心理学的研究表明,它源自天赋与遗传,与人的气质有关。

"气质"一词应用的领域较多,在不同的领域有不同的含义。心理学中的气质概念较窄,与人们在日常生活中运用的"脾气""秉性""性情"等意义近似。

一、气质的含义

气质是心理活动表现在强度、速度、稳定性和灵活性等方面动力性质的心理特征。所谓心理活动的动力特征是指心理活动和状态的强度、速度、灵活性和稳定性。例如,有些人活泼、好动、反应迅速,有些人安静、稳重、反应迟缓等。

气质是由神经的生理特点决定的。气质的基础是天赋特性,是由个体先天的生理机能决定的。由于气质的先天性因素影响,使它的变化很难、很慢,它具有持久性和稳定性特点。气质还具有动力特征,气质在活动中表现出来,如人的动作速度、节奏和步态、语言、面部表情和手势等。气质会影响情绪和情感的发生速度和强度,如有些人脾气暴躁,"一点火就着";有些人柔情似水,温和娴静;有些人喜怒哀乐皆有,表情丰富;有些人喜怒哀乐不形于色,表情平淡等,都与个体独具的气质特征密不可分。总之,气质的各种特征是个体的神经系统活动的特点及其表现。

二、气质的特性

(一)感受性

感受性是指人对外界最小刺激的感觉能力,通常用绝对感觉阈限和差别感觉阈限进行测量。气质感受性是高级神经活动过程强度的表现,不同的人对刺激强度的感受性是不同的。例如,胆汁质和多血质等人的感受性一般较低,而抑郁质的人的感受性就很高。

(二)耐受性

耐受性是指人在接受体内、外界刺激作用时,表现在时间和强度上可以接受的能力。例如,黏液质的人的耐受性就比较高。

(三)反应的敏捷性

反应的敏捷性是高级神经活动过程强度特性的反映,主要表现在长时间从事某项活动时注意力集中的持续状态,包括对强烈或微弱刺激的耐受性,以及持久的思维活动等方面的特性。

(四)可塑性

可塑性是指根据外界事物的变化而随之改变与调整自己行为以适应外界环境的难易程度。气质的可塑性是高级神经系统灵活性的表现。

(五)情绪兴奋性

情绪兴奋性是指以不同速度对微弱刺激产生情绪反应的特性。它与高级神经活动过程的强度特性有关,也和高级神经活动过程的平衡性有关。

(六)内向性和外向性

内向性和外向性是指人的心理活动、言语与行为反应表现于内部还是外部的特性。倾向于外部的称为外向性,倾向于内部的称为内向性。气质心理活动特性的不同组合,构成了现实生活中各种不同的气质类型。

三、有关气质的学说

气质是一个古老的概念。有关气质的起源可以追溯到公元前 5 世纪,在 2 400 多年的时间里,产生了许多有关气质研究的理论和假说。这里着重介绍具有代表性的 5 种学说及理论。

(一)气质五行说

中国春秋战国时期的古代医学根据阴阳五行说,把人的某些心理上的个别差异与生理解剖特点联系起来,将人分为"金形""木形""水形""火形"和"土形",各有不同的肤色表征、不同的体型及不同的气质特点。

(二)气质的体型说

德国精神病学家克瑞奇米尔根据临床观察研究,认为人的气质与体型有关。按人的体型将人的气质划分为肥短型、瘦长型、强壮型和虚弱型 4 种。属于肥短型的人具有狂躁气质,表现为善于交际、表情活泼、热情;属于瘦长型的人具有分裂气质,表现为不善交际、孤僻、神经质、多思虑。克瑞奇米尔的理论忽略了人的体型会因为环境、生活、年龄的变化而变化,不足以证明体型与气质之间的对应关系。

(三)气质的血型说

日本学者古川竹二等认为,气质与人的血型有一定的关系。4 种血型,即 O 型、A 型、B 型和 AB 型,分别构成了气质的 4 种类型。其中 O 型气质的人意志坚强,志向稳定,独立性强,有支配欲,积极进取;A 型气质的人性情温和,老实顺从,孤独害羞,情绪易波动,依赖他人;B 型气质的人感觉灵敏,大胆好动,能言善辩;AB 型气质的人则兼有 A 型和 B 型的特点。这种理论因缺乏科学根据而未广泛流行。

(四)气质的高级神经活动类型说

俄国生理学家巴甫洛夫通过对狗的研究,发现人的高级神经活动的兴奋过程和抑制过程具有强度、平衡性和灵活性 3 个基本特征。巴甫洛夫认为,人的高级神经活动类型是人的气质的生理机制,气质则是高级神经活动类型在人的心理活动和行为动作中的表现。也进而将气质划分为 4 种类型。

①兴奋型:即强、不平衡型。
②安静型:即强、平衡、不灵活型。

　　③活泼型:即强、平衡、灵活型。

　　④抑制型:即弱型。

　　这一理论使气质学说建立在科学的基础上。3个基本特征的不同结合形成4种基本类型,这4种类型又恰好可以解释为传统气质类型的生理基础。这与气质的体液说(传统气质类型)的4种类型相近。

(五)气质的体液说

　　古代最著名的气质学说是由古希腊学者兼医生的希波克拉底在公元前5世纪提出的体液说。500多年以后经医生盖伦验证修订,正式成为气质学理论。

　　希波克拉底认为人体内含有4种体液,即血液、黏液、黄胆汁和黑胆汁。根据它们在人体内所占比例不同,把人分成4种不同的气质类型:多血质、黏液质、胆汁质和抑郁质。这种说法,虽然长期找不到科学依据,但在现实生活中,却是能够找到4种典型的气质代表,具有很强的实用性,所以气质的体液说一直为许多学者所采纳。

　　根据希波克拉底的体液说,结合神经特征、职业性质等因素,将气质类型划分如下。

　　1.多血质

　　强而平衡,灵活性高。这种人情感和情绪发生迅速,表露于外,极易变化,灵活而敏捷,活泼好动,但往往不求甚解。工作适应力强,讨人喜欢,交际广泛。容易接受新事物,也容易见异思迁而显得轻浮。

　　神经特点:感受性低,耐受性高,不随意反应性强,具有可塑性,情绪兴奋性高,反应速度快而灵活。

　　心理特点:活泼好动,善于交际,思维敏捷,容易接受新鲜事物,情绪情感容易产生也容易变化和消失,容易外露,体验不深刻。

　　典型表现:多血质又称活泼型,敏捷好动,善于交际,在新的环境里不感到拘束。在工作、学习上富有精力而效率高,表现出机敏的工作能力,善于适应环境变化。在集体中精神愉快,朝气蓬勃,愿意从事合乎实际的事业,能对事业心驰神往,能迅速地把握新事物,在有充分自制能力和纪律性的情况下,会表现出巨大的积极性。兴趣广泛,但情感易变,如果事业上不顺利,热情可能消失。从事多样化的工作往往成绩卓越。

　　合适的职业:导游、推销员、节目主持人、演讲者、外事接待人员、演员、市场调查员、监督员等。

　　2.胆汁质

　　强而不平衡。这样的人情感和情绪发生迅速,爆发力很好;同时,情感和情绪消失得也快,情绪趋于外向。智力活动灵敏有力,但理解问题容易粗枝大叶。意志力坚强,不怕挫折,勇敢果断,但容易冲动,难以抑制。工作热情高,表现得雷厉风行,顽强有力。

　　神经特点:感受性低,耐受性高,不随意反应性强,外倾性明显,情绪兴奋性高,控制力弱,反应快但不灵活。

　　心理特点:坦率热情;精力旺盛,容易冲动;脾气暴躁;思维敏捷,但准确性差;情感外露,但持续时间不长。

　　典型表现:胆汁质又称不可遏止型或战斗型。具有强烈的兴奋过程和比较弱的抑郁过

程,情绪易激动,反应迅速,行动敏捷,暴躁而有力;在语言、表情、姿态上都有一种强烈而迅速的情感表现;在克服困难上有不可遏止和坚韧不拔的劲头,而不善于考虑是否能做到;性急、易爆发而不能自制。这种人的工作特点带有明显的周期性,能埋头于事业,也准备云克服通向目标的重重困难和障碍。但是当精力耗尽时,易失去信心。

适合职业:管理工作、外交工作、驾驶员、服装纺织业、餐饮服务业、医生、律师、运动员、冒险家、新闻记者、演员、军人、公安干警等。

3. 黏液质

强而平衡,灵活性低。这种人情绪比较稳定,兴奋性低,变化缓慢,内向,喜欢沉思。思维和言行稳定而迟缓,冷静而踏实。对工作考虑细致周到,能不折不扣、坚定地执行自己已经作出的决定,往往对已经习惯了的工作表现出高度热情,而不容易适应新的工作和环境。

神经特点:感受性低,耐受性高,不随意反应低,外部表现少,情绪具有稳定性,反应速度快且灵活。

心理特点:稳重,考虑问题全面;安静,沉默,善于克制自己;善于忍耐;情绪不易外露;注意力稳定而不容易转移,外部动作少而缓慢。

典型表现:此类型又称为安静型,在生活中是一个坚持而稳健的辛勤工作者。这种类型的人具有与兴奋过程相均衡的强抑制,因此行动缓慢而沉着,严格恪守既定的生活秩序和工作制度,不为无所谓的动因而分心。黏液质的人态度持重,交际适度,不作空泛的清谈,情感上不易激动,不易发脾气,也不易流露情感,能自治,也不常常显露自己的才能。这种类型的人长时间坚持不懈、有条不紊地从事自己的工作。其不足是有些事情不够灵活,不善于转移自己的注意力。惰性使他因循守旧,表现出固定性有余而灵活性不足。

适合职业:外科医生、法官、管理人员、出纳员、会计、播音员、话务员、调解员、教师、人力资源管理等。

4. 抑郁质

弱型,易抑制。这种人情绪体验深刻,不易外露。对事物有较高的敏感性,能体察到一般人所觉察不到的东西,观察事物细致。行动缓慢、多愁善感,也易于消沉,干工作常常显得信心不足,缺乏果断性。交往面较窄,常常有孤独感。

神经特点:感受性高,耐受性低,随意反应低,情绪兴奋性高,反应速度慢,刻板固执。

心理特点:沉静、对问题感受和体验深刻、持久,情绪不容易表露,反应迟缓但是深刻,准确性高。

典型表现:有较强的感受能力,易动感情,情绪体验的方式较少,但是体验持久而有力,能观察到别人不容易察觉到的细节,对外部环境变化敏感,内心体验深刻,外表行为非常迟缓、忸怩、怯弱、怀疑、孤僻、优柔寡断,容易恐惧。

适合职业:校对、打字、排版、检察员、雕刻工作、刺绣工作、保管员、机要秘书、艺术工作者、哲学家、科学家。

四、如何对待气质类型

认识气质特征、了解气质类型,对高职学生具有重要意义,能更好地帮助他们认识自己,接纳自我。具体而言,可以从如下几个方面掌握气质的特征和类型,指导学习和生活,维护身心健康。

(一)气质具有稳定性和可塑性

气质类型是由神经过程的特点决定的,神经过程的特点主要是先天形成的,所以,遗传素质相同或相近的气质类型也比较接近。一个人的气质类型在一生中是比较稳定的,但又不是不能变化的。如果在童年时期生活条件极为恶劣,或者在成年时遇到了重大的生活事件,可以导致人的气质发生变化。但是,这种变化过程是缓慢的,甚至当条件适宜时,原来的面貌还会得到恢复。所以,气质的变化可能只是一种被掩盖的现象,江山易改,本性难移就是这个道理。

(二)气质类型没有好坏之分

气质仅使人的行为带有某种动力特征,就动力特征而言,无所谓好坏。同时,每一种气质类型在适应环境上都有其积极的方面,也都有其消极的方面,无法比较哪一种气质类型的好坏。

举例说,胆汁质的人精力旺盛、热情、豪爽,但是脾气暴躁;多血质的人活泼、敏捷,善于交往,但却难以全神贯注,缺乏耐心;黏液质的人做事有条不紊,认认真真,但缺乏激情;抑郁质的人非常敏锐,却容易多疑多虑。气质对一个人来说没有选择的余地,重要的是了解自己,自觉地发挥自己气质中积极的方面,努力克服自己气质中消极的方面。

(三)气质类型不能决定一个人成就的高低,但能影响工作的效率

气质类型并不能决定一个人成就的高低,这在现实生活中有大量的事例。例如科学家、文学家、诗人、社会活动家郭沫若是属于多血质的;著名节目主持人崔永元是属于抑郁质的。可见,气质的类型不能决定一个人智力发展的水平,也不会决定一个人成就的大小。任意一种气质类型都有非常有成就的人,当然,任意一种气质类型也都有失败者。气质类型并不决定一个人成就的高低,也不决定一个人品质的优劣。

但是,社会实践的领域众多,不同领域的工作对人的要求是不同的。有的气质类型适合这一类工作,有的气质类型适合另一类工作。在因事择人(人事选拔)或因人择事(选择职业)的时候,都应该考虑自己的气质类型对工作的适宜性。例如,多血质的人适合从事环境多变、要求作出迅速反应、交往繁多的工作,难以从事较为单调、需要持久耐心的工作。黏液质的人适合从事耐心、细致、相对稳定的工作,如果一个人的气质类型正好适合工作的要求,那么,他会感到工作得心应手,对工作有浓厚的兴趣。如果不考虑气质类型对工作的适宜性,将会增加人的心理负担,给人带来烦恼,也会影响工作的效率。

(四)气质类型影响性格形成的难易

性格主要是在后天生活环境中形成的,包含着多种特征。不同气质类型的人在形成性格特征的时候,有些性格特征比较容易形成,有些性格特征比较难以形成。例如胆汁质的人容易形成勇敢、果断、坚毅的性格特征,但却难以形成善于克制自己情绪的性格特征。多血质的人容易形成热情、好客、机智、开朗的性格特征,却难以形成耐心、细致的性格特征。

（五）气质类型影响对环境的适应和健康

环境是不停变化的，遇到变化的环境，一个人怎样应对，能否自如，这是对一个人适应环境能力的检验。一般来说，多血质的机智、灵敏，容易用很巧妙的办法应对环境变化；黏液质的人常用克制自己及忍耐的方法应对环境变化；胆汁质的人脾气暴躁，在不顺心的时候容易产生攻击行为，造成不良的后果；抑郁质的人过于敏感，比较脆弱，容易受到伤害，感受到挫折。后两种类型的人适应环境的能力都不强。

心理和身体是相互联系、相互影响、相互制约的。所谓健康，不仅是没有疾病，而且要在生理、心理和社会适应方面有良好的状态。这说明心理在维护健康中的作用。

一般来说，积极、愉快的情绪能够提高人的大脑和神经系统的活动能力，增强人对生活和工作的兴趣和信心；消极、不良的情绪会使人的心理活动失去平衡，甚至会造成身体器官及其生理生化过程的异常。不同气质类型的人情绪兴奋性的强度不同，适应环境的能力不同，这都会直接影响到人的健康状况。一般来说，气质类型极端的人情绪兴奋性或太强或太弱，适应环境的能力也比较差，容易影响身体的健康。对这种极端类型的人应该给予特别关注。具有极端气质的人，也应该学会更好地保护自己，尽量避免强烈的刺激和大起大落的情绪变化。

五、"大五"人格简介

"大五"人格模型是当代人格理论主流之一，它的发展被称为"人格心理学领域的一场静悄悄的革命"，并被认为是适合全人类的。同时，许多跨文化研究也证明了"大五"人格结构的相对一致性。随着对"大五"人格模型的认同，"大五"人格理论在情绪情感、幸福感和人才选拔等研究领域得到广泛运用。

"大五"模型属于人格的特质理论，Tupes 和 Christal 在 Cattell 的 16PF 基础上，发现了 5个相对显著而且稳定的因素：精力充沛、愉快、可以信赖、情绪稳定、文雅。这些因素后来被称为"大五"因素。对于"大五"因素的命名，目前采用最为广泛的是 McCrae 与 Costa、John等人 1985 年编制的 NEO-PI 问卷中的命名法，即构成人格的五大因素是外倾性、宜人性、尽责性、神经质、开放性，而每个维度分别有 6 个子维度。

①外倾性表示热情、自信、有活力，还具有幸福感和社会化的特性，它的子维度包括热情、乐群、支配、忙忙碌碌、寻求刺激、兴高采烈。

②宜人性表示利他、信赖和友好，它的子维度包括信任、直率、利他、温顺、谦虚、慈悲。

③尽责性表示克制和拘谨，代表获得成就的愿望，它能部分反映对于目标的计划、坚持和有意识的努力，其子维度包括自信、有条理、可依赖、追求成就、自律、深思熟虑。

④神经质主要与负性情绪有关，子维度包括焦虑、生气、敌意、沮丧、敏感害羞、冲动、脆弱。

⑤开放性表示对经验持开放、探求的态度，部分特质论者也使用智慧或文化来标识，其子维度包括想象力、审美、感情丰富、尝新、思辨、不断检验旧观念。

六、九型人格简介

(一)九型人格的含义

美国亚历山大·托马斯博士和史黛拉·翟斯博士在他们1977年出版的《气质和发展》一书里面提到,我们可以在出生后2~3个月的婴儿身上辨认出9种不同的气质,它们是活跃程度、规律性、主动性、适应性、感兴趣性的范围、反应的强度、心境的素质、分心程度、专注力范围、持久性。

戴维·丹尼尔斯则发现了这9种不同的气质恰好和九型人格相配。九型人格简表见表3-1。

表3-1 九型人格简表

完美型(Perfectionist)	重原则,不易妥协,黑白分明,对自己和别人均要求高,追求完美
助人型(Helper/Giver)	渴望与别人建立良好关系,以人为本,乐于迁就他人
成就型(Achiever/Motivator)	好胜心强,以成就去衡量自己价值的高低,是工作狂
感觉型(Artist/Individualist)	情绪化,惧怕被人拒绝,觉得别人不明白自己,我行我素
思想型(Thinker/Observer)	喜欢思考分析,求知欲强,但缺乏行动,对物质生活要求不高
忠诚型(Teamplayer/Loyalist)	做事小心谨慎,不易相信别人,多疑虑,喜欢群体生活,尽心尽力工作
活跃型(Enthusiast)	乐观,喜新鲜感,爱赶潮流,不喜承受压力
领袖型(Leader)	追求权力,讲求实力,不靠他人,有正义感
和平型(Peace-maker)	须花长时间作决策,怕纷争,难于拒绝他人,祈求和谐相处

(二)九型人格与心理健康

九型人格在心理健康中的运用,健康与否的表现见表3-2。

表3-2 九型人格与心理健康

状态 \ 型格	1.完美型	2.助人型	3.成就型
健康	是非分明、正直无私 自律性强 判断力高、优先顺序 道德标准:完美	感情投入 体恤别人 热心助人 将心比心	自信心强 精力充沛 吸引力强 成就出众
一般	害怕犯错 爱批评挑剔 严格控制、纠正别人 非黑即白	过分热心 需要被人需要 占有欲强 觉得自己不可缺少	事事要超越别人 着重包装 自命不凡 工于心计

续表

状态\型格	1. 完美型	2. 助人型	3. 成就型
不健康	自以为是 觉得自己是对的,证明别人是错的 心胸狭窄	抱怨连连 利用别人弱点去贬损别人 觉得被别人欺骗 愤恨不平	利用别人 嫉妒心重 以手段保护自己形象 背叛他人

状态\型格	4. 感觉型	5. 思想型	6. 忠诚型
健康	创造力强 对人敏感 情感真挚 自我表现	观察力强 好奇心强 分析力强 聪明、机敏	亲切可爱 相信自己、别人 积极行动 忠于对人
一般	质疑自己 情绪化 感情脆弱 自怜、放纵	抽离、只顾分析 冷嘲热讽 只跟从自己的想法 抗拒情感介入	害怕作决定 依附权威 优柔寡断 顽强的反叛
不健康	严重沮丧 远离别人 自责、自卑、自憎 绝望深渊、心胸狭窄	逃避、脱离人群 充满敌意 与现实脱节 精神紧张	极不安全感 自觉卑微 夸大问题 极度焦虑

状态\型格	7. 活泼型	8. 领导型	9. 和平型
健康	多才多艺 外向乐观 自发性强 精力充沛	自信心强 行动为主 天生领导 勇敢宽宏	心胸开阔 心平气和 轻松自在 纯真的心
一般	沉迷欲望 过度活跃 肤浅、油腔滑调 对人不敏感	个人主义 控制欲强 自视过高 用威胁、恐惧来压人	过于服从、赞同 依靠别人 不下决定 怠惰耽搁
不健康	攻击及辱骂别人 极端失控 行事冲动 夸张、不切实际	非常暴力、无情 非常独裁 强权就是公理 过度夸张	无助和无用 顽固倔强 毫无方向 停滞不前

第三节　高职学生性格的形成

　　在心理学上,性格的定义几乎与人格相同,但实际上它们是有区别的。性格是人格的重要组成部分,它是人格中涉及社会评价的部分,因此,性格是人格的社会属性。它包含了许多社会道德含义,例如高职学生对自己、对别人、对事物、对社会等的态度和日常的言行举止。

一、性格的含义

　　性格是一个人在对现实的稳定的态度和习惯化了的行为方式中表现出来的人格特征。

　　态度是一个人对人、物或思想观念的一种反应倾向性,它是在后天生活中习得的,由认知、情感和行为倾向3个因素组成。一个人对现实的态度,表现在他在生活中追求什么、拒绝什么,即表现在他都做了什么,而一个人怎样去做则表明了他的行为方式。一个人对现实的稳定的态度决定了他的行为方式,而习惯化了的行为方式又体现了他对现实的态度。

　　性格是社会生活实践中逐渐形成的,一经形成便比较稳定,他会在不同的时间和不同的地点表现出来。性格的稳定性并不是一成不变的,而是可塑的。性格在一个人的生活中形成后,生活环境的重大变化一定会带来他性格特征的显著变化。性格不同于气质,他受社会历史文化影响,有明显的社会道德评价的意义,直接反映了一个人的道德风貌。所以,气质更多地体现了人格的生物属性,性格则更多地体现了人格的社会属性,个体之间的人格差异的核心是性格的差异。[①]

二、性格的特征

(一)性格的态度特征

　　性格的态度特征指的是一个人如何处理社会各方面关系的性格特征,即他对社会、对集体、对工作、对劳动、对他人以及对自己态度的性格特征。

　　①对社会、集体和他人的态度特征:如表现出集体主义、富有同情心、诚实、正直、公而忘私、见义勇为等,相反的如表现出对集体利益和荣誉漠不关心,对人冷酷无情、自私、虚伪、狡诈、唯利是图等。

　　②对工作和学习的态度特征,如勤劳或懒惰、朝气与暮气、乐观与悲观、有责任心或粗心大意、认真或马虎、首创精神或墨守成规、节俭或浮华等。

　　③对自己的态度特征,如谦逊或自负、胆怯以及自我批判精神等。

(二)性格的意志特征

　　性格的意志特征指的是一个人对自己的行为自觉进行调节的特征,其可以从意志品质的4个方面,即意志的自觉性、果断性、坚持性和自制性上来考察。具体表现为:①行为目的

---

　　①　郭念锋.心理咨询师[M].北京:民族出版社,2012.

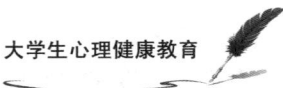

明确程度的特征（自觉性），如独立性或易受暗示性；有目的性或盲目性；组织性、纪律性或放纵无羁、散漫性等。②对行为自觉控制水平的特征（自制性），如主动性或被动性。③在长期工作中表现出来的特征（坚持性），如镇定、果断、勇敢和顽强，以及献身精神等；相反的则是惊慌、犹豫不决、软弱怯懦，以及贪生怕死等。④在紧急或困难情况下表现出来的特征（果断性），如严肃认真、有恒心、坚忍性等；与此相反的是轻率马虎、虎头蛇尾、畏难、动摇性等。

（三）性格的理智特征

性格的理智性特征指的是，一个人在认知活动中的性格特征，主要表现在以下几个方面。

①感知方面的性格特征是被动与主动感知，知觉上是详细分析还是综合概括，偏向快速性还是精确性。

②想象方面的性格特征是主动想象还是被动想象。

③思维方面的性格特征是善于独立思考还是搬用现成答案等。

（四）性格的情绪特征

性格的情绪特征指的是，一个人的情绪对他活动的影响，以及他对自己情绪的控制能力。在情绪的强度方面，有的人情绪高涨、鲜明、富于热情、精神旺盛；有的人情绪安宁、冷静。在情绪的稳定性、持久性方面，有的人忽冷忽热只有几分钟的热情；有的人始终保持高涨的情绪。在主导心境方面，有的人可能经常处在精神饱满、欢乐愉快的情绪之中，是个乐观主义者；有的人可能抑郁消沉，多愁善感。

性格的各种特征并不是一成不变的机械组合，在不同的环境、场合下会显露出一个人性格的不同侧面。例如鲁迅先生既"横眉冷对千夫指"又"俯首甘为孺子牛"。

三、性格与气质的关系

（一）性格与气质的差别

①性格的社会性较强，气质生物性较强；气质更多受到人的神经活动类型的影响，而性格主要是个体行为的内容，它是在后天形成的，更多受到社会生活条件的影响与制约。

②生理基础不同：性格是后天条件反射系统，气质是先天神经类型。

③性格形成晚且较易变；气质形成早且不易变。

（二）性格与气质的联系

①性格在一定程度上掩盖或改造气质。

②气质影响性格的形成。父母对儿童的期望通过教育教养方式影响儿童的性格形成，同时，婴儿早期形成的气质特点必然会影响和修正父母的教养方式和态度。

③气质影响到个体对事物的态度和行为方式。气质可以按照自己的动力方式，渲染性格特征，从而使性格具有独特的特点。

④气质影响性格的形成和改造的速度。例如要形成自制力，黏液质和抑郁质比较容易，而胆汁质和多血质相对困难。

四、性格的类型

人的性格与气质类型一样也是有差异的,世上没有两个性格一样的人。性格可以划分为多种类型,心理学家对性格进行分类,一般划分为以下几种,见表3-3。

表3-3　性格类型

分类方式	心理活动倾向	心理机能	独立性	人际关系模式	社会生活方式
类型	内倾型	理智型(思维型)	独立型	行为型	理论型
	外倾型	情感型(情绪型)	顺从型	一般型	经济型
		意志型(实践型)	反抗型	积极型	社会型
				逃避型	审美型
					宗教型

五、性格的形成与发展

性格的形成有诸多方面的因素,主要有生物因素、环境因素和心理因素等。

生物因素包括个体的高级神经活动类型、性别。性格是高级神经活动类型特征与外界在环境、教育相互作用引起变化的结果。

性格的形成还受家庭环境、学习环境、同伴群体、重大生活事件、大众传媒、社会风气等环境因素的影响。其中父母的教养方式和态度,教师的教育态度,班风、学风、校风,所生活的群体等,对性格的形成影响较大。

性格形成也受主观心理因素的影响。因为任何环境因素的影响均通过个体的心理活动对性格发生作用,其中自我意识起着十分重要的作用。随着时间的推移,个体自我意识中的自我态度逐渐摆脱了他人的评价,由他律转为自律,对客观事物的态度反应和行为方式也越来越稳定,性格发展也越来越成熟。

一般来说,个体的性格形成于小学、初中阶段,初步稳定于高中阶段,此后性格可能随着生活环境的变化及主观意志的努力发生不同程度的变化。到高职学习阶段,性格一般趋向成熟,但性格等心理因素并不像生理发育那样,随着物质水平的提高、营养膳食结构的完善而自然提高,心理素质在很大程度上受制于教育。而由于心理教育的滞后性,就会表现出心理年龄与生理年龄的不匹配,即人们说的幼稚或性格不成熟。

性格形成的内在机制为模仿、认同和强化的社会学习机制,动机是性格形成的关键和根源。模仿是指仿照他人的言行举止行动,使自己的行为方式与之相同,包括对榜样的观察学习和仿照的过程,前者为学习新行为的过程,后者为前者的结果和表现。榜样示范有多种形式,有通过榜样行为来传递行为方式的行为示范和通过广播、电视、网络、电影和小说等象征性媒介物来显示榜样的象征性示范。认同是指个体有意识、无意识地将他人或其他群体的某种特征归属自己,是学习行为的内化过程。内化包含价值取向,含有兴趣偏好,能提高人的自尊心和自信心。

第四节　高职学生个性优化

高职阶段的学生个性发展从不成熟走向成熟,从不完善走向完善过程中,越来越显现出多元化和复杂化的发展态势。

一、当代高职学生个性特征

高职学生是一个特殊的群体。从地域上讲,高职学生的生源地比较集中,多以临近就读,比如选择本省市或是邻近省市的高职院校就读。学生的生活环境、民族文化乃至教育模式相近。另外,现代社会交通、网络信息发达,区域交流较为频繁,高职学生的共性特点明显。

中学阶段,主要强调标准统一,协调一致,注重学生的共性培养。进入大学后,由于各种环境的深刻变化和影响,当代大学生正发生着由忽视个性发展到主动追求个性发展的新变化,并呈现出个性越来越鲜明、个性差异性增强、个性趋向稳定,但又具有很强的可塑性、个性具有多重性等发展特点。[①] 高职学生亦是如此。

二、高职学生个性发展的问题及原因分析

(一)当代高职学生个性发展的问题

1. 责任意识薄弱

责任意识是一种自觉意识,表现在对自身、家庭、社会与国家的责任感上。中国古人讲究"修身齐家治国平天下",责任心首先是从对自我的严格要求开始,只有对自己负责,努力学习专业知识,培养良好的个性品质,才能成就更为长远的目标。从目前高职学生群体的个性发展状况来看,有责任意识逐渐减弱的趋势,例如厌学情绪严重、生活上贪图享受、集体意识不强等。

2. 青春期的自我中心无限延续

高职学生以自我为中心的思想较为普遍,过于注重个性张扬、过于注重个人诉求、交往中的唯我独尊心理及交往技能欠缺导致他们难以与他人友好相处。他们希望得到朋友的肯定、尊重和顺从,但又不愿自己主动或多付出。在团队工作和集体活动中也表现出严重的功利主义和个人主义气息,即强调"为我所用""个人中心"。

3. 奋斗目标不明确,盲目度日

随着社会主义市场经济不断发展,改革开放继续深入,我国各方面逐渐走向国际化轨道。许多西方观念、价值观等涌入,传统文化观点受到冲击,当代大学生的价值取向也开始呈现出多元化的发展特点。然而,有些大学生自制力和鉴别力不足,往往在这些思想洪流中迷失自我,不能在糟粕与精华同在的众多价值理念中找到适合自我身心健康发展的"思想武器",有些学生甚至走上了极端。如追求价值虚无、享乐至上和拜金主义等,对自身个性全面发展造成了巨大的负面影响。

---

① 卢晓蕊.以科学发展观和人的全面发展理论引导大学生个性发展[J].黑河学刊,2011(3):69.

（二）当代高职学生个性发展问题的原因分析

高职学生个性的形成和发展是一个多层次、多侧面的复杂过程，个性是在环境与遗传的共同作用下形成的，随着年龄的增长，环境对个性的影响会越来越大。现在的高职学生之所以会出现以上问题，原因也是多方面的，主要原因及影响因素如下所述。

1. 家庭环境是影响个性发展的根本性因素

学生出生到长大，首先经历的是家庭环境，父母则是第一任老师。父母不但是学生的家长，更是启蒙老师，父母在家庭生活中所表现出的观点、态度等都言传身教、潜移默化地影响着学生的成长和个性形成。因此，父母在学生成长过程中，应高度注重培养其拥有良好的行为习惯、强烈的事业心和责任感。如果学生在家庭和睦、民主的环境下成长，则比较容易养成自强不息、坚韧不拔、善于助人等良好性格；反之，则比较容易养成以自我为中心、任性固执、不思进取等自私自利的不良性格。

2. 学校在个性发展中起着不可或缺的作用

学生主要的活动场所是学校，极少与外界人群沟通交流。学校对个性发展的影响主要表现在：一是校园环境和校园氛围影响学生个性发展及形成。校园环境优美，设施完善，学习氛围浓厚，学生更容易养成积极好学的个性；反之，可能形成消极的个性特征。二是与同学交往比较频繁，相互影响程度较之其他人群更为明显，思维、观念以及兴趣爱好相似度比较高，还会产生交叉影响。从积极意义上看，可以促进彼此相互学习，共同进步；然而当同学中的观念与行为偏离主流文化时，便可能导致学生个性发展出现问题，甚至出现偏差行为和出轨行为。

3. 互联网和网络游戏对高职学生个性发展的影响

"互联网＋"的快速发展正在慢慢对高职学生的个性的形成产生影响。据调查，大部分学生把他们超过一半的大学时光滞留在宿舍，而在宿舍，又把主要精力和时间放在网上，通过计算机可知天下事；可以娱乐、交流；可以购物，有的还可以送外卖上门。另外，大学生迷恋网络游戏的越来越多，高职学生更多。这也会对大学生的个性发展产生重大影响。更不用说一些新闻的负面报道、极端思想言论和网络暴力等对大学生的诱导和误导，造成大学生无法正确判断谁是谁非，不利于大学生正确的人生观、价值观和世界观的形成。

4. 高职学生自身成长对其个性发展的影响

个体的情绪、情感是个性发展的主要动力。大学生对事物反应较为敏感，情绪特征也存在着极大的不稳定性，情绪表现比较强烈，缺乏自控能力。对于高职学生而言，挑剔式厌学现象比较严重。对感兴趣、与其价值取向一致的事情，他们表现得比较积极进取和乐观向上，充满激情；反之，则表现出强烈的抵触情绪与逆反心理。

三、高职学生个性发展的优化[①]

大学生是祖国的未来，民族复兴的希望。优化当代大学生个性发展路径，促使其成为高素质的创新型人才是新时代的使命。大学生个性发展问题的影响因素有多元化特点，从宏

---

①　向先孟. 当代大学生个性发展问题与优化路径研究[J]. 湖北科技学院学报，2012，32（2）：86-88.

观到微观、从抽象到具体,无一不深深影响着大学生个性的发展。当今时代要想培养大学生健康完备的个性,需要国家、高校以及个人共同发力,共同探索出一条新的个性发展路径。

(一)国家需要进一步重视对高职学生的培育

社会环境是大学生个性发展的重要因素,国家应该为大学生个性发展提供一个健康的社会氛围。首先,应该重视整个社会制度的建构,确保社会规范的建立与社会经济的发展同步,这样的社会氛围有助于大学生社会责任感的培养。其次,国家应该营造良好的价值氛围,巧妙地运用大众媒介的作用为大学生营造清晰的价值观世界,帮助大学生树立自身的价值观和人生观,保证其发展符合社会主义的核心价值要求。最后,国家应该大力开展社会教育,培育大学生的社会行为和服务社会的意识,通过构造和谐的人际关系培养大学生的自律性。

(二)高校应该继续加强对高职学生的德育建设

高校是对大学生进行德育建设的重要载体,更应该通过改变教学模式探索新的大学生个性培养路径。第一,高校应该加快课程改革步伐。高校应该响应现代教学理论的要求,加大教学改革力度,优化学生的知识体系,帮助大学生实现能力的提升。高校应该更多地开设动手课程和实践活动,调动大学生学习的主动性和积极性,从而提升自身动手能力。第二,高校应该加强对学生的思想教育,提高学生的思想觉悟。对现代大学生而言,帮助其提升爱国主义情怀和政治素养显得尤其重要,在社会主流价值观念混乱的现实背景下,学校有义务帮助其树立正确的价值观。第三,注重综合素质的培养。为了改变大学生"高分低能"的现象,高校应该加快素质教育步伐,着力培养大学生的健康个性与综合素质;开展丰富多彩的课外活动,培养大学生健康高尚的兴趣爱好,引导个体创造力、审美能力和个人潜能的发掘;注重大学生心理健康教育的开展,通过增设心理咨询教师和心理健康教育课程,帮助大学生形成健康的心理,保证大学生个性沿着良性轨道发展。

(三)高职学生自身应该努力形成良好的个性品质

内因是事物发展变化的根本原因,想要形成良好的个性品质,离不开大学生自身的努力。第一,大学生应该选择健康的生活方式。大学生应该有意识地改变不良生活习惯、生活作风,选择健康的生活方式。学会从衣食住行等小事入手,培养自身的良好习性,从而有助于培养自身的意志力等优良品格。第二,树立科学的人生观、世界观、价值观。养成独立思考的好习惯,正确地看待身边的人和事,树立集体主义价值观,克服盲目主义和个人主义。最后,提高自身的实践能力。努力培养自身的创新意识和实践意识,将书本知识运用到实践中去并善于总结实践经验。在实践过程中树立正确的自我意识,养成良好的团结协作精神,培养自身心理素质。无论是在学校中还是社会上,都要注重人际关系的建立,逐步形成完整的个人心理特征和健康的个性。

心理案例

某电子电器工业公司是一个由十几家小厂组成的专业公司,公司行政领导班子由一正三副四个成员组成。总经理由于年事已高即将退休，需要物色一个合适的新总经理。该公司的上级主管部门经过一段时间的研究考察，认为现任三位副经理不宜提升，新的总经理需从下面挑选。各方面的意见最后集中到刘厂长和张厂长两个中选一个。下面是有关他们两人的资料。

刘厂长，男，39 岁，大学本科文化程度（电子专业），中国共产党党员，原是该厂技术员，高级知识分子家庭出身。"文化大革命"中父母受到严重迫害，他也受到影响。党的十一届三中全会以后，他一反过去的消沉，工作十分积极努力，认真学习科学文化知识，并善于把学到的知识用来指导工作，为本厂的产品开发、产品的升级换代、提高质量、建立科学的检测手段等都作出了重要贡献。他从技术科长提升为厂长后，对厂里进行了一系列的改革，加强了科学管理，使工厂的面貌大为改观，大大提高了经济效益，年创利和人均创利都居本系统首位，职工收入也大幅度提高。

刘厂长性格开朗，精力充沛。善言谈，好交际，发动能力很强，积极开展横向联系，在全国十多个省市开设了 200 多个经销点，30 多个加工企业，效益都很显著。他认为，要发展就要靠技术，因此千方百计、不惜重金引进人才，至今该厂已有十多位外来的高级工程师。他还很重视产品的广告，每年要花几十万元广告费，电台、电视台、路边广告牌、电车、汽车以及铁路沿线都有该厂的广告，可谓"无孔不入"。他担任了市企管协会分会的理事，在协会中活动频繁，各方面关系融洽，对厂里工作也有促进。刘厂长事业心强，一心扑在工作上，早出晚归，南来北往，一年到头风尘仆仆，不辞辛苦。该厂曾被评为市企业管理先进单位，刘厂长获市优秀厂长称号，该厂的产品也被评为市优质产品。

但刘厂长也有一个明显的缺点，就是骄傲自满，自以为是，常常盛气凌人，有时性情急躁，弄不好还会暴跳如雷，不太把公司的领导放在眼里，经常顶撞他们，公司的"指令"常常被他顶回去，因此公司领导对他这一点颇为不满。各科室也不大愿意和他打交道，他同公司下属的其他几个兄弟厂关系也不融洽。这些厂的厂长们对他敬而远之，对上级表彰他颇有微词。他也不善于做思想工作，认为这是党支部的事。所以平时遇到思想问题，他都是作为"信息"告诉书记，要支部去做工作，他和几个副厂长关系处理得也不太好，领导几次协调也无济于事。

张厂长，男，67 岁，大专文化程度（企业管理专业），中国共产党党员，有技术员职称，在"文化大革命"期间，他不参与任何派系活动，而是偷偷学文化、钻业务，组建该厂时就担任了厂长，至今已近十年。他经历了该厂由衰到盛、几起几落的整个过程。对电子行业的特点非常熟悉，自己又有动手设计的能力。他最大的特点是精于企业管理，在学校学了计算机原理后，他率先把计算机运用到企业管理中去。他对整个厂的机构设置、行政人员的配备、岗位责任以及各副厂长、科长、车间主任和各级管理人员的职责都有明确的规定，每年考核两次，奖惩分明。因此，平时大家各司其职，他却显得很悠闲自在，经常上这个科室转转，到那个车间看看，以便了解情况，发现问题。公司及有关部门召开的会议，他从来不缺席，而有的厂长常常忙得脱不开身。他似乎比别的厂长"超脱"得多。厂长们都很羡慕他。

张厂长性格内向、沉稳，不喜欢大大咧咧地发表议论，对什么事情总要深思熟虑，三思而后行，人们说他"内秀"。他对自己厂今后 5 年的发展有一个远景规划，听起来切实可行，也颇鼓舞人心。对一些出风头的社会活动，他不太喜欢参加，但对各科开阔思路的业务技术讲

座却很感兴趣。他很善于做职工的思想工作,他认为企业职工的思想问题都是在生产过程中产生的,都和生产有关。一厂之长,要抓好生产怎么能不做思想工作呢?因此,对一些老大难问题,他从不推诿,都是亲自处理。他还要求各级行政干部做人的思想工作,并把它作为考核的内容。他和党支部、工会的关系都很好,积极支持他们的工作。他待人谦和,彬彬有礼,和本公司上下左右关系都不错,公司有什么事,只要打一声招呼,他就帮助解决了。因此,他的人缘挺好,厂里进行民意测验,几乎异口同声称赞他。

和刘厂长不同,他不喜欢花高价引进工程技术人员,他认为这些人中不乏见利忘义之徒,只能同甘,不能共苦。关键时刻还是要靠自己,宁愿多花些钱来培养自己厂里的技术人员,近几年来,厂里也确实培养了一批技术骨干,有些人还很拔尖。他也不喜欢高价做广告,他说我们的产品质量自己有数。我不能干这边排队卖,那边排队修的事。他把做广告的钱用来购买先进的技术设备,为提高质量服务。他说等质量到经得起"吹"的时候再做广告。但实际上他们厂的产品质量还是不错的。开箱抽查,合格率达98%。

该厂是市企业管理先进单位,区文明单位。工会是区"先进职工之家",团支部是区"先进团支部",他本人则荣获市优秀厂长和局优秀党员称号。但也有不少人认为,张厂长缺乏开拓精神,求稳怕变,按部就班,工作没有多大起色。按照厂里的基础和实力,应该发展得更快些,可他们的效益都比不上刘厂长他们。和刘厂长比,他就显得保守、过于谨慎、处事比较圆通、不得罪人。张厂长听了这些议论,不以为然,依旧我行我素。刘厂长和张厂长谁当总经理更合适,上级领导部门至今议而未定。

问题:

你觉得谁更胜任总经理职位?

心理训练

九型人格与心理健康工作坊

【活动目的】:通过九型人格类型,了解、认识自己,维护身心健康。

【活动准备】:活动教室、测试量表、答题卡和小礼物。

【活动步骤】:

(1)热身活动"雨点变奏曲"。

(2)完成九型人格测试量表,并计算结果。

(3)进行分析交流,如何运用九型人格理论认识自己和维护身心健康。

心理测量

测试一:

气质类型测验量

心理学研究表明,每个人的气质类型各不相同,所以,对下面60个题的回答,没有对错之分,只要把每个题目的意思弄明白,然后品味一下,并将题目所描述的和你的真实思想情感与下面 5 种情形进行比对,选出与你相符的答案。

完全一致(2 分);比较一致(1 分);不确定(0 分);不太一致(-1 分);很不一致(-2 分)。

注意:做题时,不要累计加分,每题只计一次分。

题号	内　　容	完全一致	比较一致	不确定	不太一致	很不一致
1	做事力求稳妥,不做无把握的事。					
2	遇到使你生气的事就怒不可遏。					
3	宁肯一人干事,不愿意和很多人在一起。					
4	到一个新环境很快就能适应。					
5	厌恶那些强烈的刺激,如尖叫、噪声、危险镜头等。					
6	和人争吵时,总想先发制人,喜欢挑衅。					
7	喜欢安静的环境。					
8	善于和人交往。					
9	羡慕那些善于克制自己感情的人。					
10	生活有规律,很少违反作息制度。					
11	在多数情况下情绪是乐观的。					
12	碰到陌生人觉得很拘束。					
13	遇到令人气愤的事,能很好地自我克制。					
14	做事总是有旺盛的精力。					
15	遇到问题常常举棋不定,优柔寡断。					
16	在人群中不觉得过分拘束。					
17	情绪高昂时,觉得什么都有趣,情绪低落时,又觉得干什么都没意思。					
18	当注意力集中于一件事物时,别的事很难放到心上。					
19	理解问题总比别人快。					
20	碰到危险情况时,有极度恐怖感。					
21	对工作、学习、事业有很高的热情。					
22	能够长时间做枯燥、单调的工作。					
23	符合兴趣的事,干起来劲头十足,否则就不想干。					
24	一点小事就能引起情绪波动。					
25	讨厌那种需要耐心细致的工作。					
26	与人交往不卑不亢。					
27	喜欢剧烈的活动。					

续表

题号	内　　容	完全一致	比较一致	不确定	不太一致	很不一致
28	喜看感情细腻,描写人物内心活动的文学作品。					
29	工作学习时间长了,常感到厌倦。					
30	不喜欢长时间谈论一个问题,愿意实际动手干。					
31	宁愿侃侃而谈,不愿窃窃私语。					
32	别人说我总是闷闷不乐。					
33	理解问题常比别人慢。					
34	厌倦时只要短暂休息就能精神抖擞,重新投入工作。					
35	心里有话宁愿自己想,不愿说出来。					
36	认准一个目标就希望尽快实现,不达目的,誓不罢休。					
37	学习工作一段时间后,常比别人更困倦。					
38	做事有些鲁莽,常常不考虑后果。					
39	老师讲授新知识时,总希望讲解慢些,多重复几遍。					
40	能够很快地忘记那些不愉快的事情。					
41	做作业或完成一项工作总比别人花的时间多。					
42	喜欢运动量大的剧烈体育活动,也喜欢参加多种文艺活动。					
43	不能很快地把注意力从一件事情转移到另一件事情上去。					
44	接受一个新任务后,就希望把它迅速解决。					
45	认为墨守成规比冒险强些。					
46	能够同时注意几件事物。					
47	当我烦闷的时候,别人很难使我高兴起来。					
48	爱看情节起伏跌宕、激动人心的小说。					
49	对工作认真、严谨,持始终一贯的态度。					
50	喜欢复习学过的知识,重复做已经掌握的工作。					
51	和周围的人的关系总是相处得不好。					
52	喜欢变化大、花样多的工作。					
53	小时候会背的诗歌,我似乎比别人记得更清楚。					
54	别人说我"出语伤人",自己并不觉得这样。					

续表

题号	内 容	完全一致	比较一致	不确定	不太一致	很不一致
55	在体育活动中,常因反应慢而落后。					
56	反应敏捷,头脑机智。					
57	喜欢有条理而不甚麻烦的工作。					
58	兴奋的事情常使我失眠。					
59	老师讲的新概念,我常常听不懂。					
60	假如工作枯燥无味,马上就会情绪低落。					

气质类型量表评分标准

典型气质类型得分表	题 号	总 分
胆汁质	2 6 9 14 17 21 27 31 36 38 42 48 50 54 58	
多血质	4 8 11 16 19 23 25 29 34 40 44 46 52 56 60	
黏液质	1 7 10 13 18 22 26 30 33 39 43 45 49 55 57	
抑郁质	3 5 12 15 20 24 28 32 35 37 41 47 51 53 59	

气质类型的诊断:

多血质:多血质一栏超过20分,其他三栏得分均较低,为典型多血质。多血质一栏得分为10~20分,其他三栏得分较低,为一般多血质。

胆汁质:胆汁质一栏得分最多,其他三栏相对较低。

黏液质:黏液质一栏得分最多,其他三栏相对较低。

抑郁质:抑郁质一栏得分相对较高,其他三栏相对较低。

混合气质:其中两栏得分显著超过另外两栏,而且分数比较接近。如:胆黏、血胆、血黏、黏抑等,为两种气质的混合。

如有一栏得分较低,其他三栏相差不大,则为3种气质混合型。

气质类型的特点:

类型	气质特点	工作特点	推荐职业
胆汁质	直率热情,精力旺盛,反应迅速而有力,但是脾气急躁,易于冲动。	适合做反应迅速、动作有力、应激性强、危险性较大、难度较高而费力的工作;不适宜从事剧烈多变的工作。	出色的导游员、勘探工作者、推销员、节目主持人、演讲者、外事接待人员等。
多血质	情感丰富,反应灵活,易接受新事物,但是情绪不稳定,精力易分散。	较适合做社交性、文艺性、多样化、要求反应敏捷且均衡的工作,而不太适应做需要细心钻研的工作。	外交人员、管理者、驾驶员、医生、律师、运动员、新闻记者、冒险家、服务员、侦查员、干警、演员等。

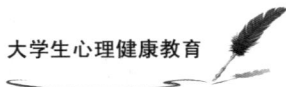

续表

类 型	气质特点	工作特点	推荐职业
黏液质	安静稳重,善于自制,但是对周围事物冷淡,反应迟缓。	较适合做有条不紊、刻板平静、耐受性较高的工作,而不太适应从事激烈多变的工作。	外科医生、法官、管理人员、出纳员、播音员、会计、调解员等。
抑郁质	情感体验深刻而稳定,观察敏锐,办事认真细致,但是过于多愁善感,行为孤僻。	能够兢兢业业干工作,适合从事持久细致的工作,而不适合做要求反应灵敏、处事果断的工作。	技术员、打字员、排版工、检查员、登录员、化验员、刺绣工、机要秘书、保管员等。

测试二:

九型人格简易测试

这是一个九型人格的简易测试,它能帮助你在很短的时间内初步判断你属于九型人格中的哪一种类型。

1. 下面有 108 个陈述。

2. 在你认为符合的陈述前面打"√",注意遮住每个陈述前面的数字。

3. 然后把同一数字后面的记号统计相加,比如数字"1"后面有 3 个记号,数字"2"后面有 8 个记号,数字"3"后面有 1 个记号,数字"4"后面有 5 个记号等。

4. 拥有记号最多的数字很有可能就是你的类型号。

5. 注意此结论仅供参考,更准确的判断还需要在深入了解这门学问和自我觉察比较后获得。

测试题目如下:

9( )1. 我很容易迷惑。

1( )2. 我不想成为一个喜欢批评的人,但是很难做到。

5( )3. 我喜欢研究宇宙的道理、哲理。

7( )4. 我很注意自己是否年轻,因为那是我找乐子的本钱。

8( )5. 我喜欢独立自主,一切都靠自己。

2( )6. 当我有困难时,我会试着不让人知道。

4( )7. 被人误解对我而言是一件十分痛苦的事情。

2( )8. 给予比接受会给我更大的满足感。

6( )9. 我常常设想最糟的结果而使自己陷入苦恼中。

6( )10. 我常常试探或考验朋友、伴侣的忠诚。

8( )11. 我看不起那些不像我一样坚强的人,有时我会用种种方式羞辱他们。

9( )12. 身体上的舒适对我非常重要。

4( )13. 我能触碰生活中的悲伤和不幸。

1( )14. 别人不能完成他的分内事,会令我失望和愤怒。

9（　）15. 我时常拖延问题,不去解决。

7（　）16. 我喜欢戏剧性、多姿多彩的生活。

4（　）17. 我认为自己非常不完善。

7（　）18. 我对感官的需求特别强烈,喜欢美食、服装、身体的触觉刺激,并纵情享乐。

5（　）19. 当别人请教我一些问题,我会事无巨细地分析得很清楚。

3（　）20. 我习惯推销自己,从不觉得难为情。

7（　）21. 有时我会放纵做出僭越的事。

2（　）22. 帮助不到别人会让我觉得痛苦。

5（　）23. 我不喜欢人家问我宽泛、笼统的问题。

8（　）24. 在某方面我有放纵的倾向(比如食物、药物等)。

9（　）25. 我宁愿适应别人,包括我的伴侣,而不会反抗他们。

6（　）26. 我最不喜欢的一件事就是虚伪。

8（　）27. 我知错能改,但由于执着好强,周围的人还是感觉到压力。

7（　）28. 我常常觉得很多事情都很好玩,很有趣,人生真是快乐。

6（　）29 我有时很欣赏自己充满权威,有时却又优柔寡断,依赖别人。

2（　）30. 我习惯付出多于接受。

6（　）31. 面对威胁时,我一是变得焦虑,一是对抗迎面而来的危险。

5（　）32. 我通常是等别人来接近我,而不是我去接近他们。

3（　）33. 我喜欢当主角,希望得到大家的注意。

9（　）34. 别人批评我,我也不会回应和辩解,因为我不想发生任何争执与冲突。

6（　）35. 我有时期待别人的指导,有时却忽略别人的忠告迳直去做我想做的事。

9（　）36. 我经常忘记自己的需要。

6（　）37. 在重大危机中,我通常能克服我对自己的质疑和内心的焦虑。

3（　）38. 我是一个天生的推销员,说服别人对我来说是一件轻易的事。

9（　）39. 我不相信一个我一直都无法了解的人。

8（　）40. 我爱依赖习惯行事,不太喜欢改变。

9（　）41. 我很在乎家人,在家中表现得忠诚和包容。

5（　）42. 我被动而优柔寡断。

5（　）43. 我很有包容力,彬彬有礼,但跟人的感情互动不深。

8（　）44. 我在处理别人的情感需求时很沉默寡言,好像不会关心别人似的。

6（　）45. 当沉浸在工作或我擅长的领域时,别人会觉得我冷酷无情。

6（　）46. 我常常保持警觉。

5（　）47. 我不喜欢要对人尽义务的感觉。

5（　）48. 如果不能完美表态,我宁愿不说。

7（　）49. 我的计划比我实际完成的还要多。

8（　）50. 我野心勃勃,喜欢挑战和登上高峰的体验。

5（　）51. 我倾向于独断专行并自己解决问题。

4（　）52. 我很多时候感到被遗弃。

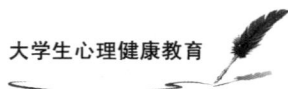

4( )53. 我常常表现得十分忧郁，充满痛苦而且内向。

4( )54. 初见陌生人时，我会表现得很冷漠、高傲。

1( )55. 我的面部表情严肃生硬。

4( )56. 我很飘忽，常常不知道自己下一刻想要什么。

1( )57. 我常对自己很挑剔，期望不断改正自己的缺点，以成为一个完美的人。

4( )58. 我感受特别深刻，并怀疑那些总是很快乐的人。

3( )59. 我做事有效率，也会找捷径，模仿力特别强。

1( )60. 我讲理，重实用。

4( )61. 我有很强的创造天分和想象力，喜欢将事情重新整合。

9( )62. 我不要求得到很多的注意力。

1( )63. 我喜欢每件事都井然有序，但别人会认为我过分执着。

4( )64. 我渴望拥有完美的心灵伴侣。

3( )65. 我常夸耀自己，对自己的能力十分有信心。

8( )66. 如果周遭的人行为太过分时，我准会让他们难堪。

3( )67. 我外向、精力充沛，喜欢不断追求成就，这使我的自我感觉良好。

6( )68. 我是一位忠实的朋友和伙伴。

2( )69. 我知道如何让别人喜欢我。

3( )70. 我很少看到别人的功劳和好处。

2( )71. 我很容易知道别人的功劳和好处。

3( )72. 我嫉妒心强，喜欢跟别人比较。

1( )73. 我对别人做的事总是不放心，批评一番后，自己会动手再做。

3( )74. 别人会说我常常戴着面具做人。

6( )75. 有时我会激怒对方，引来莫名其妙的吵架，其实我是想试探对方爱不爱我。

8( )76. 我会极力保护我所爱的人。

3( )77. 我常常刻意保持兴奋的情绪。

7( )78. 我只喜欢与有趣的人为友，对一些与人不怎么交流的人却懒得交注，即使他们看来很有深度。

2( )79. 我常往外跑，四处帮助别人。

3( )80. 有时我会讲求效率，而牺牲完美和原则。

1( )81. 我似乎不太懂得幽默，没有弹性。

2( )82. 我待人热情而有耐性。

5( )83. 在人群中我时常感到害羞和不安。

8( )84. 我喜欢效率，讨厌拖泥带水。

2( )85. 帮助别人达到快乐和成功是我重要的成就。

2( )86. 付出时，别人若欣然接纳，我便会有挫折感。

1( )87. 我的肢体硬邦邦的，不习惯别人热情地付出。

5( )88. 我对大部分社交集会不太有兴趣，除非是与我熟识和喜爱的人一起。

2( )89. 很多时候我会有强烈的寂寞感。

2( )90.人们很乐意向我表白他们所遭遇的问题。

1( )91.我不但不会说甜言蜜语,并且别人会觉得我批评太多,要求很高。

7( )92.我常担心自由被剥夺,因此不爱作承诺。

3( )93.我喜欢告诉别人我所做的事和所知的一切。

9( )94.我很容易认同别人为我所做的事和所知的一切。

8( )95.我要求光明正大,为此不惜与人发生冲突。

8( )96.我很有正义感,有时会支持不利的一方。

1( )97.我注意小节而效率不高。

9( )98.我很容易感到沮丧和麻木更多于愤怒。

5( )99.我不喜欢那些侵略性或过度情绪化的人。

4( )100.我非常情绪化,一天的喜怒哀乐多变。

5( )101.我不想别人知道我的感受和想法,除非我告诉他们。

1( )102.我喜欢刺激和紧张的关系,而不是稳定和依赖关系。

7( )103.我很少用心去感受别人的心情,只喜欢说俏皮话和笑话。

1( )104.我是循规蹈矩的人,秩序对我十分有意义。

4( )105.我很难找到一种真正感到被爱的关系。

1( )106.假如我想要结束一段关系,我不是直接告诉对方就是激怒他来让他离开我。

9( )107.我温和平静,不自夸,不爱与人竞争。

9( )108.我有时善良可爱,偶尔又粗野暴躁,很难琢磨。

对照统计表			
题 号	打"√"个数	人格类型	人格特点
1号		完美型	重原则,不易妥协,黑白分明,对自己和别人均要求高,追求完美
2号		助人型	渴望与别人建立良好关系,以人为本,乐于迁就他人
3号		成就型	好胜心强,以成就去衡量自己价值的高低,是一名工作狂
4号		情绪型	情绪化,惧怕被人拒绝,觉得别人不明白自己,我行我素
5号		理智型	喜欢思考分析,求知欲强,但缺乏行动,对物质生活要求不高
6号		怀疑型	做事小心谨慎,不易相信别人,多疑虑,喜欢群体生活,尽心尽力工作
7号		活跃型	乐观,喜新鲜感,爱赶潮流,不喜承受压力
8号		领导型	追求权力,讲求实力,不靠他人,有正义感
9号		和平型	须花长时间作决策,怕纷争,难于拒绝他人,祈求和谐相处

第四章　学会学习　喜欢学习——学习心理

告别高中学校,进入高职学校,意味着进入了成长的新阶段,这一阶段是变化最大、心理发展最为曲折、充满矛盾的时期,是从幼稚走向成熟、社会化过程加快的急剧变化时期。自我不断觉醒,所处的社会环境、校园环境、生活环境、学习环境以及人际关系的变化冲突,必将给高职学生学习、生活和交际等方面造成影响。高职学生的学习兴趣、学习动机、学习方式、学习方法方面的特点显著,该如何去应对各方面存在的问题呢? 又该如何学会学习呢? 开始探秘高职学生的学习心理吧!

第一节　学习心理探秘

理解学习的概念和相关理论,有助于大家对其本质、特点、规律有全面而系统的把握,从而指导大家科学地进行学习。

一、学习的概念

古文献解释:在中国,学习一词,是把"学"和"习"结合而组成的词。最先把这两个字连在一起讲的是孔子。孔子说:"学而时习之,不亦说乎?"意思是,学了之后及时、经常地进行温习,不是一件很愉快的事情吗? 很明显,学习这一复合名词,就是出自孔子的这一名言。按照孔子和其他中国古代教育家的看法,"学"就是闻、见,是获得知识、技能,主要是指接受感性知识与书本知识,有时还包括思的含义。"习"是巩固知识、技能,一般有三种含义:温习、实习、练习,有时还包括行的含义。所以学习就是获得知识,形成技能,培养聪明才智的过程,实质上就是学、思、习、行的总称。

心理学领域解释:首先,学习是人类本性和行为的转变。其次,学习是人类倾向或才能的变化,这种变化会持续一段时间,并不能简单地理解为成长过程。再次,学习是主体经验的重复而引起的行为及行为潜能变化。最后,学习是指个体终身发展终身教育的理念。还可以有很多定义,但是能否带来心灵的转变,这的确是一块试金石。我们可以用这个标准来衡量。有效的学习,带来的是一种自然而然的心灵的转变。有了这种转变,你看待世界,看待人生,看待人与人之间的关系,看待同一件事物的方法就不一样了。

普遍的看法:学习的含义有广义和狭义之分。

从广义上讲,学习是人和动物在生活的过程中,通过实践训练而获得的由经验引起的相对持久的适应性的心理变化,即有机体以经验方式引起的对环境相对持久的适应性的心理变化。在这个定义中,一是学习是人和动物共有的心理现象。二是学习不是本能活动,而是后天习得的。三是任何水平的学习都将引起适应性的行为变化。四是不能把个体的一切变化都归为学习,只有通过学习活动产生的变化才是学习,比如,由于疲劳、生长、集体损伤以及其他的生理变化所产生的变化都不是学习。

从狭义上看,学习是学生在教师的指导下,有目的、有计划、有组织、有系统地掌握前人的知识、技能,发展智力和能力,培养个性和思想品德的过程(知识、技能、策略;态度、行为准则;校内学习、日常行为学习)。

二、学习的类型

学习活动的分类对于我们掌握各种学习的共同规律和特殊规律有帮助。由于学习本身的复杂性以及学者对学习进行分类的角度和标准不同,心理学中的学习分类是不一致的。

(一)加涅的学习分类

加涅根据产生学习的情境把学习分为下述 8 类。

1. 信号学习

经典条件反射,包括不随意反应,也就是巴甫洛夫的经典条件反射,也就是个体对某个信号刺激的反应过程。重点是给出刺激之后加以强化,最后作出反应。

2. 刺激—反应学习

操作条件反射,主要是桑代克刺激—反应的结合学习,学习者要对接受到的某个具体刺激作出准确的反应过程。学习的实质是刺激与反应之间的联结。重点是给出刺激之后作出反应再强化。

3. 连锁学习

运动联想学习,主要是将一系列的刺激—反应过程联合起来。

4. 语言的联合

与第 3 类学习相似,不同的是这种学习类型是将语言单位连接起来。

5. 多样辨别学习

对多种相似但不同的刺激作出识别的反应过程。

6. 概念学习

在对刺激进行分类时,识别其间的抽象特征。

7. 原理学习

概念的联合,了解两个或两个以上概念之间的关系。

8. 解决问题

在各种条件下应用原理达到最终目的解决问题。

(二)奥萨贝尔的学习分类

1. 接受学习和发现学习

奥萨贝尔从学校教育的条件出发,根据学生学习的方式,把学习分为接受学习和发现学习两类。

2. 机械学习和有意义学习

根据学习材料与学生原有知识的关系,把学习分为机械学习和有意义学习两类。

两种划分互不依赖。接受学习可以是有意义的,也可以是机械的;发现学习可以是机械的,也可以是有意义的。有意义的接受学习与有意义的发现学习应是学生学习的主要方式。

(三)彼得罗夫斯基主编的《年龄与教育心理学》中的学习分类

把学习分为两大类:反射学习和认知学习。前者是人和动物共有的,后者为人类所特有。他根据人的学习内容和水平的不同,把认知学习分为感性学习和理性学习两类,又把理性学习分为概念学习、思维学习和技能学习。

(四)潘菽主编的《教育心理学》中的学习分类

主要是根据内容与结果把学习分为4类。
①知识的学习,包括对知识的感知与理解。
②技能与熟练的学习,主要指运动的、动作的技能与熟练。
③心智的、以思维为主的能力的学习。
④道德品质与行为习惯的学习。这种划分在日常教育工作中常被采用。
动物与人的学习有其种系上的连续性,人在日常生活中的学习与学生在学校里的学习也有共通性,但在对学习分类时则应考虑其间的区别。教育心理学家对学习分类问题进行科学研究并提出学习分类学说。

三、学习的结果与作用

(一)有助于认识自己,调节自己的言行

我们每个人每天都进行着心理活动,而所进行的心理活动是否正确与有益,是值得主意与重视的一个问题。例如:同样是受到表扬,有的人从此趾高气扬、骄傲自大,有的人更加兢兢业业、谦虚谨慎,前者是不好的,后者是有益的。"智者千虑,必有一失"是说聪明人的心理活动不一定都是正确的。

(二)有助于父母搞好家庭教育

对于每个做父母的人来说,"望子成龙""望女成凤"的心情是可以理解的。但往往方法不当,或者过于迁就,或者拔苗助长,因而常常事与愿违。其原因是不懂得如何根据儿童的年龄特征、心理特点因材施教,只知爱孩子而不了解孩子。今天,对独生子女的教育更需要有心理学的知识。

(三)有助于搞好教育工作

无论是教师还是学生都应该发展自身良好的心理品质,矫正自己的不良行为,培养自己的高尚情操,发展自己的智力,增强自己的能力,以搞好教育工作并提高教育质量。现在正值从应试教育向素质教育的转变期,更需要心理学知识,以后的素质教育,始终需要有心理学知识。

（四）有助于提高工作效率

我们的企事业单位、党政机关等，都需要很高的工作效率，都需要激励工作人员的积极性和创造性。要达此目的，从心理学观点来说，就需要遵循人的心理活动规律办事，改进领导和管理方法，创设良好的工作环境和一定的物质条件，建立和谐的人际关系，形成融洽的心理气氛，使大家在心理相容、心情愉快的情境下生产或工作，从而使工作效率不断提高，因此需要学习心理学知识。

（五）有助于身心健康

俗话说："笑一笑，少一少；愁一愁，白了头。"这是人们从日常生活中总结出来的心理影响生理的经验之谈。我们都需要健康，既要生理上的健康，又要心理上的健康。生理健康，要注重生理卫生；心理健康，要重视心理卫生。只有人的躯体、心理和社会功能均处在良好的状态，才算是真正的健康。健康是美好的，人人都需要；健康是幸福的，个个都向往。为了我们的身心健康，需要有心理学的知识。

【故事分享】

只要弯一弯腰

夜深了，一位巴格达商人走在黑漆漆的山路上，突然，有个神秘的声音传来："弯下腰，请多捡些小石子，明天会有用的！"商人决定执行这一指令，便弯腰捡起几颗石子。到了第二天，当商人从袋中掏出"石子"看时，才发现那所谓的"石子"原来是一块块亮晶晶的宝石！自然，也正是这些宝石，使他立即变得后悔不已：天！昨晚怎么就没有多捡些呢？

这是科学家巴甫洛夫讲的一个故事。尤其发人深省的是，他在讲完故事后说："教育就是这么回事——当我们长大成人之后，才会发现以前学的科学知识是珍贵的宝石，但同时，我们也会觉得可惜，因为我们学的毕竟太少了！"

不是吗？教育送给别人的明明是瑰丽的"宝石"，可总有人因为弯腰太累视而不见，结果白白错过了许多机会。

还有个故事更意味深长，是歌德在他的叙事歌谣里讲的。耶稣带着他的门徒波得远行，途中发现一块破烂的马蹄铁，耶稣就让波得把它捡起来。不料波得懒得弯腰假装没听见，耶稣没说什么就自己弯腰捡起马蹄铁，用它从铁匠那儿换来 3 文钱，又用这 3 文钱买了 18 颗樱桃。出了城，二人继续前进，经过的全是茫茫的荒野。耶稣猜到波得渴得够呛，就让藏于袖中的樱桃悄悄地掉出一颗，波得一见，赶紧捡起来吃。耶稣边走边丢，波得也就狼狈地弯了 18 次腰。于是耶稣笑着对他说："要是你刚才弯一次腰，就不会在后来没完没了地弯腰。小事不干，将来就会在更小的事情上操劳。"

不去弯腰或疏于弯腰，是糊涂；而耻于弯腰者，肯定是傻子！

第二节　高职学生学习现状

学习如此神秘，学习又有如此的功效，那么今天的高职学生，是否真正体会到学习的意义，又是否能好好学习呢？他们又会是怎么样的学习状态呢？面对茫茫学海，他们感兴趣的

是什么呢？他们对学习又是什么态度,如此神秘的学海,又是保持怎样的心理去面对呢？知道了学习的神秘,再来看看那更加努力学习的主人——高职学生。

一、高职学生的学习特点

(一)学习兴趣

高职学生的学习情绪化较强,对感兴趣的东西学习积极性较高,而对于枯燥的内容则学习效率较低。因此在组织教学过程中必须注意结合社会实际,增强教学的生动性,从而提高学生的学习兴趣。作为高职教育,实践教学应该是其一大特色,学生对实践性环节的学习兴趣明显高于理论课程的学习,我们应该通过加强实践教学来培养学生的学习兴趣。

(二)学习动机

动机是引发人的特定行为的重要原因。高职学生的学习动机多种多样,而且也随着学生生活的社会条件和个人的成长经历的不同而发展变化。高职学生的学习动机主要有以下两个方面:

①自尊心、进取心和不甘落后。

②为了自己今后能有一份好工作,多挣点钱使自己和父母能生活得好一些。而学习困难的高职学生,他们往往存在更多的情绪障碍,表现为学习动力不足。在教学过程中教师要善于帮助学生认识、启发学生的学习动机。特别关注学习动机不明的学生,帮助他们建立起强烈的学习动机。

(三)学习方式

高职学生的学习具有较高层次的职业定向性。他们在进校之初,自己就已经基本明白将来的工作岗位(岗位群),并围绕一定的职业定向学习基础课、专业基础课和专业课。

与中学阶段的学习相比,高职学生的学习具有更多的自主权,学习途径具有多样性。高职学习具有更多自由支配的时间,学习内容有一定的可选择性,而且高职阶段的实践性教学环节(如案例分析、专业实训等),提供给学生更多发挥的余地。

(四)学习方法

高职阶段的学习不同于中学时期的学习,新生入学后,对高职的学习活动需要有一个适应过程。如何使刚入学的学生尽快适应高职的学习生活,这不仅涉及教师的教学方法问题,也涉及学生的学习方法问题。高职学生在学习时,学习的积极性和主动性还比较差,大多数学生还没有记课堂笔记的习惯。

(五)树立起因材施教的指导思想

教学活动的组织与实施应充分考虑到特定高职学生的特点,不可盲目地照本宣科。教学内容的传授应考虑学生的接受程度和接受能力。超出学生接受能力的教学是没有意义的,会招致学生的反感。

以上我们只是针对高职学生的特点作了一些简单分析,并提出了一些针对性教学方法。显然,仅靠上述论述是远远不够的,还需要其他的教学方法和教学手段的配合才能取得较好的效果。

二、高职学生学习的心理问题

笔者一直从事高职学生教学工作,经过这些年的工作经历,我们发现以下心理特点是高职学生当中最普遍、最常见、最突出的心理问题。

(一)缺乏学习动机,学习目标不够明确

高职学生学习的内部动机因素的激励作用较小,他们对学习不感兴趣,对所学专业没有激情。他们大多是职业高中、技工学校或普通高中的"困难学生",因为考分低而不得不进入高职,专业的选择也不是完全出于自己的意愿,而是出于家庭和社会的压力,或者是录取时调剂。他们对为什么学、为什么读书等问题认识不清,没有明确的学习目标。这些主要表现在:有的无理想、抱负和期望,没有上进的愿望;有的缺乏自信心、自尊心,对于学习成绩,没有荣辱感,不及格也不觉得丢面子,没有学习的压力;有的对学习态度冷漠、厌倦、缺乏兴趣;有的不愿在学习上多花一分功夫,不愿课前预习课后复习;有的在学习上怕难怕苦,一遇到难题就退却。

(二)自我定位偏差

就某校来说,近几年招考录取分数偏高,有些专业甚至高于"三本"分数线。这些高职学生进入大学后往往不能重新审视自己,喜欢沉浸在中学阶段的自身成绩中。把高考成绩的不理想归结为考试失利,总是有一种怀才不遇的情怀。因此,他们总认为自己只要使点小聪明,考试前自己稍微努把力就会及格,平时不用刻苦学,满足于一知半解,一遇到学习上的拦路虎就知难而退。

(三)自我约束能力差,盲目接受一些新事物

高职学生大多在中学时就自我约束力较差,不良习惯相对较多。在大学,犹如进入了一个轻松的世界,没有父母的管束和唠叨,也没有老师会时时刻刻教育。现今大学校园崇尚开放和自由,各种行为和理念一并涌进来,对于这些刚刚进入大学的高职学生来说无疑一切都是新鲜的。他们开始尝试和接触各种网络游戏,沾染抽烟喝酒的不良习惯,大肆挥霍金钱购买时尚手机和漂亮衣服,学别人谈恋爱等其他无益的活动。

第三节　学习策略及时间管理

学海无涯,高职学生们总会在"学海"中遨游,可在汪洋大海中有的小鱼却找不到自己前行的方向,没有好的策略秘籍去学到自己应该学的和想要学的,甚至自己不知道何时学习才是最佳时机。没有好好把握和管理大学时光,大好光阴浪费于此阶段。

一、知之,好之,乐之

(一)学会学习的必备心智

学会是被动接受,会学是主动汲取。从小学到中学,大部分是学会,到了大学后会学则占了主要地位。如何提高自身的学习能力呢?首先要有自我学习的意识,通过自我质疑、自我思考、自我解决的方式,提高自己的学习能力。其次要敢于否定事物,不人云亦云,凡事多问个为什么。再次,遇到困惑,不要急于求助,力求自己思考解决。第四,相信自己的力量。知识的吸收并非只有老师讲解这条路,自学也行。

在未来世界,学会如何学习是每一个人都要面对的时代课题,高职学生自然也不例外,它既是打开终身学习之门的钥匙,也是进入知识经济时代的通行证。那么高职学生怎么样才能"学会学习"呢?

1. 要明确"终身教育"思想

知道学习的重要性与学习的方法和态度,学习可以提高、改变素质,使人智慧明达、言行无过等。

2. 学习必须有踏踏实实、吃苦耐劳的实干精神

年轻人终日而思,而不肯须臾之学,知识技能不会在空想中有任何增加。只愿踮起脚尖,不愿奋力登高,又怎能达到光辉的顶峰而见广识远呢?

3. 树立远大志向

没有刻苦钻研的心志,学习上就不会有显著的成绩;没有埋头苦干的实践,事业就不会有巨大的成就。只有志存高远,才会学有所成;学习中要勇于实践,知识才能够掌握得扎实。

4. 所谓行百里者半九十,学贵精专

学习不能不求甚解,满足于一知半解。善学之人要做到触类旁通、融会贯通,才能与时俱进,在未来日趋激烈的竞争中立于不败之地。

(二)必备学习方法

一是前提,树立远大的目标。

目标是一个人前进的方向。人生要是没有目标,没有一个追求的理想,就像没有航向的船只,不能到达成功的彼岸。理想是一种精神力量,是高职学生学习的内在驱动力。只有树立崇高的理想,才能树立远大的奋斗目标,从而产生巨大的动力,激励自己努力拼搏、奋勇向前、攀登科学高峰。

二是基础,树立自主学习的观念。

所谓自主学习就是学生自己主动地学习,自己有主见地学习。学生树立了自主学习的观念,就会意识到自己是学习的主人,从而在接受教育的过程中发挥自己的主观能动性和创造性。

三是关键,掌握科学的学习方法。

科学的学习方法是人们认识规律和学习规律的反映,它具有共同性和普遍性。要研究学习规律,掌握基本的学习方法;重视借鉴前人的学习经验;注意联系学习的实际,要从个人

实际出发,采用和创建适合自己特点的科学学习方法。"学有其法,学无定法",最好的学习方法应当既是科学的,又是适合自己的。

四是基本途径,善于自学。

正如华罗庚所说:"对一个人来讲,一辈子总是自学的时间多。"钱三强说:"自学是一生中最好的学习方法。"一个人知识的积累和更新主要是依靠自学。自学是学会学习的基本途径,也是成才的必由之路。

五是从"学会"转向"会学",改变学习方式。

"会学"即是创新性学习或自主创新性学习,其功能在于通过学习提高发现、吸收新知识和提出新问题的能力,迎接和处理未来的变化。在农业和工业经济时代,科学技术的发展和更新的速度相对缓慢,人们习惯于用已有的知识来解决当前的各种问题,形成了"维持性学习"为主的模式,也就是"学会"。而在知识经济时代,信息技术强化了知识的传播速度,人们接触知识较以前更为容易,这使得利用知识的能力变得越来越重要。知识经济要求人们在学习方式上向"创新性学习"转变。知识经济时代,具有不断掌握新知识的能力,比维持现存的知识更为重要。

六是学会利用现代化学习工具,创新学习手段。

信息手段决定着人们获取信息量的大小和学习的模式,影响学习的效率。在知识经济时代,互联网的出现,为学习开辟了广阔的道路。互联网已成为最方便快捷的工具。互联网提供了灵活的学习时间和环境,信息高速公路向世界各个角落延伸,为人们提供了一个取之不尽的信息宝库,全球的学习资源都可以为一个人的学习服务。信息手段的革命性变化为人们的学习展示了美好的前景,也提出了更高的要求。高职学生学会使用现代信息技术,是学习中不可或缺的重要手段。

【故事分享】

成功故事:涵养与智慧

一次,德国柏林空军俱乐部举行盛宴招待空战英雄,一位年轻的士兵斟酒时不慎将酒泼到了乌戴特将军的秃头上。顿时,士兵悚然,会场寂静,倒是这位将军轻抚士兵肩头,说:"老弟,你以为这种治疗能再生头发吗?"全场立即爆发出了笑声,人们紧绷的心弦松弛下来,盛宴保持了热烈欢乐的气氛。

另一则故事讲的是英国王室为了招待印度当地的首领,在伦敦举行晚宴,身为"皇太子"的温莎公爵主持这次宴会。宴会快要结束时,侍者为每一位客人端来了洗手盘,印度客人们看到那精巧的银制器皿以为是喝的水,就端起来一饮而尽。作陪的英国贵族目瞪口呆。温莎公爵神色自若,一边与众人谈笑风生,一边也端起自己面前的洗手水,像客人那样"自然而得体"地一饮而尽。接着,大家也纷纷效仿,本来要造成的难堪与尴尬顷刻化解,宴会取得了预期的成功。

二、高职学生时间管理

大学的时间是人生最关键的时段。进入大学是大学生一生中第一次放下考试的重担,开始追逐自己的理想、兴趣。在大学里我们不是一味地为高考的几门科目而忙碌,而是有了更多的活动和安排,有了更加丰富多彩的生活,有机会在学习理论的同时亲身实践,这是第

一次不再由父母安排生活和学习中的一切,而是有足够的自由处置生活和学习中遇到的各类问题,支配所有属于自己的时间。

安排时间除了做一个时间表外,更重要的是"事分轻重缓急"。在《高效能人士的七个习惯》一书中,作者史蒂芬·柯维提出,"重要事"和"紧急事"的差别是人们浪费时间的最大理由之一。因为人的惯性是先做最紧急的事,但这么做会导致一些重要的事被荒废掉。例如,我认为这篇文章里谈到的各种学习都是"重要的",但它们不见得都是老师布置的必修课业,采纳我的建议的同学们依然会因为考试、交作业等紧急的事情而荒废了打好基础、学习做人等重要的事情。因此,每天管理时间的一种好方法是,早上确定今天要做的紧急事和重要事,睡前回顾一下,这一天有没有做到两者的平衡。

高职学生必须要培养自控的能力,让自己交些好朋友,学些好习惯,不要沉迷于那些对自己一点帮助都没有的娱乐中。高职学生一定要珍惜自己宝贵的大学时间,找到自己感兴趣的方向,做一些有意义并能给自己带来满足感的事情为将来打下基础。

(一)高职学生加强时间管理的重要意义

正如邓拓所说:"古来一切有成就的人,都很严肃地对待自己的生命,他活着一天,总要尽量多劳动,多工作,多学习,不肯虚度年华,不让时间白白地浪费掉。"我们应将时间当作最美好、最宝贵的财富,用这笔财富进行一项项人生的投资,来充实和完善自己,实现我们的自我价值。

李开复在"第四封信"中曾说:"大学是人生的关键阶段。是因为,这是你一生中最后一次有机会系统性地接受教育。这是你最后一次能够全心建立你的知识基础。这可能是你最后一次可以将大段时间用于学习的人生阶段,也可能是最后一次可以拥有较高的可塑性、可以不断修正自我的成长历程。这也许是你最后一次能在相对宽容的、可以置身其中学习为人处世之道的理想环境。"所以,这四年是你最宝贵的四年。在"我学网",有无数的学生,感叹自己四年过去,什么都没有得到。

(二)时间管理的主要问题和原因分析

每个人都要好好管理自己的时间,因为每个人每天有两小时是被浪费掉的,想要管理好时间,就是把那些零碎的时间、浪费的时间活化,好好去利用它。你可以做的是,让自己尽量不被打扰。想要管理好时间,关键在你能不能放弃不重要的事情。每一个人所谓的忙,就是让更多紧急的事情霸占你的时间,所以你一定要学会整理,减少那些紧急的时间,这样你才有自己的时间做重要的事,而这对时间管理是很重要的。

浪费时间是可耻的。让每一分钟都过得充实而有意义是珍惜时间的表现,提高效率更能使时间创造双倍的价值。但是,一些人好走极端,总以为珍惜时间就是把每一分、每一秒都用在工作上,因为害怕浪费时间,总是来也匆匆,去也匆匆,心急火燎,结果却往往适得其反。这些都是时间的误区,提醒你一下,珍惜时间,但不要走入时间的误区。

1. 不要仅仅把计划留在纸上

与无计划的人相反,这种人则时时制订计划,事事制订计划,大事制订计划,芝麻小事也要制订计划。他的生活无时无刻不是在进行计划。总习惯将每项计划都制订得特别精确细致,唯恐出现一点儿失误,这种人是典型的完美主义者,做事追求尽善尽美,所以他们活得很累。

作计划是为了更加充分有效地利用时间,但他们制订计划却往往过于强调这一目的,将自己的日程表安排得满满的,没有一点空隙,从不留下一点应付意外事件的缓冲时间,所以,一旦事情发生变化,则往往措手不及。

一般而言,他们总以计划为工作的主要内容,却忘记了行动,以为事情只要计划得好就可以了,却没想到行动才是实现目标的关键。要知道,计划占据了他们过多的时间,所以留给行动的时间所剩无几,要想成功不是件容易的事情。

在这个时候,你需要平静自己的心情,稳定自己的情绪,一定要让大脑冷静下来,经过客观分析之后,再采取有节有度的行动。只有这样,才能既保证速度又保证质量。

2. 不求急但求稳

急性子的人总想事情马上就做好,所以他们总是表现出急躁愁苦的样子,哪怕只是一件小事情,他们也总是焦急万分,唯恐事情办不好或时间不够用。因担心延误时间,把许多应该做的事情耽误了,该做的事情往往只是草草收场。所以,结果是欲速则不达,反而浪费了时间。

人们想节省时间的出发点是正确的,因为事情紧急也应该加快步伐。但是因为人们过于着急,情绪压抑了理智。大脑因为过于急躁紧张而不能冷静地分析问题,找到解决问题的办法,对于整个工作的计划往往还没有想周全就开始了行动,所以做起事来总是捉襟见肘,想到此而忘了彼。这样的行动,如何能取得满意的结局呢?

即使计划在事前已经准备周全,但在行动时人们却因心急如焚而将计划弃之不顾,或不完全按照计划进行,认为能马上做一些事情就做一些事情,却没想到因为着急把全局搞得一团糟。同时,在具体行动时,往往丢三落四,顾西不顾东。做事情时,不讲求质量,以完成任务为目的,根本就不考虑后果将会怎么样。

有紧急意识并不是错,关键是不能只因着急就急于求成。急可以让大脑活动得快一些,但过于着急却使头脑无法正常运转。

3. 不要无事瞎忙有事却乱忙

人们把那些没事找事做,害怕自己没事做的人称为"无事瞎忙",这个名称可谓贴切。就有这样的人,害怕虚度光阴,不断地给自己找事情做,不管这事情该不该干,该不该他来干,总喜欢拉到一件算一件,和市场中小商贩一样。

无事瞎忙的人往往是那些生活没有明确目的的人,他们还有一个特征就是性子比较急。因为没有明确的生活目的或奋斗目标,所以他们不知哪些事情该做哪些事不该做,但他们还有不浪费时间,不虚度光阴的意识。只是,应该静下心为自己设定明确的生活目标,这样才不至于一事无成。

对于那些有事乱忙的人来讲,只知道该忙些什么,但是不知道该怎么忙,应该先做什么后做什么。他们只是把认为该做的事情像"炖大菜"一样搅到一起,结果事情弄得一团糟,毫无头绪可言。

他们属于没有计划的人,在没有制订计划的条件下,因为急于求成,所以莽撞地开始了行动。结果,这种无顺序、欠计划的行动把事情越搞越乱,越乱越糟,想成功太困难了。

(三)改进和优化高职学生时间管理的对策

时间多了,需要自己安排时间、计划时间、管理时间。这里有几个如何管理时间的建议。

1. 不要让紧急奴役着你

事分轻重缓急,这里面的"重"和"急"是不一样的。"准备明天的考试"是"急事",而"培养自己的积极性"是"重要事"。人的惯性是先做最紧急的事,但往往因为这么做而使重要的事被荒废。大部分紧急的事情其实是并不重要的,而许多重要的事情并不紧急。因此,不要把全部的时间都花在那些看起来"紧急"的事情上,一定要留一些时间做那些真正"重要"的事情,比如打好知识基础,学习做人等。每天管理时间的一种方法是早上立定今天要做的紧急事和重要事,睡前回顾这一天有没有做到两者的平衡。

2. 将自己的事情明确区分

分清楚"必须做"的事和"不必须做"的事,做到"足够好就好"的事和"足够好仍不够好"的事。有那么多的"紧急事"和"重要事",想把每件都做到最好是不实际的。"足够好仍不够好"的事要做到最好,但是"足够好就好"的事尽力而为就可。建议用良好的态度和宽广的胸怀接受那些不能改变的事情,多关注那些能够改变的事情。虽然我们提倡"追随我心",但是在追随兴趣的同时,一定要把必须做的事做好。这是一种基本的责任心。

3. 将事物分段化

做一个长期的蓝图规划,一步一步地向你的目标迈进,这样,你就能一步步地看到进展,就会更有动力、更自信地继续做下去。时间管理与目标设定、目标执行具有相辅相成的关系,时间管理与目标管理是不可分的。每个小目标的完成,会让你清楚地知道你与大目标的远近,你每日的行动承诺是你的压力和激励,而且行动承诺都必须结合你的长远目标。所以,要想有计划地工作和生活,需要你管理好自己的时间。

4. 学会节约时间

虽然每天只有 24 个小时,但只要细心观察,节约点滴时间,可以拥有比别人更多的时间。看电视、上网、玩游戏,这都是消耗大把时间的事情,而且它们已经融入很多人每天的生活习惯,戒除很难,尽量缩短就好。面对诱惑一定要坚持住,多余的时间应该用在能让自己不断提高的事情上。李开复在《给中国学生的第四封信》中曾提到:"大学几年的关键时刻是最容易迷失的时候。你必须有自控的能力,让自己交些好的朋友,学习些好习惯,不要沉迷于对自己没有帮助的习惯(像网络游戏)里。一位自主积极的中国同学在我的网站上劝告其他同学:'不要玩游戏,至少不要玩网络游戏。我认识专业比较好的大学朋友中没有一个玩游戏的。沉迷网络游戏的同学是一种对现实的逃避,不愿意面对自己不足的一面。我认为,要脱离网络游戏,就得珍惜自己宝贵的大学时间,找到自己兴趣的方向,做一些有意义并能给自己满足感的事情。'"

第四节　快乐学习的方法

大学是人生的关键阶段。在这个阶段里,所有高职学生都应当认真把握每一个"第一次",让它们成为未来人生道路的基石;在这个阶段里,所有高职学生也要珍惜每一个"最后一次",不要让自己在不远的将来追悔莫及;在这个阶段里,为了在学习中享受到最大的快乐,为了在毕业时找到自己最喜爱的工作,每一个进入大学校园的人都应当掌握 7 项学习:自修之道、基础知识、实践贯通、培养兴趣、积极主动、掌控时间、为人处世。

学习的策略五花八门,适合每个同学的也未必一样,但是有一点,大家都希望学习带给我们的是快乐,而不是痛苦,如何才能提高自己的学习能力,从学习中找到自己的快乐,快乐地学习呢?

【阅读资料】

开复谈大学

李开复:曾任微软公司全球副总裁,是微软亚洲研究院的首任院长。

近日,我回复了"开复学生网"开通以来的第 1 000 个问题。关掉计算机后,始终有一封学生来信萦绕在我的脑海里,挥之不去:

开复老师:

就要毕业了。

回头看自己所谓的高职生活,我想哭,不是因为离别,而是因为什么都没学到。

我不知,简历该怎么写,若是以注我会让它空白。

最大的收获也许是……对什么都没有的忍耐和适应……

这封信道出了不少大三、大四学生的心声。大学期间,有许多学生放任自己、虚度光阴,还有许多学生始终找不到正确的学习方向。当他们被第一次补考通知唤醒时,当他们收到第一封来自招聘企业的婉拒信时,这些学生才惊讶地发现,自己的前途是那么渺茫,一切努力似乎都为时已晚……

大学是人生的关键阶段。这是因为,进入大学是你一生中第一次放下高考的重担,开始追逐自己的理想、兴趣;这是你第一次离开家庭生活,独立参与团体和社会生活;这是你第一次可以有机会在学习理论的同时亲身实践;这是你第一次脱离被动,有足够的自由处置生活和学习中遇到的各类问题,支配所有属于自己的时间。

大学是人生的关键阶段。这是因为,这是你一生中最后一次有机会系统性地接受教育和建立知识基础。这很可能是你最后一次可以将大段时间用于学习的人生阶段,也可能是最后一次可以拥有较高的可塑性、可以不断修正自我的成长历程。这很可能是你最后一次能在相对宽容的、可以置身其中学习为人处世之道的理想环境。

一、如何提高学习能力

只要做好了如下这 7 点,高职学生临近毕业时的最大收获就绝不会是"对什么都没有的忍耐和适应",而应当是"对什么都可以有的自信和渴望"。

(一)学会自学

教育家 B. F. Skinner 曾说:"如果我们将学过的东西忘得一干二净时,最后剩下来的东西就是教育的本质了。"所谓"剩下来的东西",其实就是自学的能力,也就是举一反三或无师自通的能力。在大学期间,学习专业知识固然重要,但更重要的还是要学习思考的方法,培养举一反三的能力,大学毕业生才能适应瞬息万变的未来世界。

自学能力必须在大学期间开始培养。许多同学总是抱怨老师教得不好,懂得不多,学校的课程安排也不合理。高职学生不应该只会跟在老师的身后亦步亦趋,而应当主动走在老师的前面。最好的学习方法是在老师讲课之前就把课本中的相关问题琢磨清楚,然后在课堂上对照老师的讲解弥补自己在理解和认识上的不足之处。

中学生在学习知识时更多的是追求"记住"知识,而高职学生就应当要求自己"理解"知识并善于提出问题。对每一个知识点,都应当多问几个"为什么"。事实上,很多问题都有不同的思路或观察角度。在学习知识或解决问题时,不要总是死守一种思维模式,不要让自己成为课本或经验的奴隶。只有这样,学生潜在的思考能力、创造能力和学习能力才能被真正地激发出来。

《礼记·学记》上讲:"独学而无友,则孤陋而寡闻。"也就是说,高职学生应当充分利用学校里的人才资源,从各种渠道吸收知识和了解方法。除了资深的教授以外,大学中的青年教师、博士生、硕士生乃至自己的同班同学都是最好的知识来源和学习伙伴。每个人对问题的理解和认识都不尽相同,只有互帮互学,大家才能共同进步。

应该充分利用图书馆和互联网,培养独立学习和研究的本领。首先,高职学生一定要学会查找书籍和文献,以便接触更广泛的知识和研究成果。读书时,应尽量多读一些英文原版教材。其次,在书本之外,互联网也是一个巨大的资源库,高职学生们可以借助搜索引擎在网上查找各类信息。

自学时,不要因为达到了学校的要求就沾沾自喜。21世纪人才已经变成了一个国际化的概念。当你对自己的成绩感到满意时,我建议你开始自学一些国际一流大学的课程。例如,尝试美国麻省理工学院(MIT)放在网上的开放式课程,当你可以自如地掌握这些课程时,你就可以更加自信地面对国际化的挑战了。

【故事分享】

赶考

有位秀才第三次进京赶考,住在一个以前住的店里。考试前两天他做了两个梦:第一个梦是梦到自己在墙上种白菜;第二个梦是下雨天,他戴了斗笠还打伞。这两个梦似乎有些深意,秀才第二天就赶紧去找算命的解梦。算命的一听,连拍大腿说:"你还是回家吧,你想想,高墙上种菜不是白费劲吗?戴斗笠还打雨伞不是多此一举吗?"秀才一听,心灰意冷,回店收拾包袱准备回家。店老板非常奇怪,问:"不是明天才考试吗,今天你怎么就回乡了?"秀才如此这般说了一番,店老板乐了:"哟,我也会解梦的。我倒觉得,你这次一定要留下来。你想想,墙上种菜不是高种吗?戴斗笠打伞不是说明你这次有备无患吗?"秀才一听,更有道理,于是精神振奋地参加考试,居然中了个探花。

(二)学习:基础知识

来到了大学,我们所学的科目繁多,类别也比较多。而我们最初一定要学好公共基础课和专业基础课,如语文、数学、英语、思想政治、体育等公共基础课,如消费心理学、计算机等专业基础课。因为在应用技术方面越来越多的专业技术在不断更新换代,必须牢牢掌握基础知识才能应对变化。如果没有打好基础,高职学生们也很难对专业技术有好的理解和掌握。

语文是很多文科学生必须具备的基础知识。旅游管理专业、新闻专业、摄影摄像专业等对语言文字的理解甚为重要。有的高职学生认为只要学好理科知识,一切问题都可迎刃而解,这个观点尤其在高职技术院校唱得比较响亮。再加上现在的学生们都比较功利,尤其是在很多学校都扩招的情况之下,高职学生会面临比较大的就业压力,所以他们对公共基础课的考虑都会直接联系工作需要。

同样作为学习交流工具的语言学科英语也是很重要的。在以后所学的高深技术大多数的交流都会用英语进行,了解世界上更加全面的信息也需要英语。而学习英语的最重要的方法就是结合实际,学以致用,阅读比较专业的原版教材,提升阅读能力;同时,针对听说能力的提升,最好的就是多与以英语为母语的外国人对话,要培养对英语的兴趣,多关注一些演讲和小说等作品,也可以在网络上进行学习。

数学是理工科学生必备的基础。高职学生本来在高中时数学成绩就不是很优秀,对数学的学习也感到很困难,而到了大学很多学生会觉得简单抛开高中时期难的数学也能学好专业课,有些同学还会认为高深莫测的数学对以后的工作生活没有多大的实用价值。但不要忘记,绝大多数理工科专业系统知识都是建立在数学基础上的。而且数学的学习会锻炼自己的逻辑思维能力,所以要去体会学习数学的过程。

信息技术高速发展的今天,计算机基础课程显得尤为重要。在职业院校的学生必须具备计算机技术方面的素养,虽然每个学生都懂得计算机原理,但更重要的还要熟练地运用计算机、网络、办公软件等。

在高职院校的每一个专业都会有自己特定的专业基础课程。比如旅游管理专业,就必须学习管理心理学、组织行为学、语言等基础学科。而每个高职学生只有学好基础课程,才能以不变应万变。虽然我们鼓励大家追寻自己的兴趣,但仍需强调,生活中有些事情即便不感兴趣也是必须要做的。打好基础,学好语文、数学、英语和计算机就是这一类必须做的事情。

(三)学习:实践贯通

有一句关于实践的谚语是这样说的:"我听到的会忘掉,我看到的能记住,我做过的才真正明白。"在大学里,同学们应该懂得每一个学科的知识、理论、方法与具体的实践、应用如何结合起来,尤其是工科的学生更是如此。

无论学习何种专业、何种课程,如果能在学习中努力实践,做到融会贯通,就可以更深入地理解知识体系,可以牢牢地记住学过的知识。因此,建议同学们多选些与实践相关的专业课。实践时,最好是几个同学合作,这样,既可以经过实践理解专业知识,也可以学会如何与人合作,培养团队精神。如果有机会在老师手下做些实际的项目,或者走出校门打工,只要不影响课业,这些做法都是值得鼓励的。外出打工或做项目时,不要只看重薪酬待遇(除非生活上确实有困难),有时候,即便待遇不满意,但有许多培训和实践的机会,也值得一试。

以计算机专业为例,实践经验对于软件开发来说是必不可少的。微软公司希望来应聘程序员的大学毕业生最好有十万行的编程经验。理由很简单:实践性的技术要在实践中提高。计算机归根结底是一门实践的学问,不动手是永远也学不会的。因此,最重要的不是在笔试中考高分,而是实践能力。

(四)学习:培养兴趣

孔子说:"知之者不如好之者,好之者不如乐之者。"如果你对某个领域充满激情,你就有可能在该领域中发挥自己所有的潜力,甚至为它而废寝忘食。这时候,你已经是为了"享受"而学习了。

如何才能找到自己的兴趣呢?我觉得,首先要客观地评估和寻找自己的兴趣所在:不要把社会、家人或朋友认可和看重的事当作自己的爱好;不要以为有趣的事就是自己的兴趣所在,而是要亲身体验它并用自己的头脑作出判断;不要以为有兴趣的事情就可以成为自己的职业,不过,你可以尽量寻找天赋和兴趣的最佳结合点。

最好的寻找兴趣点的方法是开阔自己的视野,接触众多的领域。而大学正是这样一个可以让你接触并尝试众多领域的独一无二的场所。因此,高职学生应当更好地把握在校时间,充分利用学校的资源,通过使用图书馆资源、旁听课程、搜索网络、听讲座、打工、参加社团活动、与朋友交流、使用电子邮件和电子论坛等不同方式接触更多的领域、更多的工作类型和更多的专家学者。如果你发现了自己真正的兴趣爱好,这时就可以去尝试转系,尝试课外学习、选修或旁听相关课程;你也可以去找一些打工或假期实习的机会,进一步理解相关行业的工作性质;或者努力去考自己感兴趣专业的研究生,重新进行一次专业选择。

除了"选你所爱",大家也不妨试试"爱你所选"。在大学中,转系可能并不容易,所以,大家首先应尽力试着把本专业学好,并在学习过程中逐渐培养自己对专业的兴趣。此外,一个专业里可能有很多不同的领域,也许你对专业里的某一个领域会有兴趣。现在,有很多专业发展了交叉学科,两个专业的结合往往是新的增长点。就算你毕业后要从事其他行业,依然可以把自己的专业学好,这同样能成为你在新行业中的优势。

在追寻兴趣之外,更重要的是要找寻自己终生不变的志向。例如,我的志向是"使影响力最大化",多年以来,我有许多兴趣爱好,如语音识别、对弈软件、多媒体、研究开发的转换、管理学、满足用户的需求、演讲和写作、帮助学生等,兴趣可以改变,但我的志向是始终不渝的。因此,大家不必把某种兴趣当成自己最后的目标,也不必把任何一种兴趣的发展道路完全切断,在志向的指引下,不同的兴趣完全可以平行发展,必要时再作出最佳的抉择。志向就像罗盘,兴趣就像风帆,两者相辅相成、缺一不可,它们可以让你驶向理想的港湾。

(五)学习:积极主动

教师教学最终是要达到助人自助的目的,但是很多学生则是希望老师能够帮他们作决定,他们只需要被动接受。这些被动的学生会认为他人和环境的影响是造成今天这种局面的罪魁祸首,所以他们会觉得只有他人的指导与环境的改变才能积极推动自我的发展。可是,最终被动的学生们,也许还没有开始就会宣告失败。相反,一些主动的学生,他们会从迈入大学校门的那天起,就开始主动规划自己的学业、职业。

学习要积极主动,第一步是有积极的态度。

积极主动的第二步是对自己的一切负责,勇敢面对人生。不要把不确定的或困难的事情一味搁置起来。但是,我们必须认识到,不去解决也是一种解决,不作决定也是一个决定,这样的解决和决定将使你面前的机会消失殆尽。对于这种消极、胆怯的作风,你终有一天会付出代价的。

积极主动的第三步是要作好充分的准备:事事用心,事事尽力,不要等机遇上门;要创造机遇,把握机遇。要作好充分的准备,当机遇来临时,你才能抓住它。

积极主动的第四步是"以终为始",积极地规划大学四年。任何规划都将成为你某个阶段的终点,也将成为你下一个阶段的起点,而你的志向和兴趣将为你提供方向和动力。只要认真制订、管理、评估和调整自己的人生规划,你就会离你自己的目标越来越近。

【故事分享】

永远的坐票

有一个人经常出差,经常买不到对号入座的车票。可是无论长途短途,无论车上多挤,他总能找到座位。

他的办法其实很简单,就是耐心地一节车厢一节车厢找过去。这个办法听上去似乎并不高明,但却很管用。每次,他都做好了从第一节车厢走到最后一节车厢的准备,可是每次他都用不着走到最后就会发现空位。他说,这是因为像他这样锲而不舍找座位的乘客实在不多。经常是在他落座的车厢里尚余若干座位,而在其他车厢的过道和车厢接头处,居然人满为患。

他说,大多数乘客轻易就被一两节车厢拥挤的表面现象迷惑了,不大细想在数十次停靠之中,从火车十几个车门上上下下的流动中蕴藏着不少提供座位的机会;即使想到了,他们也没有那一份寻找的耐心。眼前一方小小立足之地很容易让大多数人满足,为了一两个座位背负着行囊挤来挤去,有些人也觉得不值。他们还担心万一找不到座位,回头连个好好站着的地方也没有了。与生活中一些安于现状、不思进取、害怕失败的人,永远只能滞留在没有成功的起点上一样,这些不愿主动找座位的乘客大多只能在上车时最初的落脚之处一直站到下车。

(六)学习:掌控时间

大学几年是最容易迷失方向的时期。高职学生必须有自控的能力,让自己交些好朋友,学些好习惯,不沉迷于对自己无益的习惯(如网络游戏)里。

一位同学说:"大学和高中相比……不同的只是大学里上网的时间和睡觉的时间多了很多,压力也小了很多。"这位同学并不明白,"时间多了很多"正是大学与高中之间巨大的差别。时间多了,就需要自己安排时间、计划时间、管理时间。

安排时间并不意味着非要做出一个时间表来。《高效能人士的七个习惯》一书提出,"重要事"和"紧急事"的差别是人们浪费时间的最大理由之一。因为人的惯性是先做最紧急的事,但这么做会导致一些重要的事被荒废掉。因此,每天管理时间的一种好方法是,早上确定今天要做的紧急事和重要事,睡前回顾一下,这一天有没有做到两者的平衡。

想把每件事都做到最好是不切实际的。我建议大家把"必须做的事"和"尽量做的事"分开。建议大家用良好的态度和宽广的胸怀接受那些你暂时不能改变的事情,多关注那些你能够改变的事情。

(七)学习:为人处世

未来,人们在社会里、在工作中与人相处的能力会变得越来越重要,甚至超过了工作本身。所以,高职学生要好好把握机会,培养自己的交流意识和团队精神。

对于如何在大学期间提高人际交往能力,有以下几点建议:

1. 以诚待人,以责人之心责己、以恕己之心恕人

对别人要抱着诚挚、宽容的胸襟,对自己要怀着自我批评、有过必改的态度。与人交往时,你怎样对待别人,别人也会怎样对待你。这就好比照镜子一样,你自己的表情和态度,可以从他人对你流露出的表情和态度中一览无遗。最真挚的友情和最难解的仇恨都是由这种"反射"原理逐步造成的。

2. 培养真正的友情

如果能做到第一点,很多大学时的朋友就会成为你一辈子的知己。在一起求学和寻求自身发展的道路上,这样的友谊弥足珍贵。交朋友时,不要只去找与你性情相近或只会附和你的人做朋友。好朋友有很多种:乐观的朋友、智慧的朋友、脚踏实地的朋友、幽默风趣的朋友、激励你上进的朋友、提升你能力的朋友、帮你了解自己的朋友、对你说实话的朋友等。

3. 学习团队精神和沟通能力

社团是微观的社会,参与社团是步入社会前最好的磨炼。在社团中,可以培养团队合作的能力和领导才能,也可以发挥你的专业特长。但更重要的是,你要做一个诚心诚意的服务者和志愿者,或在担任学生工作时主动扮演同学和老师之间沟通桥梁的角色,并以此锻炼自己的沟通能力。把握在大学时学习人际交往的机会,因为大学社团里的人际交往是一种不用"付学费"的学习,犯了错误也可以从头来过。

4. 从周围的人身上学习

在班级里、社团中,多观察周围的同学,特别是那些你觉得交往能力和沟通能力特别强的同学,看他们是如何与人相处的。

5. 提高自身修养和人格魅力

如果觉得没有特长、没有爱好可能会成为自己提高人际交往能力的一个障碍,那么,你可以有意识地去选择和培养一些兴趣爱好。共同的兴趣和爱好也是你与朋友建立深厚感情的途径之一。如果真的没有什么兴趣爱好,那么,多读些好书丰富自己的知识也可以改进自己的人际交往能力,因为没有什么比智慧和渊博更能体现一个人的人格魅力了。

二、如何快乐地学习

有些学生进入了大学校门,仍采用中学时期的学习方法,虽然付出相当多的时间和精力,但事倍功半,成绩不理想,产生自卑感,有的甚至因此对学习产生恐惧感和厌恶感。作为高校教师,要善于在教学过程中让学生尽快适应大学的学习环境。在大学里,学生除了要有刻苦钻研、坚韧不拔的学习精神外,还需掌握科学的学习方法。何谓科学的学习方法?如何以有限的学习时间,去掌握无限的知识,这是大学里师生共同探究的题目。

(一)参与意识

主动参与到教学活动中去,而不是过多地依赖教师的帮助。提倡高职学生对教师的讲课进行质询与分析。

(二)阅读和思考

高职学生需要更多地阅读和思考,对记忆的要求则不及高中时期。求理解,重运用,不去死记硬背。一个记忆力强的人,最多只能称之为"活字典",不能成为科学家或哲学家。

(三)"博"与"深"

知识是一个庞大而复杂的体系,一般说来,具有某种专长的个人,仅能对一两门学科进行深入研究,而对其他学科仅能作一般性的了解。不"博"就谈不上"深",不"深"往往就失之于"博"。古语说,操千曲而后晓声,观千剑而后识器,就是这个道理。鲁迅先生也曾说过,必须如蜜蜂一样,采过许多花,这才能酿出蜜来,倘若叮在一处,所得就非常有限。

(四)组织的整体联系与整体结构

在大学学习中,必须遵循整体性原则,把各种知识作为相互联系的整体来对待。列宁说:"每一概念都在和其余一切概念的一定关系中、一定联系中。"对任何知识的理解,总是以已有经验、知识为基础的。如果已有知识是孤立的,一方面会妨碍对这些知识本身的加深理解。另一方面,将影响你利用这些知识关系去理解新的知识。孤立起来去学知识,是学零件而不是学整机的。零件固然要研究才能深入,但离开整机去研究零件,是研究不清楚的。如白色光是由七种不同颜色的光按不同比例混合而成,如果缺少任意一种颜色的光,就不能形成白色光。部分与部分,整体与部分的有机联系,既丰富,又单纯,形成统一多样的整体美。系统有整体统一的结构,才能发挥整体的强大功能。这是整体美的力量所在。将需要学习的多种多样的知识,形成良好的知识结构,将众多的知识,分层次地组织起来,联系起来,不仅便于记忆,便于应用,而且通过知识的重新组合,知识的信息量会激增,走向有序,形成新的概念和方法,认识会进一步深入。

(五)辩证思维

思维是事物的间接反映,它探索与发现事物的本质联系和规律性,是认识过程的高级阶段。认识过程是"从生动的直观到抽象的思维,并从抽象的思维到实践"。高职学生看问题的方法,应当是"从个别想到一般,从特殊想到抽象"。抽象思维是运用概念、判断、推理反映现实的过程。抽象思维撇开事物的具体形象,抽取事物的本质属性。高职学生需要学会运用抽象思维。另一种思维方式是形象思维,也是高职学生在学习生活中不可或缺的思维方式,形象思维是以事物的具体形象作思维的运动形式,以感情做思维运动的动力,并带有想象、联想和幻想的思维活动。概念和定理是严肃、抽象、呆板的,学得活的人,这些定理、概念在他们的心中都是活泼、具体、生动而有感情的。高职学生们在学习中万万不可被这些定理、概念抽象的外表所蒙蔽,要努力发掘它们内在的、活生生的东西,要从感情上去理解它们。宋人陈善曾说:"读书须出入法。始当求所以入,终当求所以出。"这是对读书人的告诫。对高职学生来说,这一入一出,都是高职学生的主动行为,在这一入一出的反复之间实现学习的目的。因为,任何概念都是抽象的也是具体的。掌握概念不仅是从个别到一般的过程,

而且也包括一般再回到个别的过程。只有经过这样的反复才能真正掌握概念。从一般到个别的过程就是概念的运用过程。

(六)假设问题

恩格斯说:"只要自然科学在思维着,它的发展形式就是假设。"善于从大家以为没有问题的地方作出假设,再用"举反例"的驳斥方法,一层一层地剥去假象,去伪存真。

(七)判断力

判断与逻辑推理及类比推理有联系。高职学生要养成正确判断事物的习惯,切不可凭主观臆断而望文生义。歌德曾经说过,有想象力而没有判断力是世界上最可怕的事。这句话是值得我们品味的。

(八)对比

表面形式的相似性会引起错误的联想,消除的方法就是对比。

(九)时间管理

当你踏进高校的校门,你将面临新的环境和对学习、工作(或生产)、生活的选择,这可能使你感到困惑,但必须处理好上述三者的关系,对时间加以管理是至关重要的。

(十)主动探索、知行合一

不是热衷于获得高分数而是以探求知识为动力去学习。手脑并用,学问思辨行统一。

三、寻找学习中的快乐

15世纪一个宗教改革家的一本书里有这样一个故事。有一天他路过一个烈日炎炎下的工地,发现所有的人都在汗流浃背地搬砖。他问其中的一个人:"你在干什么呢?"那个人没好气地告诉他:"你看不见啊,我这不是服苦役——搬砖吗?"他又问第二个人同样的问题,这个人的态度要比第一个人平和得多,他先把手中的砖码齐,看了看说:"我在砌墙啊。"后来他又去问第三个人同样的问题,那个人脸上一直有一种祥和的光彩,他把手里的砖放下,抬头擦了一把汗,很骄傲地对这人说:"你是在问我吗? 我在盖一座神圣的教堂啊。"

心态不同,境界不同,胸怀也不同。当你把工作和学习当作痛苦的事情,那么你会觉得很辛苦。把工作学习当工作学习,生活会很平淡。给你的工作学习赋予感情的色彩,去享受工作和学习的过程,感受工作和学习带来的快乐,那样你的生活才会有声有色!

孔子说:"好之者不如乐之者。"《吕氏春秋》的作者也认为:"人之情,不能乐其所不安,不能得于其所不乐。"意即如果一个人把学习当作一种苦差事,他虽然也能学到东西,但收效毕竟不会太大;只有乐于学习,真正沉浸在学习的快乐之中,才能收到更大的成效。古人曰:"同师而超群者,必其乐之者也。"即同一个老师的学生中成绩超群的必然是乐于学习的。爱因斯坦说:"绝不要把你们的学习看成是完成任务,而是当作一个令人羡慕的机会。"在当今社会里,学习不仅是人类生存和发展的基础,也是人们享受现代文明的重要方式,是满足人们精神需要的重要方面,在知识快速更新的信息时代,乐学的品质更加重要。那么学习乐趣的源泉在哪里呢?

(一)学习的乐趣源于赞扬

我们每个人都希望获得大家的赞赏、认可和接受,希望大家喜欢并乐于和我们亲近。同学们可能都有这样的体会:我们学得比较好、喜欢学的课程往往是我们喜欢的老师教的那门课,在那门课上,我们能得到老师的赞许、表扬、关注和辅导,同学们也钦佩我们能把那门课学好,能答对许多难答的问题,喜欢向我们请教或讨论,这样的课虽然也有作业,可我们更喜欢去学习。在学习过程中遇到挫折情绪低落时,一想起老师期待的目光,想起同学们的钦佩和信赖,便会精神抖擞重新投入学习中去。

(二)学习的乐趣源于成功

我们每个人都希望自己通过一定的努力能获得成功,感到自己是优秀的,有能力干好一件事,这是维护我们自尊心的重要途径。取得好的考试成绩,做出一道难题,顺利地解决一个问题等都是成功,都会令我们感到宽慰、自豪,让我们的自信心增加。

(三)学习的乐趣源于获得知识

我们每个人的内心都有一股好问"为什么"的欲望,这是人与生俱来的好奇心。我们总想弄明白我们还不明白的事情,一旦努力思索之后我们明白了个中道理,就会产生一种极大的满足感和兴奋感。学习过程中最珍贵、最有鼓舞力、最令人快乐的事情就在于发现自己学会了新的知识,能解释更多新的现象。求知欲强的学生常常不仅超越对赞扬和分数的计较,不仅仅自觉主动地学习,而且对学习活动十分迷恋,有一股求知的热情和钻研精神。对他而言,学习早已不是负担,不是苦差事,而是一种极大的乐趣,不让他学习,不让他看书,才是痛苦。

【心理分享】

怎样在学习中找乐趣

1. 带着喜欢的心情去学习

心理学研究发现,一个人的情绪会影响学习兴趣的产生。因为人的大脑中有愉快中枢和厌恶中枢。愉快中枢接受刺激会引起欢乐的情绪,并大大提高学习效率;反之,则抑制学习兴趣的发生,导致学习的主动性和效率大大降低。因此同学们要想在学习中获得乐趣,把学习变成享受,首先你必须调整好自己的情绪,要带着愉快的情绪学习。苏联心理学家西·索洛维契克在《学习与兴趣》一书中论证了心理准备在形成学习兴趣中的作用。他说,如果从心理上预先喜欢某一内容,相信自己一定会对目前正要做的工作发生兴趣,并精神昂扬地着手工作,兴趣就会调动起来。比如,当你面对植物这门平时你不感兴趣的学科时,你可以高兴地搓着双手,微笑地对自己说:"植物学,从现在起我真的喜欢你了!我将兴高采烈地去阅读书中的一切,我将愉快地完成学习计划!"作者把这一方法向学生作了介绍,结果几千名学生来信说,这一方法很有用,他们已经深受其益。建议同学们不妨一试。

2. 激发求知欲，解开未知之谜

做难题肯定是一件艰苦的事。正因为艰苦，它才能锻炼我们的意志。做难题也是一件愉快的事。为什么有的同学自己主动找来难题做，并且花上几个小时甚至几天的时间来苦思冥想呢？找不到解题思路，想不出正确答案对这些同学来说是不能罢休的。因为强烈的求知欲望使他们对难题欲罢不能。更重要的是，当他们最后终于发现了求解的方法，成功的喜悦会使他们获得一种巨大的精神奖励。

3. 跟自己打个赌，看看能否赢

给自己定个学习目标（例如在期中考试中得第几名，注意目标一定要适当），假如你实现了，就给自己一个奖励（如去书店买一本好看的小说）；假如你没有实现，就取消这个奖励，甚至还可以给自己一个小小的惩罚（如取消周末的娱乐活动，改为帮家人做事）。这样打赌会给学习带来一些动力。

4. 打赌需要预测能力

我们可以在日常学习中培养一下自己的预测能力。在预习时看到标题，先猜猜这篇课文会讲些什么然后再看课文，查一查自己猜对了多少。上课前猜猜老师今天要讲什么内容，又把什么作为重点。考试前，猜猜要考哪些内容，考试后分析一下哪些猜对了。猜对了好比中奖了，你当然会高兴，希望下次猜得更准确一些；猜错了你也不服气，相信肯定下次能猜对。如果你对每次猜测的情况做些记录，并坚持猜下去，你会发现你的猜测本领会越来越高。这就是一种乐趣。假如你与同学比一比每次谁猜得更准一些，你的劲头会更大。随着你猜测能力的提高，你的学习能力也会有所长进，更重要的是，你找到了一种学习的乐趣。

5. 把学习变成创造，在知识森林中探险

有些同学讨厌学习，是因为把学习看成一种刻板的活动。其实学习中照样孕育着创造的火花。比如解题，同一道题注注有多种解法。以几何证明题为例，从解题思路看，你可以使用从已知条件出发逐步推演出要证明结果的解题思路，也可以使用从待证结论出发推论出已知条件充分满足待证结论的解题思路；从解题中运用的知识看，你可以只运用平面几何的基本公理和定理，也可以综合运用三角函数、代数、解析几何等领域的知识。如果你经常进行"一题多解"的练习，你会对知识的相互联系性有更深刻的认识，体会到知识世界的种种奇妙之处，可谓"曲径通幽处，禅房花木深"。有时，你还会找到比书上更好的方法。又如写同一个内容的作文，构思方法却是多种多样的，你可以选择记叙文、议论文、说明文等形式，也可以选择杂文、散文、小说、诗歌等体裁。有了几种方案，就可以比较，进而找出一种比较好的方案；有了多个方案，就可以进行选择，学习活动也就会变成一个充分体现个人主动性、创造性、趣味性的活动，使学习成了一种真正的享受。在看似任务繁重的学习中，一旦找到了乐趣，你会发现有很多事情要做，学习不再是沉重冗长的负担，时间会变得短促而且在轻快中不知不觉过去。

学海无涯，知之者不如好之者，好之者不如乐之者，驾乐知之舟，乘风破万里浪，不亦快哉？同学们让我们一起携起手来，珍惜美好的学生时代，好好"享受"学习吧！

学习是人类进步的阶梯，是社会进步和社会文明发展的基础。古人云："玉不琢，不成器；人不学，不知义。"这是对学习作用的最简要、最朴素的概括和比喻。从人类发展的历史来看，文明的进步离不开文化的继承和发展。文化有一种特殊的本性，即非学习不能掌握。

事实表明,在实际生活中,人们越来越多地把时间用于学习,否则生活就会失去光彩,失去它应有的意义。有人说,知识就是力量,知识可以为我们插上翅膀,知识是幸福可靠的基础,知识是构成巨大财富的源泉,知识是一种快乐、一种享受,知识是人类的光荣,但知识的获得又必须得付出艰辛的劳动,正因为如此,学习才使人感到有无穷的乐趣。享受学习、乐于学习是古代学者们的优秀传统。

心理训练

训练一:

【活动目的】集中注意力

【活动过程】每组 3 位及以上的同学,围成一个圆圈,每位同学都面向圆心站好,然后都把左手张开伸向左侧的同学,并把右手的食指竖直放到右侧同学的掌心上。准备好后,由老师发出指令"原地踏步走 1、2、1",每位同学都开始踏起脚步,并按老师口令"1、2、1"调整步伐,当听到口令"1、2、3"时,左手就想办法抓住左侧同学的食指,右手就想办法脱离右侧同学的左手,以抓住次数多的同学为胜。

【活动规则】不能抢口令,若是抢口令抓住食指的视为无效。

左手手掌不张开抓住左侧同学右手食指的视为无效。

训练二:

我喜欢上什么课

大学里的课程很丰富,包括基础课、专业课、选修课等。在这些课程里有你喜欢的,当然也有你不喜欢的。而一定会有些课是你感兴趣的,也一定会有些课是你不感兴趣的。打开你的心扉,看看自己喜欢和不喜欢的课程究竟是什么,而你目前又希望在大学里能上什么课程。

感兴趣的课程:

不感兴趣的课程:

我喜欢上的课,我最想学校开设的课:

为什么?

心理测量

测试一:

学习动机量表

填表注意:你将作答的问题不存在错对之分,只需将你的真实想法选出来即可。

1. 是否想在学习上成为班级第一名?

A. 不想　　　　　　B. 有时想　　　　　　C. 经常想

2. 你考试获得好成绩时,是否想得到老师表扬?

A. 经常想　　　　　　　B. 有时想　　　　　　　C. 不想

3. 你是否认为,学习上碰到不懂的地方,只要努力钻研就一定会弄明白?

A. 不认为　　　　　　　B. 有时认为　　　　　　C. 经常认为

4. 你是否想在和同学的学习竞赛中获胜?

A. 经常想　　　　　　　B. 有时想　　　　　　　C. 不想

5. 你是否认为,只要用功学习成绩就会有所提高?

A. 不认为　　　　　　　B. 有时认为　　　　　　C. 经常认为

6. 你是否认为,只要努力学习,即使不喜欢的功课也会变得有趣?

A. 经常认为　　　　　　B. 有时认为　　　　　　C. 不认为

7. 你在专心学习的时候,是否对周围发生的事不在意?

A. 不在意　　　　　　　B. 有时在意　　　　　　C. 经常在意

8. 你是否认为,平时好好学习,考试时就会得到好成绩?

A. 经常认为　　　　　　B. 有时认为　　　　　　C. 不认为

9. 你是否认为,在测验和考试期间,可以不参加运动和游戏?

A. 不认为　　　　　　　B. 有时认为　　　　　　C. 经常认为

10. 你是否认为,学习紧张的时候,可以不和同学玩?

A. 经常认为　　　　　　B. 有时认为　　　　　　C. 不认为

11. 你是否在疲劳的时候,还想再查看一遍已经做完的功课?

A. 不想　　　　　　　　B. 有时想　　　　　　　C. 经常想

12. 你是否想在平时就复习好功课,以便能随时回答老师的提问?

A. 经常想　　　　　　　B. 有时想　　　　　　　C. 不想

以上各题,凡奇数题1、3、5、7、9、11,选A得1分,选B得2分,选C得3分;凡偶数题2、4、6、8、10、12,选A得3分,选B得2分,选C得1分。各题得分相加得测验总分。

总分为12~21分:学习动机较弱

总分为22~27分:学习动机中等

总分为28~36分:学习动机较强

测试二:

大学生课外时间分配调查问卷

亲爱的同学:为了调查大学生的课余时间安排,我们制订了这份调查表。希望各位同学从百忙之中抽出一点时间来配合我们的调查,这次调查以不记名的形式进行,请你如实填写,真诚感谢你的参与跟合作!

性别:　A. 男　　　　　　B. 女

1. 年级:A. 大一　　　　B. 大二　　　　C. 大三

2. 你的性格:A. 开朗　　B. 内向　　C. 不是很鲜明

3. 课余时间你参与的社会生活有哪些(可多选):

A. 公益类活动　B. 文体类社团　C. 科研类社团　D. 创业类社团　E. 班、年级干部

F. 学生会干部　　G. 兼职创业　　H. 参加补习班　　I. 其他

4. 你上网通常都干什么(可多选):

A. 看新闻　B. 资讯　　C. 和朋友联络　　D. 办公　　E. 学习　　F. 打游戏　　G. 看电影　　H. Blog　I. 听音乐　　J. 其他

5. 课余时间如果个人活动与集体活动有冲突,你会:

A. 坚决不去参加集体活动　　B. 有兴趣的才去　　　C. 尽量都去　　　D. 一定去

6. 你的兴趣爱好有哪些(可多选):

A. 看电影　B. 上网　　C. 篮球　　D. 足球　　E. 看课外读物　　F. 爬山　　G. 逛街　　H. 音乐 I. 棋牌类　J. 网游　K. 睡觉　　L. 聊天　　M. 台球　　N. 乒乓球　　O. 美容　　P. 郊游　　Q. 其他

7. 除了双休日,你每天大概拥有多少课余时间?

A. 1~2 小时　B. 3~5 小时　C. 6~8 小时　D. 8 小时以上

8. 周一至周五的课余时间你都做些什么(可多选),其中你从事最多的活动是:

A. 学习(包括读课外书)　　B. 参加院、系组织的社团活动　　C. 健身、运动　　D. 睡懒觉 E. 和同学闲聊　　F. 打扑克、棋牌等　　G. 和同学沟通联络感情　　H. 上网　　I. 其他

9. 周末的课余时间里你都做些什么(可多选),其中你从事最多的活动是:

A. 学习(包括读课外书)　　B. 睡懒觉　C. 逛街、购物、聚会　　D. 兼职或义工　　E. 回家 F. 和同学闲聊　　G. 打扑克、棋牌等　　H. 健身、运动　　I. 其他

10. 课余时间的学习内容(可多选):

A. 课本、参考书　　B. 专业著作　　C. 文学著作　　D. 报刊　　E. 娱乐书刊　　F. 商业书刊 G. 其他

11. 以下选项中,占用你课余时间最多的是:

A. 学习　　B. 阅读　　C. 棋类　　D. 唱歌　　E. 舞蹈　　F. 听音乐　　G. 计算机游戏　　H. 体育运动 I. 睡觉　　J. 购物　　K. 社会实践　　L. 学生工作　　M. 其他

12. 你会怎样安排课余生活:

A. 受学校活动或课程安排的影响　　B. 自己决定　　C. 听从朋友的意见　　D. 其他

13. 你认为课余时间最应该用来做什么:

A. 学习　　B. 娱乐　　C. 赚钱　　D. 交友　　E. 学习社会经验和技能　　F. 其他

14. 你认为课余生活对你有何影响(可多选):

A. 学习成绩有所提高　　B. 增进了和同学之间的情谊　　C. 做兼职增加了社会经验 D. 经常无所事事　　E. 经常上网,花费金钱和时间　　F. 其他

15. 你每天花多长时间开展娱乐活动?

A. 30 分钟　　B. 1 小时　　C. 1 小时以上

16. 在大学课外时间里,是学习重要还是自我锻炼更为重要,你有何高见?

第五章　学会交往　不会孤独——人际交往心理

人是社会的动物,不能离开群体而单独生活。心理学家认为,人除了睡眠时间,其余时间的70%将花在人与人之间的各种直接、间接的沟通上。亚里士多德曾说过,"能独自生活的人,不是野兽,就是上帝"。爱因斯坦也曾这样表达:世界上最美好的东西,莫过于有几个头脑和心底都很正直的朋友。而培根也曾说:"最难受的孤独莫过于缺少真正的友谊。"人际交往到底有多么重要,我们也来掂量掂量吧。

第一节　人际交往概述

进入大学之后,大部分同学都是远离家乡,来到一个崭新的环境,一个陌生的地方。曾经熟悉的校园、熟悉的师长、熟悉的同学都已经不在身边。陌生的环境中更加渴望新的友谊,所以人际交往就显得更加重要。

人际交往是高职学生成长与社会化过程中的重要组成部分。任何人都生活在社会群体中,人与人交往是必然的。而高职学生与普通高校学生相比存在各方面的差异,所以他们对人际交往的需求也会很强烈。

一、人际交往的概念与重要性

(一)人际交往的概念

人际关系涉及多门学科的领域,如社会学、社会心理学、伦理学等。但不同学科在研究人际关系时,其研究的角度和范围迥异。朱智贤主编的《心理学大词典》对人际关系的解释为:"人与人之间通过交往与相互作用而形成的直接的心理关系。"

有的观点是这样的:人际交往是人与人之间的信息沟通和物质交换。人际关系是指通过交往而形成的人与人之间的心理关系,或者心理上的距离。

在社会心理学的研究方面,研究者从两个方面定义了人际交往:

第一,从动态的角度说,人际交往是指人与人之间的信息沟通和物品交换;

第二,从静态的角度说,人际交往是指人与人之间已经形成的关系,即通常所说的人际关系。

而在心理学方面,人们对人际关系是这样定义的:人际关系是人们在交往中心理上的直接关系或距离,它反映了个人寻求满足其社会需求的心理状态。

良好的人际关系不仅有助于高职学生在校园内的健康成长,同时也为他们走向社会,进行角色转换,进一步社会化作心理、行动上的必要准备。

（二）人际交往的重要性

人在社会生活中为什么需要进行人际交往,人际交往的心理基础是什么? 从很多研究可以得出,我们之所以需要进行社会交往,是由我们的需要推动的。

1. 个人生存与安全需要人际交往

在马斯洛的需要层次理论中,人们赖以生存的 5 个需要分别是:生理需要、安全需要、归属和爱的需要、尊重的需要、自我实现的需要。它形成了不同的需要等级和水平,也促使个体产生不同的行为。

而人际交往的需要是人的精神需求,并非是功利性的物质性需要。虽然人际交往中包含物物交换的含义,但在心理学上不是这样定义的。

每个人都需要安全感,而获得安全感的最佳途径便是和他人交往。当个体面对危险而感到不安甚至恐惧时,与他人待在一起会明显减少内心的不安与恐惧,并且有他人在会感到安宁和舒适。而高职学生出门在外,要想获得新的友谊,需要与他人建立良好的人际关系。

2. 个人学业、事业发展需要人际交往

随着社会的飞速发展,人际间的交往和联系日益频繁。人际交往已经成为现代人生活中不可缺少的重要组成部分。一方面,上下、左右、四面八方的人际交往让人应接不暇、无所适从,并常常带来诸多新的困惑与不适;另一方面,随着人际交往的扩大,人们生存和发展的空间又得到不断拓展。

可以说,一个人的幸福和才智来自人际交往,一个人的痛苦和不幸也来自人际交往。所以人际交往是个人发展的载体,是人生沉浮的关键,是身心健康的要素。

大量研究成果表明,人际交往对人生业绩的影响很大,良好的人际交往是成功者取得成功的途径之一。戴尔·卡耐基在《成功之路》一书中导出的一条公式就是:个人成功 ＝ 15% 的专业技能 ＋ 85% 的人际交往和处世技巧。据该书的出版商说,卡耐基为了写作此书,阅读了数百名古今人物传记,走访了包括罗斯福夫人在内的近百位名人。而吉米·道南和约翰·麦克斯韦尔合著的《成功的策略》花了近 20 年的时间观察成功人士,导出的也是同一个公式。

3. 个人身心健康需要人际交往

一位阿拉伯哲人说过:一个没有交际能力的人,就犹如陆地上的船,是永远不会漂泊到人生大海中去。心理学家的大量研究和人们的生活实践都表明,对于任何一个人来说,正常的人际交往和良好的人际关系都是其心理正常发展和个性保持健康的心理前提。马斯洛认为,人人都有这样一种基本需要——爱和归属的需要,人都需要归属于一定的社会团体,需要得到他人的爱和尊重,这些需要也是不可缺失的。

在寝室里,同学之间的心理交往状况,往往决定了一个学生是否对学生生活感到满意。那些生活在没有形成友好、合作、融洽的人际关系的寝室中的高职学生,常常出现压抑、敏感、自我防卫、难以合作等特点,情绪的满意程度低。在融洽的寝室里生活的高职学生,则以欢乐、注重学习与成就、乐于与人交往和帮助别人为主流。心理学家的研究表明,健康的个性总是与健康的人际交往相伴随的,心理健康水平越高,与别人的交往就越积极,越符合社会的期望,与别人的关系也越深刻。心理学家奥尔波特发现,个性成熟的人,都同他人关系

良好,他们可以很好地理解别人,容忍别人的不足和缺陷,能够对别人表示同情,具有给别人以温暖、关怀、亲密和爱的能力。马斯洛发现高水平的自我实现者,对别人具有更强烈、更深刻的友谊与更崇高的爱。还有的研究结果表明,那些高心理健康水平的优秀者,往往来自人际关系良好的家庭,这也从一个侧面提供了人际交往状况影响个体心理健康的佐证。可见,高职学生的心理健康水平直接受到与别人交往状况的影响。

【故事分享】

天堂与地狱

有这样一个故事:有一个人问上帝,他想知道到底天堂和地狱是什么样子,于是上帝就先带他去看地狱,带他来到一间房间,里面有一个长条形的桌子,桌上摆满了各种喷香的食物,桌子周围坐满了人,每个人都面黄肌瘦,非常饥饿,他们每人有一双很长的筷子,他们想把夹起的菜尽力喂到自己的嘴里,可是由于筷子太长,没有一个人能把菜喂进嘴里,所以这个房间里所有的人都是非常痛苦的样子,看着好吃的菜,却吃不到!于是这个人就给上帝说:"太残忍了吧,那带我去天堂看看吧!"上帝说:"好啊,其实天堂就在地狱的隔壁!"于是他们来到隔壁的房间,看到的是同样的长条桌子,同样很好吃的菜,同样的每人拿了一双不可能喂到自己嘴里的筷子,不同的是他们都非常开心!因为他们都把自己夹起的菜喂进了别人的嘴里,所以大家都吃到了美味,而且人与人之间也非常开心!听了这个故事让我深感人与人之间是需要多多地交流的,你怎样去对待别人,别人就会用同样的方式来对待你!

二、高职学生人际关系的分类及特点

(一)高职学生人际关系的分类

按照交往的范围可分为 3 类即个体与个体之间,如同学关系、朋友关系、师生关系和亲子关系;个体与群体之间的关系,个体与家庭、学生与班级之间的关系;群体与群体之间的关系,如班级与班级之间。

如果按照社会学的分类,人际关系则分为血缘关系、地缘关系与业缘关系。

血缘关系指父母与子女的关系,兄弟姐妹之间的关系及由此衍生出的亲戚关系。目前家庭教养方式与高职学生的相关研究得到充分重视,家庭中的人际关系显得相当重要。

地缘关系指居住在共同地区而产生的人际关系,如同乡关系、邻里关系等,这种关系因共同的乡土观念、相似生活方式、相同的语言文化带来更多的心理相容性,特别是大学新生初次离家求学,老乡在一定程度上起着心理稳定剂的作用,非正式群体中的老乡始终活跃于校园。

业缘关系是指因共同的事业、爱好而结成的关系,如师生关系、师徒关系等。大学里的师生关系也有别于中学,师生以平等的身份,以学术为纽带而建立看似疏淡实则志同道合的关系。

(二)高职学生人际关系的主要类型

1.师生关系

老师与学生,是大学校园里两大基本群体。老师是学生人际交往的重要对象,师生关系是学生人际关系的重要内容。师生关系如何,直接影响学生在学校的学习成长,并在很大程度上决定了学校能不能对学生的身心施加符合社会要求的影响。

教师是知识的传授者,是高职学生人格模仿的对象,与教师的交往也是高职学生需要掌握的,教师与学生的平等交往是师生共同成长的前提;与此同时,师生关系又是一种业缘关系,师生之间心理距离小、心理相容度高,教师对学生充满爱护与关爱,学生对教师尊敬与敬仰,师生关系是一种纯洁而无私的人际关系。然而,由于大学授课的流动性与课堂的扩展,师生之间缺乏直接的沟通与必要的情感交流,师生信息的对流与沟通明显不足,因而师生关系虽然是高职学生的主要人际关系却依旧需要进一步加强。

2. 同学关系

同学关系是高职学生人际交往的基本关系,同学是高职学生人际交往的主要对象。大学校园里的同学关系总的来说是和谐、友好的,同学之间的关系有亲情化、家庭化的趋势,即在日常生活、学习中创造一种如同亲属一般和谐稳固的同学关系。

高职学生与同学间的交往最普遍,也最微妙与复杂。一方面,高职学生年龄相仿,经历相同,兴趣爱好相近,又共同生活在一个集体中,学习相同的专业,沟通与交往容易;另一方面,高职学生来自不同地域、不同家庭,生活习惯、个性气质存在差异,再加上高职学生空间距离小,交往密度高而自我空间相对狭小,对人际交往的期望较高,一旦得不到满足,容易采取消极退避的态度。

高职学生同学间交往比较频繁的场合有 3 个:班级、宿舍与社团。班级同学交往以学习与班级活动为主;而寝室同学关系以情感交往与生活交往为主,老乡关系以情感交往为主;社团成员关系以兴趣与工作交往为主。

人际交往是高职学生生活的基本内容之一。同学之间、师生之间、老乡之间、室友之间、个人与班级以及与学校之间等错综复杂的社会交往,构成了高职学生人际交往的网络系统。

高职学生处于一种渴求交往、渴求理解的心理发展时期,良好的人际关系是他们心理正常发展、个性保持健康和获得安全感、归属感、幸福感的必然要求。

(三)高职学生人际交往的特点

从交往心理看,高职学生交往呈现多元化与开放性。高职学生渴望友谊,渴望结交更多的朋友,交流更多的信息,接受更多的新思想。在这种心理作用下,高职学生的人际交往呈现出前所未有的开放式交往趋势,表现在:

一是交往的范围扩大。交往对象由以前的亲缘、朋辈交往转向更广泛的社会交往群体。同学交往不局限于同班同学,发展到同级、同系甚至是同校认识的所有同学;不仅包括同性交往,异性交往也是同学交往的重要方式。

二是交往频率提高。交往由偶尔的相聚、互访发展到较为经常的聊天、社团活动、举行聚会、体育活动、娱乐、结伴出游以及其他一些集体活动。

三是交往手段多元化。电子网络的发展为高职学生的交往提供了更加广阔的交往空间,交往手段的发展,使高职学生的人际交往变得更方便、更快捷,交往距离更远,交往范围更广。

从交往方式看,以寝室为中心,社会工作和网络社交占主导。高职学生虽然主动追求开放式的人际交往,但由于时间、精力、生活环境、经济条件等方面的限制,交往的主要场所仍然在校园内,中心是学生的寝室。尽管微信和 QQ 等新兴社交工具正逐渐被高职学生接受并渗入他们的生活中,但新兴社交方式所发挥的作用并不被学生们看好。

从交往目的看,情感型交往与功利型交往并重。随着社会的发展变化,高职学生在社交目的上也趋于"理性化",选择什么样的人交朋友,并不纯粹是出于情感和志同道合,交往的动机已变得很复杂。可以说,高职学生的人际交往在注重情感交流的同时,越来越注重与自身社会利益相关的务实性,呈现出情感型交往与功利型交往并重的趋势。

【故事分享】

恒河猴实验

人际交往对人类的健康发展不仅具有深刻的生物学意义,而且还具有心理学意义。动物学家哈罗(H. Harlow & M. Harlow)曾做过一项恒河猴的有趣研究,研究者将小猴与猴妈妈分开,让它与一个用金属制成的和一个用绒布制成的假妈妈一起生活。金属猴妈妈能为小猴提供食物,绒布猿妈妈不能提供食物。结果,在 165 天的实验过程中,小猴同金属妈妈和绒布妈妈待在一起的时间有显著差异。小猴在绒布妈妈身旁的时间平均每天达到 16 小时以上,它总是设法待在绒布妈妈身旁,与其拥抱、亲昵或在绒布妈妈的怀里睡觉。相反小猴每天在金属妈妈身旁待的时间只有 1.5 个小时,而这期间还包括吃奶的时间在内。可见,动物之间的依附行为或交往行为取决于机体寻求温暖、舒适的本能需要,温暖和舒适能为机体提供安全感。

图 5-1 所示为恒河猴实验。

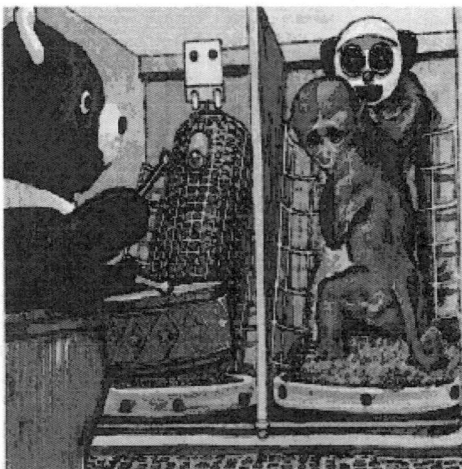

图 5-1　恒河猴实验

动物和婴儿的照镜子研究

CooCooley 认为他人对我们建立自我概念起着决定性作用。如果我们不能透过他人的眼光看待自己,那我们的自我意识就会是模糊的,因为我们无法从社会的角度去看自己。

Gallup(1977)进行了一项有趣的研究,他观察黑猩猩、猫和狗等动物在镜子面前的表现,发现黑猩猩比猫、狗等动物在镜子前的自我注意更长久,而且还会用镜子来整理仪容和自娱、扮鬼脸等。Gallup 将黑猩猩麻醉后,在其眉毛和耳朵上抹上红颜色,发现黑猩猩醒来后再照镜子时,能够马上摸到自己的红眉毛和红耳朵。后来,这项实验也在婴儿身上做过,Lewis 等(1978)发现,21～25 个月大的婴儿中有 3/4 能够摸到抹有胭脂的鼻子,但在 9～11 个月大的婴儿中,只有 1/4 能够做到。

第二节　高职学生人际交往问题及冲突

高职学生的交往,存在一些普遍性和特殊性,由于所处的环境和所面对的人群不同会产生特殊的室友关系和师生关系。但在这样的普遍关系和特殊关系中,交往双方难免会有一些摩擦和冲突,怎么办呢? 本节将论述以下问题。

一、高职学生人际交往中存在的问题

(一)普遍存在的问题

1. 以自我为中心倾向

当代高职学生多是独生子女,自幼备受家庭的宠爱与呵护,在人际交往中,更习惯于从自己的立场、观点出发对待周围的人和事;对别人期望高,要求严,自我约束松,要求低,因而在与同学、朋友、老师相处的过程中,时常用"以自我为中心"的心态去看待别人,要求别人,很少去体会别人的想法与感受;交往中缺乏与人合作的意识与行为以及换位思考的能力,总是以自己的思想、情感和需要为出发点,不体谅他人的感受,致使一些高职学生很难真正适应大学的环境和集体生活。

2. 消极闭塞倾向

有些高职学生在人际交往中存在消极闭塞倾向,主要表现如下。

孤独:一些学生平时沉默寡言,形单影只,独来独往,性情冷僻,沉稳有余,激情不足,很少与同学交流,不愿参加集体活动,也造成同学不愿与其交往。

自卑:自卑是过低评价自己而造成的消极情绪体验,自卑心理的产生源于多种因素,如家庭条件、容貌长相、学习成绩、才艺特长等。自卑心理导致一些学生在与人交往中出现不自信、敏感、猜疑等现象。害怕、担心别人看不起自己,心情抑郁、压抑。有些学生用自傲来掩饰自卑的心理,喜欢与人争论,具有较强的攻击性,导致同学关系紧张。

嫉妒:在才能、成绩、荣誉、容貌等不如别人时,由羞愧、愤怒、"既生瑜,何生亮"的怨恨中产生复杂的情绪状态,限制了交往的范围,抑制了交往的热情,甚至造成"视友为敌"。如培根所言:"嫉妒这恶魔总是在暗地里,悄悄地去毁掉人间的好东西。"

情绪自控能力弱:对人不能正确对待,对别人的话语缺乏理解,缺少宽容、忍让之心,一旦看不惯别人做的事,听不惯别人说的话,当即反驳,毫不留情。实际调查发现,男生年轻气盛、血气方刚、好讲"义气",往往导致说不该说的话,做不该做的事,影响了同学间的和谐关系。

胆小羞怯:有些学生性格恬静,不善张扬,过分在乎别人的评价,害怕留下不好的印象,好面子,习惯于迁就、忍让,甚至忍气吞声、唯唯诺诺,不善与人评理,不善与人平等、坦诚沟通,总是委屈自己,结果与他人关系也未搞好。

3. 功利化倾向

随着市场经济的深入发展,人们商业意识日趋增强。面对激烈的竞争和就业的压力,越来越多的高职学生开始重视人际交往的物质实惠。"有用即交往""有求即结识""互相利用"等功利意识增强。多注重"往前看",能用到就想办法结交相识;用不上就不交往。忽视"向后看",感恩意识缺乏。个别学生将功利主义作为人际交往的指导思想,表现为有用的才交,无用的不交,用处大的深交,用处小的浅交的交往观念。

4.虚拟淡漠倾向

随着网络技术的发展,虚拟世界开始成为当代高职学生的精神家园。"踏着铃声进出课堂,寝室里面不声不响,互联网上互诉衷肠。"可谓是某些高职学生交际现象的形象描述。据调查,有39%以上的学生认为,纷繁复杂的网络虚拟世界使自己沉迷其中。现如今,如果一个高职学生不会上网、没有QQ号码,那是不可思议的。青年学生利用网络进行交际日益增多,网络虚拟交往具有两面性,在扩大人际交往范围与对象的同时,也容易使高职学生忽视现实的人际关系,表现为逃避现实的心理现象。网络虚拟交往一边是鲜活的人,另一边却是符号,虽然符号可传递思想和情感,但无法感受到现实人际交流的情感色彩,长此以往必然引起交往者的情感匮乏而趋向冷淡。加之,高职学生一旦在现实交往中受阻,就会转向虚拟世界里寻求安慰和满足,淡漠面对现实人际环境,形成恶性循环,导致更加沉溺于网络,脱离现实,最终将导致退缩孤僻、自我封闭,致使人际交往出现淡漠与疏离。

(二)主要人际关系类型中出现的问题

1.寝室人际关系存在的问题

结合对"人际关系"和"高职学生人际关系"的认识,可以给高职学生寝室人际关系下这样的定义:"高职学生寝室人际关系是在寝室这一特定的空间里,高职学生寝室成员在共同的学习、生活中结成的以精神关系为主要内容,以语言、思想、知识、情感为媒介的交往中相互结成的关系。"它从属于高职学生人际关系的范畴,也是高校校园人际关系的重要组成部分。寝室人际关系与高职学生其他人际关系的区别在于:第一,高度集中性。寝室把各地的高职学生聚在一个较为狭小的空间内共同生活、学习、交往,人际关系高度集中。第二,交错复杂性。高职学生与寝室成员呈网状结构交往,如果其中某两位成员发生人际冲突,很有可能影响整个寝室的人际关系格局。第三,易冲突性。高职学生在经济情况、文化背景、性格特点、兴趣爱好、生活习惯等方面都存在着或大或小的差异,当他们共处一室时,容易产生矛盾甚至引发寝室成员之间的人际冲突。第四,影响的深远性。与其他人际关系相比,寝室人际关系对高职学生身心方面的影响更为深远。

通常高职学生都有被理解和尊重的渴望,期待在各方面的付出后都能获得相应的回报,而且思维方式较简单,在处理某些问题上还不太成熟。因此,尽管高职学生寝室人际关系主流是和谐、健康、向上的,但还是存在一些问题,以致少部分人并不满意现在的寝室人际关系,人际冲突也随之而来。在品格相容性、世界观差异、人际竞争和生活琐事等维度能说明现在的高职学生寝室人际关系存在一些问题,本书将从性别、专业类别、年级、家庭所在地、经济情况5个可能影响高职学生寝室人际关系的因素对人际关系进行差异比较,以期能更明确高职学生寝室人际关系存在的具体问题。

第一,在品格相容性方面。

品格相容性维度不和谐的表现是"小团体现象"。这个问题在性别、专业类别、年级、家庭所在地、经济情况等方面没有显著差异,说明寝室中小团体现象的存在,对寝室和谐人际关系的伤害程度是较大的。在访谈中,也有被访谈者强调了小团体现象对寝室人际关系的影响。小团体现象形成后,寝室成员之间的整体交流随之减少,那些被孤立的寝室成员会感到更加的恐慌,甚至影响学习的效率。

第二,在世界观差异方面。

在大部分学生心中地域文化差异对寝室人际关系的影响程度还是比较大的,从专业类别上来看,文科生比理科生更看重地域文化差异对寝室人际关系的影响。从年级上来看,大一刚入校的学生更注重地域文化差异对寝室人际关系的影响。但随着时间的推移,这种影响力会逐渐淡化。家庭经济状况的影响程度相较于地域文化差异而言更深。同时从家庭经济情况上来看,家庭经济状况差异对于来自农村和大城市的学生寝室人际关系的影响比来自城镇的学生要大一些。世界观、人生观、价值观对寝室人际关系的影响程度相较于地域文化和经济差异而言要小,从年级差异上来看,呈现出年级越高,影响程度越大的趋势。

第三,在人际竞争方面。

从整体上看,大部分人都选择把"申请奖、贷、助学金"和"申请入党"排在前列。从年级差异上来看,大一的排序比较集中为"干部竞选(如班干部、系干部、校干部等)""申请入党",因为刚入校学生的社会行为主要表现在这两项;大二的排序比较集中为"申请奖、贷、助学金""申请入党""干部竞选(如班干部、系干部、校干部等)""备考信息""就业信息""校内外兼职(如勤工俭学、家教等)";大三的排序比较集中为"就业信息""申请奖、贷、助学金""备考信息""申请入党"。从家庭所在地和经济情况上来看,来自农村的高职学生对"申请奖、贷、助学金"和"校内外兼职(如勤工俭学、家教等)"要更加看重一些。

第四,在生活琐事方面。

在生活琐事方面存在的问题,主要集中在个人卫生、寝室卫生、作息时间不协调等方面。具体表现在"有人不讲个人卫生""休息时间有人打接电话""休息时间有人开灯""休息时有人说话""有人不打扫寝室卫生"等。从性别差异上来看,除了上述的一些问题,男生之间主要还表现在"有人有脚臭""有人借钱及其他东西不还""有人打鼾"等,女生主要还表现在"有外人留寝""关于水电费寝室内部有分歧""有人不经我的允许就睡、坐我的床""有人不经我的允许就吃我的零食"等。

2. 师生关系存在的问题

目前大学师生关系总体表现出教师敬业、乐教,学生尊师、好学,师生关系呈良性发展的趋势。但也应该清醒地认识到存在的问题。老师和学生永远是大学校园里的主角,可这两大主角之间的关系在高等教育大众化的背景下正在发生着令上一代、上几代人瞠目结舌的变化。一边是老师和学生之间互相指责,老师批评如今的学生冷漠麻木、学风差,学生抱怨老师讲课枯燥无味、了无生气;另一边是一些大学教师开的博客备受学生拥戴,只要一更新就有学生抢着去坐"沙发"。这样的师生关系是冰冷还是融洽?一边是学生和任课老师在校园里相遇却如同陌生人不理不睬,老师说现在的学生眼里根本没有老师;另一边是学生们正热衷于在网上点评老师,而且这样的点评还从校内蔓延到校外。师生之间是彼此漠视还是非常在意?一边是学生自认为师生之间已经演变成赤裸裸的利益和金钱关系,学生花钱拿了学分,老师完成了工作任务,然后各不相干;另一边是一些辅导员感觉自己成了学生的保

姆,学生无论遇到什么大事小情,都要第一时间寻求辅导员的帮助。这样的师生关系是近了还是远了？一边是大学校长们批评现在的学生不知感恩,对母校没有感情;另一边是网络上总有学生在为哪所学校排位应该更靠前打着口水仗,以种种事例、数据来证明自己的学校有多好。师生情谊是浓了还是淡了？

二、影响人际交往的因素

(一)存在普遍问题的原因

1. 自身因素的影响

高职学生的心理尚未完全成熟,且从学校到学校,社会阅历尚浅、思想意识单纯。学习内容多集中于书本与理论知识,虽掌握了较为扎实的理论与书本知识,但因生活阅历简单,心理承受能力差,自我认识、自我评价、自我教育多以学习为基点,被幸运光环所笼罩,往往高估自己。同时在正确分析自己、恰当地处理同学关系时,极易产生困惑与错觉。此外,自我适应环境、自我认知、人格健全等方面存在问题,也影响高职学生的人际交往。

2. 家庭因素的影响

当代高职学生多为独生子女,自幼受到父母宠爱,习惯以自我为中心,缺乏迁就他人、理解他人、关爱他人的意识。从小受到父母的过多保护、控制,致使缺少与人交往的原则以及个人的心理空间,对与人交往中的许多问题不知所措。社会贫富的分化,经济条件的差异,致使有些学生悲观退缩,也成了高职学生间交往的障碍。

3. 学校因素的影响

长期以来,学校在高考的指挥棒下,过分追求分数与成绩,而忽视了人际交往能力的培养,导致高职学生智商高、情商低,往往处理不好与他人相处、沟通、交流等问题。高校教学方式的相对滞后,使高职学生在人际交往方面没有机会得到有效的指导与帮助。

4. 社会因素的影响

在市场经济体制下,竞争日趋加剧,人际间无利害关系、温情共处的状态,被无情的竞争所取代,导致人际关系疏远,人情冷漠,产生了人际交往的壁垒。过去那种重义轻利的传统观念,依然是中国社会所弘扬和提倡的,但市场经济中追逐利润是客观规律。金钱、财富在人们观念中的地位得到提升,物欲、功利意识浓厚起来,致使人们在不知不觉中产生了嫌贫爱富、追逐名利的思想意识。青年学生嗅觉敏感,容易接受新思想、新观念、新事物,因此,功利意识在高职学生人际交往中体现较为明显。"穷学生"与"富学生"间产生了交往壁垒。

5. 网络因素的影响

现代信息技术特别是国际互联网的高度发展,打破了人们在时间和空间交往上的限制。虚拟的网络交往代替了人们之间直接的情感交流。网络在快速传递知识信息、提供娱乐游戏的同时,也为高职学生发泄不良情绪、寻求精神寄托、逃避现实生活提供了场所,导致高职学生人际交往中的封闭和交往能力的下降。一些学生沉迷于网络交往,从而忽视现实生活,遇到问题习惯于舍近求远。

（二）影响高职学生主要人际关系的原因

1. 寝室关系的影响因素

影响高职学生寝室人际关系不和谐的因素相当复杂，既有浅层的直接原因，也有深层的根本原因；既有外在的客观原因，也有高职学生自身的主观原因，主要可以归为以下几个方面。

第一，高职学生人际交往技巧缺乏。

大部分的学生会因为找不到合适的方法和室友交往而感到苦恼，特别是当寝室出现矛盾时更为明显，从性别上来讲，男生所占的比例要小于女生。这说明高职学生人际交往技巧还有待加强。当代高职学生大多数是独生子女，习惯以自我为中心，缺乏换位思考的观念和能力，不懂设身处地为别人着想。很多学生在上大学前对父母老师依赖较大，上大学后才开始接触寝室集体生活，难免会产生一些不适应，而且在相处的时候更多的是凭自己的感觉、情绪，遇到矛盾时不能合理解决，容易造成在人际交往场合被动、孤立的境地，也会因为不能恰当表达自己的想法而限制了自己的交往。

当有寝室成员发生矛盾的时候，很多高职学生都感到心有余而力不足，想改变现状，促进寝室成员关系融洽，却不知道如何与其沟通，最后使一些完全可以避免的矛盾和冲突更加恶化。不少学生进入大学后，理想与现实的差距往往造成较大的心理落差，面对新环境、新集体若不能及时调整心态，也会影响良好的人际交往。

第二，高职学生个体的差异。

①个性心理特征的差异。每个人具有独特的个性，如果双方在需要、动机、态度、信念、价值观等方面较为一致，那么双方的沟通就会顺利进行，否则就会因缺乏共同的语言和情感而影响交往。寝室成员在交往中总会按照自己的需求、价值观、态度选择交往对象，当个人遇到与他本身的态度和信念不相同的人，就会出现不适应和紧张的感受，从而引起人际关系的紧张。

②经济、文化背景的差异。今天的中国，地区经济发展不平衡，个体贫富差距较大的问题依然存在。在大学寝室中，成员来自不同的地域、不同的家庭，有着不同的经历，形成了不同的人生观、价值观。调查问卷和访谈显示：部分高职学生会不自觉地按照自身条件将自己归类，倾向于与同类型的同学交往，而那些经济情况较差的学生则会产生一定的自卑心理，从而影响了交往的广度和深度。同时，地区经济发展的不平衡或地域文化的不同也促成或加深了来自不同地区学生间的隔阂，有时甚至会发生寝室的人际冲突。

③学校教育和管理的欠缺。

由于中小学教育片面追求升学率，以学生的学习成绩作为评价的标准，对学生的身心健康、为人处世则不太重视，学校教育缺乏人际交往的教育，使得学生对人性和社会了解很少，造成有的同学孤僻、封闭、以自我为中心的性格；加之学校生活环境单调，所形成的人际关系也是简单的，导致学生缺乏应有的人际交往经验。

2. 师生关系的影响因素

第一，师生之间缺乏必要的交流与沟通。

沟通与交流是构建良好人际关系的基础，也是师生共同的期望，没有良好的师生关系作为基础，教师再美好的愿望、再新颖的设想，也难以实现。师生间在各自不同立场上作出的思考,只有通过沟通和交流才能最终达成一致,正如巴西教育学家弗雷尔所说,"通过对话,学生的老师和老师的学生之类的概念不复存在,一个新名词产生了,即作为老师的学生或作为学生的老师。在对话过程中,教师的身份持续发生变化,时而作为一个教师,时而成为一个与学生一样聆听教诲的求知者,学生也是如此。他们共同对求知过程负责"。

学生认为,"师生之间很少有促膝交谈""老师只关心个别同学""有许多老师都不认识他们的学生"。教师认为,"教师和学生之间不太好沟通""学生在与教师沟通的过程中主动性不强"。那么,是什么造成了这种愿望与现实的背离呢?

第二,学生自身的原因。

在以前的教育环境下,学生都是"乖乖女""乖乖男",不管对错,老师的话几乎是"圣旨",言听计从,不会有丝毫的反抗,即便反抗,也得不到任何的同情。但现在,随着社会经济的发展,学生的观念已经发生了很大的改变,他们显然不再满足于老师条条框框的教条,个性化逐渐成为一种时尚,因此,追求个性发展的学生与恪守传统的老师发生冲突就不可避免。另外,许多学生都是独生子女,他们中的大部分人缺少人际交往的经验,再加之承受压力能力不强,一旦外在压力增大,有些学生便会产生抑郁、抵触情绪,或者自暴自弃,或者产生逆反心理,缺乏自我调节能力。这些心理问题与反应的产生都会对师生关系产生一定的影响。

第三,教师在一些问题上的处理不当。

对大学教师而言,一方面,大学教师更多地将自己定位于教学、科研及将科研成果向社会现实生产力的转化上,其在教、科、研三者的结合方面较有侧重。在调查采访中,一位老师说:"现在的老师压力一年比一年大,现在的管理都量化了,职称提升、收入待遇都和考评有关。虽然教学在考评中占很重要一块,但现在的老师上课都差不多,关键还是看科研。"在一些教师看来,高职学生作为一个成年个体,应该懂得求学机会来之不易。他们往往以"过来人"的切身体会想当然地以为学生的认识也会如此深刻,这是教师对学生认识上的误区。同时,大学教师对学生"教"的过程中往往是说教有余,引导不足,这样一种隔靴搔痒式的教学方式使学生有一种云里雾里的感觉,一种心理上的抵触逐渐形成师生之间的相互冷漠。加之学生人数的急剧增加,工作负荷的超重,许多时候使教师也疲于应付,甚至在与学生交流方面显得力不从心。

第三节　人际交往的艺术与技巧

高职学生在人际交往中,由于地域性和业缘性的关系,会有一些特殊性,也会有相应的心理问题和冲突存在。交往中高职学生该如何去学习交往的艺术和技巧呢?

交往的艺术和技巧有很多奇妙的效果,用心交往,获得美好的友谊。勇敢地克服自己的心理障碍,更好地掌握应对问题的策略,勇敢地拥抱他人。

一、如何克服心理障碍

高职学生在人际交往的过程中普遍凸显的问题有:以自我为中心、消极闭塞、功利化倾向、淡漠态度等,具体会存在自卑、孤独、嫉妒、情绪自控力弱、胆小羞怯的心理特征。

（一）自卑心理的应对

第一，正确认识自卑。

自卑是指自我评价偏低、自愧无能而丧失自信，并伴有自怨自艾、悲观失望等情绪体验的消极心理倾向。而自卑的产生往往是因为个体对自己不正确的认识，过分地夸大自己的短处和不足，甚至会臆想出很多自己并没有的弱点，还总是拿别人的优点和自己作比较，并且对自己的挫折与过失不能正确地分析和对待，别人对自己的评价也不能客观地理解，总认为自己一无是处。

高职学生中自卑学生的表现有：不自信、胆小、害怕被拒绝、担心被人嘲笑等。导致自卑的因素除了外在的因素以外，个体心理上的消极对比也是产生自卑的一个重要原因。当然，我们每个人都有不可避免的一些主观或客观上的短处和不足。比如客观上，家庭经济、父母关系，以及身体上先天的问题；而主观上，在气质、性格、能力等方面不足。面对这些不足，有的个体会泰然处之，让自己的不足变成了成功的工具；有的个体却自卑，这影响学习与工作，也影响自己的心理状态。

第二，合理调适自卑。

①全面地、辩证地看待自己，正确地认识、评价自己。不仅要如实地看到自己的短处，也要恰如其分地看到自己的长处，切不可因自己的某些不如人之处而看不到自己的如人之处和过人之处。

②学会正确地归因。不能因一次失败，就认为自己能力不行。殊不知这次失败的原因很可能是多方面的，不一定是能力不足造成的。

③提高自信心。当你在干一件事之前，首先应有勇气，坚信自己能干好。但在具体施行时，应考虑可能遇到的困难。这样即使你失败了，也会由于事先在心理上作了准备而不致造成心理上的大起大落，导致心理失调。

④体验成功。经常回忆因自己努力而成功了的事，或合理想象将要取得的成功，以此激发自信心。

⑤运用积极的自我暗示。当遇到某些情况感到信心不足时，不妨运用语言暗示："别人行，我也能行。""别人能成功，我也能成功。"从而增强自己改变现状的信心。

⑥建立新的兴奋点。当你处于劣势或面对自己的弱项时，可以通过有意转移话题或改做别的事情来分散自己的注意力。如可将注意力转移到自己感兴趣的也是最能体现自己才能的活动中去，以淡化和缩小弱项在心理上造成的自卑阴影，缓解压力和紧张。

⑦正确地补偿自己。为了克服自卑心理，我们可以进行两方面的补偿：一是以勤补拙。知道自己在哪些方面有缺陷，不背思想包袱，以最大的决心和顽强的毅力去克服这些缺陷。二是扬长避短。例如苏格拉底其貌不扬，于是在思想上痛下功夫，最后在哲学领域大放异彩。日常生活中，我们应注意自我调节，"失之东隅，收之桑榆"，扬长避短，克服自卑。

⑧注意自我激励。自卑的人一般都比较敏感脆弱，经不起挫折的打击。因此应当注意，要善于自我满足，知足常乐。在学习上，目标不要定得太高。适宜的目标可以使你获得成功，这对自己来说是一种最好的激励，有利于提高自己的自信心。之后，可以适当调整目标，争取第二次、第三次成功。在不断成功的激励中，不断增强自信心。

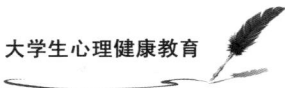

⑨选准参照系。在与别人比较时,为了避免自卑心理的产生,我们应该选择与自己各方面相类似的人、事比较。否则与自己相差太大,或者拿自己的弱点与别人的优点相比,总免不了自卑。与人比较时要讲究"可比性"——选择适当的参照系,否则只有"人比人,气死人"。

(二)消极闭塞倾向的调节

第一,正确认识闭塞心理。

闭塞心理是青少年成长过程中一种阶段性的心理活动现象,不愿意将内心的情感外露,存在一种闭塞特征,不愿意和他人交流,性格相对孤僻,很难向他人敞开心扉,也对他人没有很强的信任感。当自己内心矛盾时,往往会焦虑,从而产生强烈的自卑感。

高职学生由于性格和环境原因会产生闭塞心理,由于家庭环境中不和谐的气氛,父母很少关心学业和生活,或者是家长管束很严,或者是对其放任溺爱,都会使其闭塞心理增强。在学校环境中,由于与老师的关系紧张,与同学的关系不融洽,又缺少朋友,闭塞心理表现得也比较突出。当然性格内向和外向的同学也不同,性格内向、生活圈子比较小、生活内容也不丰富的同学,闭塞心理表现也比较普遍。

第二,合理调适闭塞心理。

(1)首先提高个人素质,优化个体性格

高职学生要正确认识自己,不能过于悲观,也不能过于自负,打开自己的心扉,建立人际交往的自信。培养高尚的品德,努力学习,善于思考,在提高个人文化素养的同时,也要提高自身的思想道德修养和心理素养。加强自信心训练,改变自己对人际交往的看法,积极投身到交往实践中去,去体会交往中的快乐和喜悦,从而不断提升自我的人际交往能力。

(2)主动和他人交往

闭塞的高职学生本来对自己的大学生活都是充满热情的,他们也希望能和其他同学一样,交到更多的朋友,但是这些同学虽然有强烈的交友愿望,却没有主动交友的意识。因为很多闭塞的高职学生,会担心自己主动去与他人交往,他人会不理睬自己,所以总是等待他人先来接近自己,但是他人也不会有这样的兴趣与其交往。如果想要交往,就要排除这些顾虑,大胆尝试与他人主动交往,当一次次成功交往的喜悦产生之后,以后的交往过程中会慢慢学会主动交往,更会感受到那份获得朋友的惊喜之情。要知道,友谊不是单方面的付出,也不是单方面的索取。

(3)热心帮助他人

人们之所以要建立良好的人际关系,是因为人们需要,并且希望从中获得帮助。所以,处理好人际关系不仅是物质上的帮助,更多是精神上的帮助。当同学在生活和学习上遇到困难时,给予他理解和支持,可以使彼此之间的心理距离缩短,并且会增强彼此的好感;热心帮助同学,能够获得对方的信任,而信任感对于建立同学之间良好的关系是一个很好的保障;当然自己有了错误,要勇于坦诚,真诚对待你的朋友,他也会真诚对待你。

(4)多参加集体活动

主动地融入集体,去感受集体的温暖。当你获得集体给予你的快乐时,你也要给他人带去你的快乐。彼此分享,建立起更加和谐的人际关系。让自己变得不再那么孤僻,改变了自己的心理状态的同时,也会给你在乎的人带去快乐。

(三)对嫉妒心理的调适

第一,正确认识嫉妒心理。

嫉妒心是每个人都有的,区别在强度大小与它出现的事件性质。正常强度的嫉妒心会对我们的工作、生活等方面提供积极的动力,我们会为了想要超越自己嫉妒的那个人、摆脱这种劣势地位而加倍努力,但是,过重的嫉妒心则会影响我们正常的行为方式,会让我们变得比以往更加敏感、自卑,自我防御机制打开,情绪波动也会变大。

嫉妒是由一种不良的心理状态引起的,原因有很多种。对别人的嫉妒,实际是对自己的一种惩罚。有人看见别人学习比自己好,就在背后说其坏话,看见别人穿得比自己好,就说三道四,这是一种典型的嫉妒心理。这样做对别人丝毫无损,只能自己惹自己生气。如果能调整一下自己的心态,换一个角度来看问题,也许就会是另一个结果。

第二,合理克服嫉妒心理。

(1)让嫉妒成为你提升竞争力的催化剂

嫉妒心理其实是因为看到别人在一些方面比自己强而产生内心的不平衡。而当这种内心不平衡的心理产生时,你可以理性思考一下,别人比我强,我要怎么做才能比他更强,或者如何使自己变得更加强大。这样可以让本来消极的嫉妒心理,转化为你积极进取和努力成功的动力。

(2)提升自身能力,增强自我修养

尊重他人,加强自我修养,有些时候你是被嫉妒的对象,那表明你在某些方面有实力和贡献,但有些时候你是嫉妒别人的人,那时你会觉得,当你的嫉妒心理被他人无视的时候会是矛盾激化的导火索。

(3)乐观看待自我与他人

当自己被他人嫉妒时,不要愤愤不平,要懂得帮助别人;也不能自高自满,轻视或厌烦他人,甚至是回避对方;其实,最好是找对方聊聊,互相发现彼此的优点和不足,用真诚去缓解对方的嫉妒心理。当你嫉妒别人时,也应该多考虑,自己之所以嫉妒,是因为别人在很多方面有优点,而自己在这些方面有不足,也需要在不足的方面有所加强,你也可以主动和对方交流,吸取经验,争取进步。

(四)了解并调适胆小羞怯心理

第一,正确地认识胆小羞怯心理。

曾经有个高职学生向我倾诉:我总感觉到身边所有人都有缺点,和他们交往没有前途,而我又特别渴望成功,所以就不去和他们交往。我不会主动和别人说话,就算说也是客套的几句话。只要我放开了和别人聊天,我觉得我还是很能制造气氛的,但是要人多些。不然就没话可说了。我不敢和老师们开玩笑。我也很容易沉默,心生悲哀,绝望。

以前我在中学时打篮球还可以,所以身边有很多朋友,算是一个领导者吧。可是上了大学自己一下子变得渺小了,但是又不想被别人领导,就和所有人有隔阂了。我不喜欢人多,人一多就会郁闷。我有个姑舅和我关系很铁,中学时一起打篮球。上了大学,他每天练习,我没他打球打得好了,我就有些嫉妒。他非常活泼,人际关系比我好,我就感觉心里郁闷。

我在这里有很多亲戚,但我却不敢去拜访他们,就是害怕说错话,给他们留下不好的印象。和别人聊天不知道说什么,不会开头,所以我连 QQ 也不登了。我不会刻意地与人增进感情,认为该来的会来,该走的莫留,不要强求。我不会主动去给朋友打电话,不喜欢和朋友、同学在街上瞎逛,我认为那是浪费时间。但我一个人又待不住,形单影只地逛,以致我的生活很单调,感到无聊。

高职学生社交胆小羞怯的心理主要是他们在人际交往中受到了挫折,为了避免遭受第二次挫折而产生的防御心理。主要表现在:交往中害羞、不安、尴尬、迟钝,害怕抛头露面,害怕一个人在大众面前展现等。这些主要是因为交往中受挫、自卑、焦虑、痛苦没有得到及时排解。

第二,合理调适胆小、羞怯心理。

要想克服胆怯、害羞的种种不良表现须先改变心态,然后再进行必要的心理调适和训练。

(1)克服自卑训练法

方法一:行走时抬头、挺胸,步子迈得有弹性。

心理学家告诉我们,懒惰的姿势和缓慢的步伐,能滋长人的消极思想;而改变走路的姿势和速度可以改变心态。平时你从未意识到这一点吧?从现在起试试看!

方法二:抬起双眼,目视前方,眼神要正视别人。

心理学家告诉我们:不正视别人,意味着自卑;正视别人表露出的则是诚实和自信。同时,与人讲话时看着别人的眼睛也是一种礼貌的表现。

方法三:当众发言。

卡耐基说:当众发言是克服羞怯心理、增强人的自信心、提升热忱的有效突破口。这种办法可以说是克服自卑的最有效的办法。想一想,你的自卑心理是否多次发生在这样的情况下?你应明白:当众讲话,谁都会害怕,只是程度不同而已。所以你不要放过每次当众发言的机会。

方法四:众人面前显显眼。

心理学家告诉我们:有关成功的一切都是显眼的。试着在你乘坐地铁或公共汽车时,在较空的车厢里来回走走,或是当步入会场时有意从前排穿过,并选前排的座位坐下,以此来锻炼自己。

(2)增强自信心的 11 条法则

人人都能忍受灾难和不幸,并能战胜它们。有人也许不相信自己能办得到,可是人类有强得惊人的内在源泉。只要我们加以利用,便能引领我们渡过难关。我们较自己所想的更坚强。

法则 1:首先对自己抱有希望。如果你连使自己改变的信心都没有,那就不要再向下看了,要对自己宽容,并使事情看起来容易做到。

法则 2:表现得信心十足,这会使你勇敢一些。想象你的身体已接受挑战,显示自己并不是全然害怕。

法则 3:停下来想一想,别人也曾面对沮丧和困难,却克服了它们,既然别人能做到,当然你也能。

法则4：记住你的生命是以某种节奏前进，你若感到失意消沉，无力面对生命，你也许会沉至山洼的底部；但是你若保持自信，便可能利用当时正拉你下坠的那股力量，跃出洼谷。

法则5：记住夜晚比白天更容易使你感到挫败和气馁。自信多与太阳一道升起。

法则6：只有想不到的事情，没有干不成的事情。

法则7：我们大多数人所拥有的自信，远比我们想象的更多。

法则8：克服局促不安与羞怯的最佳方法，是对别人感兴趣，并且想着他们，然后胆怯便会奇迹般消失。为别人做点事情，举止友好，你便会得到惊喜的回报。

法则9：只有一个人能治疗你的羞涩不安，那便是你自己。没有什么方法比"忘我"更好。当你感觉胆怯、害羞和局促不安时，立刻把心思放在别的事情上。如果你正在演讲，那么除了讲题，一切都忘了吧。切莫在意别人对你和你的演讲如何看。忘记自己，继续你的演讲。

法则10：只要下定决心，就能克服任何恐惧。因为请记住：除了在脑海中，恐惧无处藏身。

法则11：害怕时，把心思放在必须做的事情上。如果充分准备，便不会害怕。

二、对高职学生面对的主要人际交往问题的对策

（一）了解和调适寝室人际关系

1. 正视室友关系

寝室关系是我们大学阶段最基本的人际关系，寝室是我们日常最基本的活动单位。住集体寝室，与寝室成员搞好关系非常重要。关系融洽，心情舒畅，这不仅有利于我们的学习，也有利于我们的身心健康。倘若关系不和，甚至紧张，这就会给我们的生活抹上一层阴影，带来一系列负面影响。那么，怎样才能处理好寝室关系呢？如果你能掌握以下8点，定能收到良好的效果。

2. 合理调节与室友间关系的方法

第一，与室友统一作息。

一个宿舍有3~6个，甚至更多的人在一起生活，应有统一的作息时间。只有大家协调一致、共同遵守，才能减少争执，消除摩擦，维持正常的生活秩序。如果你是"夜猫子"，晚上睡得很迟，待宿舍成员都睡了，才洗漱睡觉，这样就容易惊醒其他人，影响了别人休息。久而久之，你就会引起室友们的厌恶。

因此，宿舍的全体成员应当尽量统一作息时间，减小作息差距。倘若实在有事，早起或者晚睡的成员也应尽量减少声响和灯光对室友们的影响。

第二，不搞"小团体"。

在宿舍，应当以平等的态度对待每一个人，不要厚此薄彼，和一部分人打得火热，而对另一部分人疏远不理。有些人喜欢同宿舍之中的某一个人，与其十分亲近，在平时，老是同一个人说悄悄话，无论干什么事，都和这个人在一起。这样就容易引起宿舍其他成员的不满，认为你是不屑与之交往。结果，你俩的关系也许搞好了，但却疏远了其他人。这就不利于建立和谐的宿舍关系，也是得不偿失的。我们不反对建立有深度的友谊，但决不能以牺牲友谊的宽度和广度为代价。所以在宿舍里，我们对每个人要尽量保持平衡，尽量和室友们处在不

即不离的状态,不搞"小团体"。

第三,不触犯室友的隐私。

每个人都有自己的秘密,也有足够的好奇心。对于室友的隐私,我们不要想方设法去探求。对方把一个领域化为隐私,对这个领域就有了特殊的敏感,任何试图闯入这个领域的话题都是不受欢迎的。尤为需要注意的是,未征得室友同意,切不可擅自乱翻其衣物。我们要格外注意这个问题,千万不要以为是熟人就忽略了细节。

另外,同住一间宿舍,有时难免知道室友的某些隐私,我们也要守口如瓶,告诉他人不仅是对室友的不尊重,也是不道德的。以上几个方面,我们要切实做到,否则触怒室友,发生"干戈之争"也就在所难免。

第四,积极参加集体活动。

宿舍的活动不单纯是一个活动,更是室友之间联络感情的重要形式,应该积极参与配合。千万不要幼稚地把集体活动当作纯粹是费财费力的无聊之举,表现出一副不屑为伍的样子。其实,那都是感情投资,不可或缺。室友们决定一起去干什么,我们要尊重他们的选择。确实不能参加,可以把自己的想法和意见提出来,不要勉强参与,如果勉强参与反倒让室友觉得你在应付了事,更不要一口回绝而伤了室友们的兴致。

可以说,集体活动的有无和多少,也从一个侧面反映了这个宿舍的团结程度。倘若集体活动你经常不参加,多多少少会显得你不合群。

第五,别人有难要帮,自己有事也要求。

良好的人际关系是以互相帮助为前提的。当室友遇到困难时,我们应当主动伸出援助之手。那么,当我们有事时,是否要向室友求助呢?答案是肯定的。因为有时求助反而能表明你对别人的信任,能够融洽关系,加深感情。比如你有事需请人帮忙,倘若你舍室友而远求他人,室友得知后反觉得你不信任他。你不愿求别人,别人以后有事又怎么好意思求你帮忙?其实,求助室友,只要讲究分寸,不使人家为难,都是可以的。

第六,不拒绝零食和宴请。

室友买点水果、瓜子之类的零食到宿舍,分给你时,你就不要推,不要以为吃别人的难为情而拒绝。室友因过生日或其他事请你吃饭,你也应欣然前往。即使没有钱"回请"他,也没关系,因为"互酬"不仅仅体现在物质上,不同于商品经济中的"等价交换"原则,它更体现在心理上。你接受别人的邀请,从某种意义上说,也是给别人面子。如果一味地拒绝,时日一久,别人难免会认为你清高傲慢,就可能对你"敬而远之"了。

第七,不逞一时口快。

"卧谈会"是宿舍的一个"重要"活动项目。室友们互说见闻,发表意见,本来是件很愉快的事,但往往也会因小事而发生争执,"卧谈会"变成了"口舌大战"。

有些人喜欢说别人笑话,讨别人便宜,哪怕玩笑,也不肯以自己吃亏而告终;有些人喜欢争辩,试图通过说服对方显示自己的能耐,让室友"尊重"自己;有些人害怕被人看不起,就故意在"卧谈会"中唱反调,甚至揭人之短,对他人进行人身攻击。这种喜欢逞一时口快,在嘴巴上占便宜的人实际上非常愚蠢,给人感觉太好胜,难以合作。你不尊重别人,别人也不会尊重你。你夸夸其谈,想处处表现得比别人聪明,最后也只会引起别人反感。

第八,完成该做的杂务。

宿舍每位成员该做的杂务,不仅仅指做好自己一个人的事,也包括搞好集体的事。有些人在家懒惰成性,所有的事都指望家人打理,住集体宿舍难免会"原形毕露":开水从来不打,每天喝别人的;衣物不注重整理,乱扔一气;宿舍的公共卫生更是不闻不问,扫地、擦门窗等事都指望室友来完成。我想,没有哪一个集体会欢迎一个自私、懒惰和邋遢的人。因此,你必须尽力搞好属于自己的那份杂务,不要指望别人来"帮助"你,凡事要养成亲力亲为的好习惯。集体的事,要靠集体来完成,你不做,或马虎了事,别人就有理由说你的不是了。

以上8点,虽都为日常生活中的小事,倘若我们能够注意做到,对我们处理好宿舍关系能够起到事半功倍的作用。反之,小小"蚁穴"也能够将我们良好宿舍关系的"千里之堤"给毁了。

(二)了解和调适师生关系

1.正确认识师生关系

师生关系是一种动态的关系,每一个时期由于社会经济发展等多方面因素的影响有着不同的表现。随着我国社会主义市场经济的发展和课改的推进,师生关系在现今条件下面临并呈现出各种新情况,需要重新审视与研究。

《走进新课程——与课程实施者对话》一书指出:新型良好师生情感关系应该是建立在师生个性全面交往基础上的情感关系,它是一种真正的人与人的心灵沟通,是师生相互关爱的结果,是师生创造性得到充分发挥的催化剂,是促进教师与学生的性情和灵魂提升的沃土。真正贯彻课改精神的课堂,应该营造出以新型良好师生情感关系为基础的和谐、真诚和温馨的心理氛围。这种心理氛围应该自始至终都贯穿于整个教育过程中。师生之间缺乏积极的情感联系,不仅使得一直为人们珍视的师生情谊黯然失色,也使得教育活动失去了宝贵的动力源泉。优化师生情感关系,重建温馨感人的师生情谊,是师生关系改革的现实要求。

师生关系的内容丰富,有授业关系、朋友关系、亲人关系、管理关系等。师生关系如何,直接影响高职学生在校的学习、生活、身心健康,并在很大程度上决定了学校能不能对学生因材施教。

2.合理调适师生关系

第一,"敢为"。

人际关系中最重要的角色是自己。师生关系也不例外。所以要建立良好的师生关系,就要首先从自身出发。大学生不能与教师建立良好师生关系很大的原因就在于学生本身的不自信、不"敢为"。他们一方面想与教师亲密交往,另一方面又怕遭到拒绝。

良好的师生关系是通过高质量的交往建立起来的。即使两个人的关系再远,通过交往也有可能逐步走近,在彼此信任的基础上建立友好关系。很多同学之所以未能取得成功的师生交往,就是因为他们在与教师的交往中总是采取消极、被动退缩的方式。他们只愿做交往的响应者,而不愿成为交往的始动者。这种做法与人际交往的交互性原则恰恰是相悖的。因此,如果你想与教师建立良好的关系,就必须变被动接受为主动走近,用积极的态度鼓励自己,增强人际交往的信心。要知道,你想结识老师这样的"贵人",老师也同样想结识像你一样的"贵人"。

第二,"调频"。

所谓"物以类聚,人以群分",交往双方的相似性越多,就越容易建立起亲密的人际关系。当交往双方的需要和期待恰好互补时,往往最容易产生强烈的人际吸引,建立起良好的人际关系。所以,建立良好的师生关系关键是要寻找师生彼此认可的共同点。当彼此认同的时候,气氛就会变得友好融洽。也就是说,如果交往双方心理上相容的话,那么,一方的行为就很容易引起另一方肯定的反应,相反,如果双方处于高度的心理不相容状态,一方的态度与行为就很容易被另一方否定。每个人都有自己的信息接收方式和性格特点,而我们高职学生要做的就是主动去了解老师的处事风格、喜好以及优缺点,并调整自己的交往方式,寻求一个平台投其所好,以平衡彼此性格的冲突。按照人们的社会交往经验,如果你能身处对方的情绪状态中,能够完全感受到对方的心理感受,进而表达出自己对他的理解、关心、体贴和友爱,那么对方就会积极回应你,对你产生好感。这正是心理学上说的"情境同一性"原理。调整自己,寻找平台,并投其所好就是为了创造这样一种同一性,以便我们能够更有效地与老师产生双向回应,从而建立良好的师生关系。

第三,"换位"思考。

在现实生活中,我们总是习惯从自己的主观判断出发为人处世,因而常导致一些误解的发生。所以,若要与教师建立良好的师生关系,达到彼此的认同和理解,避免一些不必要的误会和偏见,我们就要学会"换位思考"。所谓"换位思考",就是要求我们大学生学会从老师的角度和处境去看待事情,发现他们处理问题的个性方式。只有设身处地地多为别人着想,才能够最大限度地理解别人,从而找到相处的最佳途径、解决问题的恰当方法。你希望别人怎样对待你,你就先怎样对待别人。这在人际交往中是一个很重要的原则。因此,在与教师相处时只要多一点换位思考,就会少一些误解和偏见,多一些理解与友好。建立良好、和谐的师生关系也就不成问题了。

第四,"还原"。

在人际关系交往中,只有抱着真诚的动机和态度,双方才能互相理解、接纳和信任,思想和感情上才能产生共鸣,交往关系才能得到发展和深化。然而高职学生在与老师交往的过程中,往往会将老师置于"领导"的地位,与老师交往有下级对上级的感觉。这样在与老师沟通交流时就会出现障碍,不能做到以"真正的我"去交流。其实,老师也是平凡而真实的人,也会有喜怒哀乐的情绪。大学生在与老师交流的过程当中,要将老师还原为一个本色的人,把老师放在一个和自己平等的位置,以真诚的态度和老师交流自己的想法,这样才能做到互相了解。当然,把老师还原为本色的人、和老师平等地交流并不是不尊重老师,相反,这种平等的态度正是尊重老师的体现。同时,在日常的生活中和学习中要懂得向老师示弱,学生的主动示弱会使老师有被需要的感觉。遇到困难或不懂的问题要学会向老师求助请教。老师感受到学生的信赖,就会更多地与学生交流。

第五,尊重。

养成尊重老师的习惯,无论老师的相貌美丑、脾气好坏都要予以尊重。要抱着信任老师的态度,接纳他们的优点和缺点。做到态度一致,不能人前赞美人后批评。尊重对方,才能与别人进行正常的来往,建立和谐的人际关系。把尊重老师当作一种习惯,这样老师也会以同样的态度来对待你,从而达到双赢。

师生关系是学生人际关系的重要内容,它直接影响着学生在学校的学习与成长。学会与教师建立良好的师生关系不仅能够培养大学生的人际交往能力,使高职学生更好地适应大学生活,同时高职学生将学到的人际交往技能应用到以后的职场生涯中,还能更好、更快地适应职场,走近领导,建立和谐的职场关系。

心理训练

取绰号

【活动目标】

1. 帮助学生认识到起绰号的弊端,做到不起侮辱性绰号,同学之间团结友爱,互相尊重。

2. 通过活动,学生学会鉴别绰号的利弊关系,以尊重他人为前提,把握好尺度,合理使用绰号。

【活动重点】

引导学生学会鉴别绰号的利弊关系,以尊重他人为前提,合理使用绰号。

【活动对象】大一学生

【活动准备】视频片段、相关卡片、课件、分组、课前调查

热身游戏:听音乐,猜人物

训练一:

搜索绰号,重温绰号历程

其实,取绰号是一种很正常的社会现象,班里同学间称呼对方绰号的现象也很普遍。请把自己的绰号或你平时在班里听到的绰号记录在绰号集结卡上。

1. 填写"绰号集结卡"

绰号集结卡		
姓　名	绰　号	绰号由来

2. 分享交流

向全班介绍你收集的绰号。(注意把"集结卡"的内容用一两句话概括出来。)例如:我的名字叫包青青,男同学根据我名字的读音给我取了"包青天"的绰号,我不喜欢这个绰号。(操作时注意采访当事人的心情等。)

同学们收集的绰号真是雅俗共赏、褒贬不一,可谓五花八门。有的同学喜欢,有的同学厌恶,有的同学无所谓。

训练二:

案例再现,体会绰号威力

1. 绰号再现:(如马屁精、肥猪、白骨精、娘娘腔、四眼田鸡等)这些绰号用在你身上你喜

欢吗？为什么？如果是你被起了这样的绰号，你想对起这些绰号的人说些什么？

这样的绰号低俗，伤人自尊！所以我们不要取那些侮辱性的绰号，同学之间应该互相尊重，和睦相处。

2.案例再现：《都是绰号惹的祸》

有时候，绰号用得不当可能会带来不少麻烦，瞧，我们班的陆钰杰和汪天宇就发生矛盾了，让我们一起重温那一幕。（出示视频）

（1）大家想一想，两人矛盾上升的导火索是什么？

（2）如果你是汪天宇，别人叫你这样的绰号，你觉得怎样处理比较合理？（小组内先交流，再全班分享。）

同学们都很会处理，"牵一发而动全身"，这么一个不经意的绰号，导致两人的矛盾直线上升，看来我们不能小看绰号的威力，起绰号要合理，用绰号更要慎重。

训练三：

欣赏绰号，共享绰号魅力

其实，绰号是把双刃剑，侮辱性的绰号，伤人自尊，赞扬性的绰号，人人喜欢。我们先来玩个小游戏吧——看绰号，猜人物。

1.教师逐一出示绰号。（如杂交水稻之父、钢琴王子、哈佛小子、及时雨、智多星等，请同学们来猜这是谁？）

2.请同学评价这些绰号？

3.如果有机会让你再给别人起绰号，你觉得应该怎么起？

起绰号要抓住人物特点，突出人物的闪光点，从外貌、性格、爱好、特长、学识等去考虑，最大的前提就是要尊重他人。

训练四：

设计绰号，增进同学感情

既然我们已经学会了鉴别绰号，你还会用刚才那些不雅的绰号吗？心动不如行动，就请我们把班里那些不好的绰号去掉，重起几个好的绰号，让我们用欣赏的眼光去挖掘同学身上的闪光点。

1.我帮你，起绰号。

设计新绰号，经对方同意新绰号才成立。

2.写祝福，送贺卡。

请你用新绰号去称呼对方，并把最真挚的祝福写在祝福卡上。你想送给谁就写给谁。

心理测量

大学生人际关系的心理测试

这是一份大学生人际关系行为困扰的诊断量表，一共有28个问题，请你根据自己的实际情况，逐一对每个问题做"是"或"否"的回答。为了保证测验的准确性，请你认真作答。

1.关于自己的烦恼有口难开。

2. 和生人见面感觉不自然。

3. 过分地羡慕和忌妒别人。

4. 与异性交往太少。

5. 对连续不断的会谈感到困难。

6. 在社交场合,感到紧张。

7. 时常伤害别人。

8. 与异性来往感觉不自然。

9. 与一大群朋友在一起,常感到孤寂或失落。

10. 极易受窘。

11. 与别人不能和睦相处。

12. 不知道与异性如何相处。

13. 当不熟悉的人对自己倾诉他(她)的生平遭遇以求同情时,自己常感到不自在。

14. 担心别人对自己有坏印象。

15. 总是尽力使别人赏识自己。

16. 暗自思慕异性。

17. 时常避免表达自己的感受。

18. 对自己的仪表(容貌)缺乏信心。

19. 讨厌某人或被某人所讨厌。

20. 瞧不起异性。

21. 不能专注地倾听。

22. 自己的烦恼无人可申诉。

23. 受别人排斥,感到冷漠。

24. 被异性瞧不起。

25. 不能广泛地听取各种意见和看法。

26. 自己常因受伤害而暗自伤心。

27. 常被别人谈论、愚弄。

28. 与异性交往不知如何更好地相处。

计分标准:选择"是"的加 1 分,选择"否"的计 0 分。

结果解释:

如果你的总分为 0~8 分,那么说明你在与朋友相处上的困扰较少。你善于交谈,性格比较开朗、主动,关心别人。你对周围的朋友都比较好,愿意和他们在一起,他们也都喜欢你,你们相处得不错。而且,你能从与朋友的相处中,得到许多乐趣。你的生活是比较充实而且丰富多彩的,你与异性朋友也相处得很好。一句话,你不存在或较少存在交友方面的困扰,你善于与朋友相处,人缘很好,能获得许多人的好感与赞同。

如果你的总分为 9~14 分,那么,你与朋友相处存在一定程度的困扰。你的人缘一般,换句话说,你和朋友的关系并不牢固,时好时坏,经常处在一种起伏之中。

如果你的总分为 15~28 分,那就表明你同朋友相处的行为困扰比较严重,分数超过 20 分,则表明你的人际关系行为困扰程度很严重,而且在心理上出现较为明显的障碍。你可能不善于交谈,也可能是一个性格孤僻的人,不开朗,或者有明显的自高自大、讨人嫌的行为。

第六章　我的情绪　我能做主——情绪心理

月有阴晴圆缺,人有喜怒哀乐,但这并不意味着我们是情绪的奴隶,我们的心理以及行为能够被它随意控制和支配。如果说情绪是奔腾的"洪水",那么理智就是一道坚固的"闸门"。其实我们大多数人或多或少都经历过被情绪折磨的过程,有时感觉烦恼、压抑、失落甚至痛苦,总感觉不良情绪围绕着自己,于是开始抱怨生活对自己不公平,埋怨他人对自己有看法,特别希望能有幸运之神眷顾自己。其实,喜怒哀乐是人之常情,要让自己过得开心快乐,想让自己生活中不出现一点儿烦心事几乎是不可能的,关键是自己要学会如何有效地调整和控制自己的情绪,做自己情绪的主人。

第一节　情　绪

"人非草木,孰能无情?"各种情绪,如喜悦、愤怒、恐惧、苦恼、烦恼、赞叹等,人人都有过切身的体验。虽然我们给出一个情绪的例子相当容易,但是以概念的形式给出情绪的定义非常困难。因为情绪涉及我们生活的各个方面,十分复杂。为了揭示情绪的神秘面纱,心理学家把它看作是由许多关键成分所组成的复杂心理现象,分别加以研究。

一、情绪的定义

情绪是一个人因内心的需要是否得到满足而表现出来的对外界事物的态度,是一个人心理活动的外部表现。情绪反映人的内心活动,因此可以通过情绪的表现去观察人的内心世界。

情绪产生的源泉是需要,是通过内心的需要是否得到满足而引起的。情绪具有肯定和否定的性质。一个人内心的需要能够被满足或能够被激起,那么便能引起一些肯定的情绪,如快乐、喜爱、满意等;相反,内心的需要不能被满足或可能阻止这种需要得到满足,那么便引起否定的情绪,如悲哀、讨厌、不满意、苦闷等。生活中的事物总是复杂多变的,它与个人的需要互相关联,使其变得复杂。有些事物能满足人的某一方面需要,而不能满足另外一些需要,甚至和更多的需要相违背。因此,有些事物能引起很复杂的让人产生否定的情绪,也就是人们经常谈到的百感交集、啼笑皆非。每个人看待同一事物的标准是不同的,有些人看待事物能够产生肯定的情绪,因为他认为能满足自己内心的需要;有些人认为不能满足自己内心的需要,那么就会产生否定的情绪。当然一个人在不同的场合、不同的时间、地点和条件下对同一事物的需要是不同的,所产生的情绪也不同。

除情绪外,心理学上还经常使用情感这一说法。情感顾名思义就是情的感受方面,即情绪的一种体验。然而情绪和情感是有区别的,情感只能用于描述人的社会情感,情绪既可以用于人类,也可以用于动物。感情一词在心理学中也有应用,人们的情绪是通过感情来表达的,因此在人们的生活中也经常被提到。

二、情绪的生理机制

(一)边缘系统与情绪

边缘系统包含边缘皮质,如修复区、扣带回、海马回和梨状区,以及与它们有关系的主要结构,如视前区、中隔、杏仁核和附近区域。然而刺激边缘系统不同部位所引起的情绪反应是不同的,可以表现为快乐或生气,血压突然升高或降低,呼吸变得急促或变慢,胃肠的蠕动加强或减弱,双眼瞳孔扩大或缩小,等等。如果用隐藏电极刺激边缘系统的某些部位可产生难受的情绪反应,表现出痛苦的感觉,如刺激动物的中隔区和下丘脑就会出现情绪的反应。同时,动物也有比较强烈的自我害羞意识并表现在其行为上,当刺激与之相邻的部位时会产生惩罚的感觉,这时动物有躲避和隐藏行为出现。所以,边缘系统和下丘脑这些部位可以称为动物的快乐中枢和痛苦中枢。

研究者还发现边缘系统中的杏仁核在情绪行为的调节中起到了很重要的作用。相关研究发现,在切除杏仁核后而保留下丘脑,动物会出现"心理性失明",其本质是因为失去杏仁核的调节作用而形成的。故推断杏仁核起着漏斗的作用,通过它可对负责愤怒反应的下丘脑施以抑制的影响。

(二)下丘脑与情绪

人们内心的很多需要和情绪行为的中枢在下丘脑,如摄食中枢、厌食中枢和饮水中枢,这些中枢的兴奋与情绪反应有关。此外,有科学家用尖端埋藏在下丘脑内的电极对没有麻醉的动物按顺序刺激,动物表现出两类行为反应:一是斗争激烈像发怒、发狂的模式。如怒吼和尖叫的嘶嘶声、耳朵突然向后侧翻、全身的体毛竖立及其他交感神经的反应。二是躲避像害怕的模式。如双眼瞳孔扩大、眼睛不停地转动、头上下左右转动摇摆,最后逃跑。所以,动物的下丘脑被认为是支配愤怒和恐惧的中枢。

(三)大脑皮质与情绪

个体的情绪、情感会受到大脑皮质的影响,大脑皮质在情绪的体验中会起到重要的作用。有研究表明,与左半球言语中枢相对称的右半球相应区域类似于受计算机支配。这似乎说明语言的内容和结构是由左半球支配的,而情绪是由右半球控制的。有案例表明,右脑皮质前部受损伤的病人能表达情绪,而不能识别出表情。那么如果两部分都受损伤的病人既不能正常表达情绪,也不能有效识别情绪,由此可知,情绪识别和情绪表达在大脑皮质上可能有一定的定位。

因此,正常动物的情绪反应必须要有大量皮质参与,而去大脑动物的情绪反应是盲目、漫无目的的。研究表明,边缘系统也是处于大脑皮质的神经回路控制之下,因此,情绪的脑机制可概述如下:对情绪刺激的认知在大脑皮质的相应区域产生,然后将冲动传给下丘脑和边缘系统,导致自主神经系统的生理反应并产生某种特殊类的情绪行为;同时,对自己情绪状态的认知(感受)也就在大脑皮质中产生了。[①]

综上所述,个体情绪的生理机制是十分复杂的,它是由大脑皮质和皮质下的一些部位共同配合、协助来完成活动的结果,皮质下部位在情绪行为中起到重要作用。同时,情绪认知、情绪体验、情绪控制则是大脑皮质的作用,大脑皮质在人的情绪、情感中起着主导作用。

三、情绪的表现

情绪的表现是指人在身体和精神上的变化,具体包括身体状态、自我认知和行为反应。

(一)身体状态

人的身体状态是被大脑神经系统和内心所控制的,在一个人的情绪被它们唤醒的同时,其身体状态也随之被唤醒。当一个人的身体出现强烈的情绪反应或长时间地保持在一定强度时,那么这种情绪会影响其身体状态,会使其身体状态达到一定的低点,进而降低本人对疾病的抵抗能力。

(二)自我认知

情绪在身体状态上的表现会反映在一个人的自我认知上,即快乐或悲伤、满意或不满意等感受。然而这种认知情绪会涉及一个人的感知、动机、记忆等,对个体处理事件的方法和态度有一定的影响。

(三)行为反应

行为反应也表现在情绪的面部表情、说话语调和肢体动作等形态上,其可以更容易地表达出一个人在行为反应上的感受。如生气时说话的语调很重或遇到危险使面部表情很难看,等等。

总之,人们的情绪表现是以上3个方面的综合。如一个人在单位上遇到升职时,身体状态是快乐而轻松,自我认知是非常满意而自豪,行为反应可能是走路很大方得体、面部表情带着微笑、语言表达很流畅。

第二节　情绪的特点及种类

每个人在不同时期的情绪特点是不同的,都在随着成长不断地发生变化。这里我们主要谈一下当代大学生的情绪特点及种类。

一、情绪的特点

大学阶段正是学生在学校获取知识的重要阶段,也是其体验社会的关键时期。因此高职学生的情绪表现经常会呈现出不成熟、不稳定、半幼稚的特点。随着高职学生在学校、社会上接触了不同的人和新鲜事物后,其心理能力的提高和生活经验的丰富,情绪的体验和表

---

① 黄希庭.心理学导论[M].2版.北京:人民教育出版社,2007.

现形式不再像上大学以前那么单纯了,但仍达不到成年人那样的稳定、那样的成熟。

(一)激动、嚣张和热情、细腻相结合

激动而嚣张的情绪表现在高职学生中时有发生。但高职学生的情绪表现也不是一味地激动、嚣张,有时也表现出热情、细腻的特点。有人曾用"电闪雷鸣"一词来形容高职学生这时期激动、嚣张的情绪特点。同样的刺激,在他们那里所引起的情绪反应强度相较而言要大得多,甚至达到了让人无法理解的地步。有时一个信息的传递,在他们那里也表现出情绪的热情和细腻的特点。

情绪的细腻性是指个体情绪体验上细腻的特点,高职学生已逐渐克服了儿童时期的情绪体验的单一性和复杂性,情绪表现变得越发丰富和细致,而且,有些情绪感受并非直接由外部刺激引起,而是加入了许多主观因素。例如,当大学生在阅读了一部文艺作品之后,会长时间地沉浸在某种情绪之中,这种情绪不只是来自于书中的内容,还有相当一部分是通过他们的主观思考和遐想而派生出来的较为复杂的情绪体验。[①]

(二)可变性和固执性相结合

情绪的可变性是指情绪体验不够稳定,常从一种情绪转为另一种情绪,情绪的这种特点一般是由于情绪体验不够深刻而造成的。大学生尽管在表面上情绪表现的强度很大,但体验的深度并不与此成正比,一种情绪容易被另一种情绪所取代。

情绪的固执性是指情绪体验上的一种顽固性,由于大学生在对客观事物的认识上还存在着偏执性的特点,故而带来了情绪上的固执性,例如,一些大学生会因为几次挫折便完全陷入一种无助和抑郁的情绪之中,并且很长时间不能摆脱。

(三)隐蔽性和外显性相结合

情绪的隐蔽性是指情绪在表现形式上的一种隐藏性,然而大学生在情绪表现上已经不再像上大学之前那么单一,它会失去之前那些纯天然的情绪表现。在学习和生活中的某些场合,他们会将快乐、生气、伤心、痛苦等一些情绪隐藏而不表现出来。

情绪的外显性是指情绪在身体的某一部位体现过程中,自己在不经意的状态下显示出具有表演性的动作。大学生在一些场合为了表现自己所体验的情绪,就会在肢体上加一些表演性的动作,这种动作可能会让其他人感到很做作,不真实。

二、情绪的种类

从生物进化的角度我们可以把情绪分为基本情绪和复合情绪。

基本情绪是人类和动物共有的,是人们与生俱来的,并且具有特定的生理模式和相应的表情,在任何地方,悲伤都与丧失的知觉相关,恐惧都与受到惊吓或身体受到伤害的知觉相关,生气都与侮辱或不公平的知觉相关。[②]

[①]　林崇德.发展心理学[M].2版.北京:人民教育出版社,2008.
[②]　黄希庭.心理学导论[M].2版.北京:人民教育出版社,2007.

复合情绪是由基本情绪的不同组合派生出来的,它包括情绪的各种变化及混合情绪。随着个体认知的成熟而逐渐发展,并随着文化的不同而不断变化。例如,人们可以体验到悲喜交加的混合情绪。由愤怒、厌恶和轻蔑组合起来的复合情绪称为敌意;由恐惧、内疚、痛苦组合起来的复合情绪称为焦虑。

克雷奇(1980)把快乐、悲哀、愤怒和恐惧视为4种基本情绪。快乐是盼望的目的达到、紧张解除后随之而来的情绪体验。快乐的程度取决于愿望满足的意外程度。目的无足轻重,只能引起些微的满足;目的极为重要,并且是意外达到,则会引起极大的快乐。悲哀是失去所盼望的、所追求的或有价值的东西而引起的情绪体验。悲哀的强度依存于失去的事物的价值。愤怒是由于目的和愿望不能达到或一再地受到妨碍,逐渐积累而成的。挫折是人们在有目的的活动中,遇到无法克服的阻碍而产生的情绪反应,常表现为痛苦、沮丧、不安等。与愤怒导致的攻击不同,恐惧是企图摆脱、逃避某种可怕的情景。恐惧往往是由于缺乏处理或摆脱可怕的情景(事物)的力量和能力造成的。恐惧比其他任何情绪更具有感染性。上述4种基本情绪在体验上是单纯的、不复杂的。在此基础上,可以派生出许多不同情绪的组合方式,也可以赋予不同含义的社会内容,例如由疼痛引起的是不愉快。而痛恨、羞耻这些情绪则包含不愉快、痛苦、怨恨、悲伤等复杂因素情绪体验。[①]

谢弗(1978)等学者认为情绪有6种基本类别,他们选取了135个情绪名词,让大学生试将其中类似的情绪划归为一类。结果发现了6种基本情绪类别,它们分别是爱(love)、喜悦(joy)、惊奇(surprise)、愤怒(angry)、悲伤(sadness)和恐惧(fear),而其他的情绪皆可根据其含义和性质划归为6种基本情绪的一种,同时,这6种基本情绪种类也可以从不同的角度进行划分(评价维度,正面或负面)。比如,前3项是正面的情绪体验(爱、喜悦、惊奇),后3项是负面的情绪体验(愤怒、悲伤、恐惧),此外,还可以从强度(强或弱)和活动(唤醒高或低)维度对这6种基本情绪进行划分,如恐惧是一种强的、高唤醒的情绪。[②]

按情绪的状态,也就是按情绪发生的强度、速度和持续时间的长短,可以把情绪划分为心境、激情和应激、情调。情绪状态是个体在情绪体验的过程中,内心及身体表现出的一种自觉或不自觉的意识状态。情绪状态有下面一些常见的表现形式。

(一)心境

心境是一种微弱、持久而具有弥漫性的情绪体验状态,通常称为心情。人们常说的:"人逢喜事精神爽",就是谈一个人的心境。这种状态的微妙之处在于,它会在个体身上停留一定的时间,不会马上消失。一般的情绪反应持续时间是几秒,有的是几个小时,但有一些特殊的心境可以持续多个小时,甚至几天。然而心境不同于其他情绪状态的显著特点是:它可以在任何对象上发生,即不针对任何特定的人和事物,它是一种带渲染性的情绪状态。当然,引起心境的原因是多方面的,如学习上的突然变化,个人生活中的重大事件,事业的成就,工作的顺利与否,与周围人们相处的关系等都可能引起某种心境。

个人的健康状况也和心境有一定的关系,一个健康的人和一个身体欠佳的人的心境是完全不一样的状态。相反,心境也会影响一个人的身心健康状况。心境开朗的人,总会感到

---

①,② 黄希庭.心理学导论[M].2版.北京:人民教育出版社,2007.

身体健康,而心境不佳就会觉得一切都不如意、不顺心。除此之外,对以往事情的回忆和之前一些观点的想象,也会影响美好心境的状态。

我们也可以把心境分为积极的心境和消极的心境,积极的心境可以使人精神抖擞、积极乐观、朝气蓬勃。当人们在这样的心境下,就算遇到再大的困难也不会垂头丧气。消极的心境使人郁郁寡欢、怨天尤人,哪怕有再好的工作和生活都会使他觉得人生没有意义。

心境也具有弥漫性,愉快的心境使人觉得轻松、快乐,看待周围的人和事物都是美好的,自己的情绪和动作也显得比较积极、敏捷;不愉快的心境会使人觉得心烦意乱,感到到处都是不好的预兆,对什么事情都不感兴趣,做事也是畏首畏尾。心境并不是对某一事件的特定体验,而是以同样的态度对待所有的事件,让所遇到的各种事件都具有当时心境的性质。

(二)激情

激情是一种强烈的、短暂的、爆发式的情绪状态,这种情绪状态具有明显的生理反应和外部行为表现。

激情通常是由强烈的欲望和明显的刺激引起的。生活中的重大事件,如对立意向的冲突、失恋、受人侮辱、突然的危险情景等都会引起激情。其生理机制是皮质下神经中枢的兴奋失去了大脑皮质的控制和调节,皮下神经节和间脑的活动占据了优势。这时人很难克制强烈的愤怒感、绝望感、喜悦感或极度的悲痛感。所以,激情总伴随着有机体状态的剧烈变化和明显的表情动作,有时甚至发生痉挛。激情状态下,人常常不能意识到他在做什么,不能控制自己,不能预见到行为的后果,不能评价自己的行为及其意义。[①]

激情往往是由重大的、突如其来的事件引起的。激情既有积极的,也有消极的。只要是可以让人积极向上、奋发图强,不违背社会要求的激情都是积极的。这种激情通常与头脑的冷静和坚强的意志相联系;相反,凡对身心有害的,与社会要求相违背的激情是消极的。在消极的激情状态下,人很可能会失去理智,其行为也可能失控,甚至会产生骂人、粗鲁的行为,造成严重的后果。因此,在激情状态下,人能做出平常自己都想不到的事情,发挥出意想不到的潜能,激情同样也能使人的目光变得短浅,分析能力和自我控制能力降低。一个有积极激情的人可以体现出这个人更高的社会价值。

(三)应激

应激是指个体在发生意外事件或遇到意外危险时,注意力高度集中,身心出现高度紧张的情绪状态。人们在高度紧张的状态下,注意力高度集中并把身心的各种资源都调动起来,以应付紧张的局面,这时所产生的一系列生理和心理反应都属于应激反应。能够引起应激反应的事物称为应激源,它对个体来说是一种能引起高度紧张、具有巨大压力的刺激物,使得个体必须适应和应对环境要求。应激源既有身体本身的,如突然发高烧、别人的突然吼叫或疾病等;当然也有心理社会性的,如重大的生活事件、工作突然变动、学习成绩突然下降等。

---

① 黄希庭.心理学导论[M].2版.北京:人民教育出版社,2007.

在应激状态下,人会产生一系列的生理和心理反应。其生理反应有:由于高度紧张,刺激到人的大脑时,下丘脑产生兴奋,肾上腺释放出比正常情况下更多的肾上腺素和去甲肾上腺素,进而使血液沸腾,加快通向大脑、心脏、肌肉等的血流量,提高机体对紧张刺激的感知能力和防御能力,增强机体本身能量的释放,作出有效的反应。在以上机体变化的同时往往还伴有不安、焦虑、烦躁、恐惧、激动等情绪体验。

(四)情调[①]

情调是一种伴随感觉而产生的情绪状态。例如,当我们感知红橙黄绿、酸甜苦辣、冷热疼痒、气味香臭、光线明暗、乐音噪声等的同时,往往也体验到某种情绪。这种情调是伴随着感觉的,似乎感受物本身就带有特殊的感情负荷。

颜色不仅给我们提供了各种感官信息,也给我们提供了各种情感体验。不同文化传统的人们的颜色情调既相同,又有不同。例如,德国人认为纯红色表现崇高性、尊严性和严肃性,黄色是一种愉快的、软绵绵的、迷人的颜色,绿色给人以"真正的满足",红色中加入蓝色会显得"令人难以忍受"。苏联的青少年觉得红色是非常兴奋、活跃的颜色;橙色表示快乐、温和;黄色表示明亮、愉快;绿色表示安静、沉着;蓝色表示忧郁、悲伤;紫色表示焦虑、不满意;黑色与深深的苦闷、颓废联系在一起。张耀翔(1948)的研究表明,中国人的颜色情调特点是:红为喜色,使人兴奋;黄色能使人兴高采烈;绿为凉色,我国很多人把绿色看作一种羞辱颜色;黑使人烦闷、丧气等。黄希庭等(1991)对 5 089 名大学生的研究表明:颜色情调既受文化传统的影响,又受个人心理结构的影响。我国多数人的颜色情调是:红色表示兴奋、喜悦;橙色表示愉快、兴奋;黄色表示愉快、舒适;绿色表示舒适、愉快;蓝色表示沉静、舒适;紫色表示厌恶、忧郁;黑色表示悲伤、厌恶、恐惧。此外,情调不仅因刺激的性质和强度而异,也受个人所受教育程度、年龄和性别等的影响。

研究不同刺激所引起的情调具有重要的应用价值。如何使菜肴的色、香、味更能引起愉悦情调,是饮食业的重要课题;对颜色偏好的研究,有助于服装业流行色的预测;对房屋、车床、运输工具的颜色情调的研究,则对于人们的生活和生产都具有重要意义。

三、情绪的作用

(一)适应作用

个体在社会中的适应能力需要情绪的伴随,情绪主要起到信息传递的作用。个体在婴儿时期就会有一定的情绪反应,以与父母进行情绪交流,得到家人的照顾,家人也正是通过婴儿的情绪反应,及时为婴儿提供各种生活上的关爱。在个体的社会生活中,情绪的适应也直接反映了人们的生活状况,如快乐表示生活很好,生气则证明在生活中遇到了烦心事。个体的社会适应也是通过情绪来表达的,如用握手表示友好、合作愉快。通过肢体动作了解对方的情绪状态,进而做出相应的措施等。总的来说,人们通过各种情绪的适应作用来感知自身或他人的生活状态、自身或社会的需要,以便在社会生活中得到更好的社会适应能力。

---

① 黄希庭.心理学导论[M].2 版.北京:人民教育出版社,2007.

（二）执行力作用

　　情绪也是影响个体执行力的一个重要因素,一个人有好的情绪时其执行力可能是很好的,相反,执行力弱的时候情绪肯定是消极的。因此,一个人有积极的情绪就会表现出好的执行力,就能够激励个体的活动,提高个体的活动效率,进而推动个体有效地完成任务。但有研究表明,适度的紧张和焦虑能推动个体积极地思考和解决问题。同时,情绪对于生理的内驱力也可以起到推动作用,使个体有很好的执行力。如在爬山之后呼吸急促,需要补充氧气的生理需要,但这种生理上的驱动力没有足够的力量去提供生理的需要,而此时产生的恐惧感和急迫感会产生强烈的执行力。

（三）组织协调作用

　　情绪是一个相对独立的心理过程,它有自己的发生机制,并对其他心理活动具有组织协调作用,包括肯定情绪的协调作用和否定情绪的破坏作用。正常情况下,中等强度的快乐情绪有利于提高认知活动的效果,而否定情绪如悲哀、痛苦等会对协调作用产生不好的影响。情绪的组织协调功能还表现在个体的行为上,当个体处在积极、乐观的情绪状态时,更容易对外界事物产生美好的联想,表达也比较大方,愿意接触外界的事物;当个体处在否定的情绪状态时,那么很容易痛心、失望,自暴自弃,甚至与其他人发生肢体上的碰撞。

（四）信息传递作用

　　情绪在人与人之间具有传递信息、了解思想的作用。这种作用是通过个体的外部表现,即面部表情、肢体动作来体现的。外部表现是思想的信号,在一些事情、一些场合,只能通过表情来传递信息,如微笑表示友好,点头表示肯定等。从信息交流的发生上看,表情的交流比其他交流要早得多,如在婴儿时期,成人与婴儿相互信息交流的唯一方法就是通过表情来实现。

（五）社会功能

　　当信息不能通过语言准确地表达出来时,情绪也是人际沟通与交流的重要手段。心理学家发现,在人际交往过程中,70%以上的信息是依靠非言语(如说话的语气、态度等)传达的。① 个体为了更好地熟悉自己身边的环境,就需要他们了解自身周围人的情绪变化,并作出一定的分析判断。但是如果一个人没有适应和感受到周围人的情绪变化,也没有与他们作出及时的沟通,那么在以后的人际交往中就会产生一定的矛盾,也就不能与他人建立较好的社会关系。

　　除此之外,热心地帮助别人也是情绪社会功能的表现之一。助人为乐是一件值得大家学习的事。有调查发现,当一个人的情绪状态比较好时,他会更乐于做出助人行为;当一个人的情绪状态比较糟糕时,而又为了让自己的情绪好起来,也会愿意给予别人帮助,以此来转移自己情绪的注意力,使得身心更愉快。

①　黄希庭.心理学导论[M].2版.北京:人民教育出版社,2007.

第三节　不良情绪的调适

　　高职学生的情绪正处在不稳定时期,在他们的学习生活中会出现各种各样的不良情绪体验。这些情绪体验对他们的学习生活有一定的影响,那么我们应该怎样帮助高职学生来应对这些不良情绪呢?

一、高职学生主要不良情绪表现

(一)易生气

　　高职学生的情绪正处在不稳定时期,而生气的情绪表现是他们在日常学习生活中最常见的情绪反应之一。在他们的学习生活和人际交往中,往往会遇到各种不顺心的事情发生,使他们的情绪受到影响而容易出现生气的情绪体验。高职学生容易生气与他们在同学、朋友中具有强烈的自尊心有关,也与他们不成熟的自我认知有联系。如有的高职学生在上课时被老师点名起来回答问题,但自己不认真而没有回答上,感觉自己在同学中很丢脸,放学后在与同学的交流中易有生气的情绪表现,并影响正常的人际交往。

【故事分享】

爱地巴跑圈

　　在很久很久以前,有一个叫爱地巴的人,当他每次和别人起争执的时候,他就以很快的速度跑回家去,绕着自己的房子和土地跑3圈,然后坐在田地边喘气。爱地巴工作非常努力,他的房子越来越大,土地也越来越广,但不管房和地有多大,只要与人争论生气,他还是会绕着房子和土地跑3圈,爱地巴为何每次生气都绕着房子和土地跑3圈? 所有认识他的人,心里都很疑惑,但是不管怎么问他,爱地巴都不愿意说明。

　　直到有一天,爱地巴很老了,他的房和地已经很大,他生气,挂着拐杖艰难地绕着土地和房子走,等他好不容易走了3圈,太阳都下山了,爱地巴独自坐在田边喘气。他的孙子在身边恳求他:"阿公,你年纪已经大了,这附近地区也没有人的土地和房子比你更大,您不能再像从前,一生气就绕着土地和房子跑啊! 您可不可以告诉我这个秘密,为什么您一生气就要绕着土地和房子跑上3圈?"

　　爱地巴禁不起孙子恳求,终于说出隐藏在心中多年的秘密,他说:"年轻时,我若和人吵架、争论、生气,就绕着房和地跑3圈,边跑边想,我的房子这么小,土地这么小,我哪有时间,哪有资格去跟人家生气,一想到这里,气就消了,于是就把所有时间用来努力工作。"孙子问道:"阿公,你年纪老了,又变成了最富有的人,为什么还要绕着房和地跑?"爱地巴笑着说:"我现在还是会生气,生气时绕着房和地走3圈,边走边想,我的房子这么大,土地这么多,我又何必跟人计较? 一想到这,气就消了"。

　　启示:劝君遇事莫生气,生气是用别人的过失来惩罚自己!

(二)紧张、焦虑

　　焦虑是个体预期将会有某种不良后果产生或有某种威胁出现,而在主观上表现出来的一种不安的情绪。

焦虑可以分为情景性焦虑、情感性焦虑和神经性焦虑3种。情景性焦虑又被称为反应性焦虑，是指个体由于面临考试、学习、当众演讲等外界压力而产生的焦虑情绪。情感性焦虑是指个体对预期发生的事情过于担心，对自己的过错感到自责而引起的焦虑反应。神经性焦虑则是个体由于情绪紊乱、恐慌、失眠、心悸等生理心理因素而引发的焦虑。

焦虑会影响一个人的认知、行为、身体状态，焦虑的人通常表现出烦躁不安、失眠、食欲不振、身体不适等症状，焦虑对大学生的影响主要表现在学习和人际交往中。在学习中，大学生可能因为学习目标不明确、不自信、过于自卑、太注重结果等原因形成考试焦虑。在人际交往中，大学生的焦虑主要与其缺乏自信、怕别人笑话、担心自己没有别人做得好、没有别人好看等有关。

有心理学家发现，适度焦虑有助于个体完成某项活动，提高其学习和工作的效率。但过于放松和过度的紧张和焦虑对学习、生活都有不良影响，从而降低做事的效率。如大学生在期末考试前都有一定的紧张和焦虑情绪，这种紧张和焦虑对其学习是有一定帮助的，可以提高其学习积极性；相反，有些学生抱着无所谓的态度，整天打游戏、睡觉，对考试过于放松，没有考试前的紧张和焦虑，那么就会导致他们的学习积极性降低，以致影响他们的学习成绩。

（三）抑郁

抑郁是指当个体受到周围的人或事所影响时，身心所产生的一种消极情绪体验，会出现心烦、厌恶、痛苦、对任何人或事不感兴趣等情绪体验。在日常的学习、工作、生活中，总有一些人会偶尔出现抑郁情绪，这属于正常现象。如果发现身边的某一个人持续有抑郁的情绪状态，那么时间久了可能会发展成抑郁症。一般来说，性格内向孤僻、多疑多虑、不善交际的人更容易产生抑郁的情绪。抑郁的人对学习、生活漠不关心，不能从他人或一些事情上得到快乐，不喜欢与人交流，经常独处，严重者还会出现在房间里走来走去的行为，有绝望的眼神，甚至产生结束生命的念头。

目前抑郁的情绪体验在大学生中也时有发生，这种情绪体验使得他们在学习生活中出现自卑、痛苦、厌食、不理解人、忧心忡忡等特征。这样就需要老师、同学对他们提供更多的帮助，经常一起谈心，一起和同学出去散步、交流，让他们感到有人在关心自己，能够成为他们的知心朋友。

（四）冷漠、嫉妒

情绪冷漠一般是指对发生在自己周围的人和事或者与自己有关的事漠不关心的情绪状态。

大学生也不是一开始就会出现冷漠的情绪状态，而是他们在自己的学习生活和人际交往中不断累积起来的痛苦或压抑后所产生的反应。只有让这种情绪状态得到合理的宣泄，养成良好的责任意识，培养自己的人生目标，多积极主动与老师、同学沟通才能使他们的内心变得火热。

嫉妒是当自己觉得周围的同学、朋友在某些方面超过了自己而自身一时无法得到提高时，就在内心产生的一种情绪体验。

嫉妒是一种消极的情绪体验,也是一种可怕的情绪状态,它既否定了自己本身也否定了其他人。它所带来的痛苦、悲伤、猜疑、敌意、怨恨、报复、不满足等消极的情绪会导致大学生在心理和生理上出现不良反应,从而影响身心健康。因此,大学生在学习和生活中,需要有正确的人生观、价值观,正确地看待他人,清楚地认识自己,不断学习、提升自己。

二、反抗心理

大学生正处于青少年时期,反抗心理是青少年普遍存在的一种个性心理特征。这种特征主要表现为排斥一切外在力量,以自我想法和行动为中心。

(一)引起反抗心理的原因

大学生自我意识的增强是引起反抗心理出现的原因之一。进入大学后,大学生的自我意识在不断增强,他们更关心自己的良好形象,别人看待自己的眼光,追求自由、独立。当他们的这些观点和想法没有被其他人认同,反而遭到家长、老师的阻碍时,那么,一种过于偏激的想法便在脑海中发芽,于是便产生了反抗心理。

大学生思想、行为要求自由独立是他们产生反抗心理的原因之二。大学生进入大学后,远离自己的父母,像鸟儿飞出笼子一样迫切地想要得到自由独立的权利。把父母给予的关爱和学习生活上的叮嘱当作自己的阻碍,把老师和同学提出的建议当作对其的束缚。他们以自我为中心,对任何外界的影响都置之不理并加以排斥。他们认为自己的所作所为已经成熟,不再是小孩子,所以出现了较强的反抗心理。

(二)大学生易出现反抗行为的情况

第一,当自己的想法和观点受到父母或老师的阻碍时易出现反抗行为。大学生内心独立的要求很强烈,但一些父母和老师还没有这种思想准备,仍然把他们当作孩子一样看待,所以出现了反抗行为。

第二,当大学生属于自己的时间或空间受到影响时,易出现反抗行为。

第三,当大学生的愿望或个性伸展受到阻碍时,也易引起反抗行为的出现。

第四,当大学生不愿意接受父母或老师的观点,而被强加接受时,易表现出对亢的倾向。

(三)反抗的具体表现

高职学生的反抗方式有时表现得很强烈,有时表现得很隐蔽,有如下几种表现。

1. 行为简单粗暴、态度坚决

一些高职学生在不愿意接受老师或家长的建议和关心时,其反抗行为的产生是相当快的,犹如突如其来的暴风雨一样。这种反抗心理的速度来得特别快,经常让老师和父母一时无法应对,措手不及。不管当时怎么说服都是没有用的,等到其本人冷静下来后,这种行为的简单粗暴和态度的坚决也随之烟消云散。

2. 不在乎、冷漠

高职学生对事物、人的不在乎和冷漠是反抗心理的隐藏性表现,这种表现不会体现在高职学生的外显行为上,只存在于内隐的意识中。一些性格外向的高职学生可能会出现第一种表现,然而一些性格比较偏激、内向的高职学生则会出现不在乎、冷漠的表现,他们不会采取任何行为,却会表现出一种漠不关心、冷淡的态度。

3.反抗的迁移性①

高职学生反抗行为的迁移性是指,当某个人的某一方面的言行引起了他们的反感时,就倾向于将这种反感及排斥迁移到这个人的方方面面,甚至将这个人全部否定;同样,当某一成人团体中的一个成员不能令他们满意时,他们就倾向于对该团体的所有成员均予以排斥。这种反抗性的迁移常使大学生在是非面前产生困惑,在情绪因素的左右下,他们常常会将一些正确的东西排斥掉,这给他们的成长带来不利。

【故事分享】

<h3 style="text-align:center">斗鸡的心理战术</h3>

周宣王很喜欢观看斗鸡,他的门下有一位专门驯养斗鸡的名叫纪渻子的人。有一天,有人从外地送来一只很强壮的斗鸡给周宣王,周宣王很高兴地将它交给纪渻子。过了几天,周宣王便问道:"几天前交给你的斗鸡,你将它训练得怎么样了? 可以上场比斗了吗?"纪渻子说:"还不可以,因为这只鸡血气方刚,斗志昂扬,还不宜上场。"再过几天,性急的周宣王又问他同样的问题,纪渻子回答说:"还不能上场。因为这只鸡看到其他鸡的影子,就会冲动,所以还不能上场。"又过了几天,周宣王再问。这回,纪渻子便说:"可以了! 因为当它看到其他斗鸡,听到它们的声音时一动不动,它的心已不受外物所动,就像木鸡一样,现在可以上场了!"

于是,周宣王便用这只鸡去参加斗鸡,它一上场就稳稳站立,毫无摆动,即使其他斗鸡在它身边百般挑衅,它仍然无动于衷,以眼睛注视对方,对方被吓得自然后退,没有一只鸡敢向它挑战。

启示:我们要以宽容的心去对待每个人,不要动不动就心浮气躁,以为别人都在与我们作对。例如,当别人对我们的建议或言论提出异议时,不要轻易动怒,应心平气和地聆听,有时则应大智若愚,发挥斗鸡的心理战术,以静制动,注注会取得意想不到的效果。

三、情绪障碍

情绪障碍也可称心境障碍,以显著而持久的心境改变为基本特征。临床症状为:情感高涨、低落、迟钝、冷淡、脆弱、焦虑、恐怖、欣快等。占世界总人口5%的人正在受到情绪障碍的折磨。

(一)以程度变化为主的情绪障碍

1.情绪高涨

情绪高涨的患者会经常面带微笑,自言自语说些心里的高兴事,患者自我感觉良好,就像遇到什么重要节日,整体感觉很愉快。故患者表现出精神良好,精力充沛,整天都没有什么睡意,内心充满幸福感。有时,还会表现出自己很了不起的样子,自我评价过高,以自我为

---

① 林崇德.发展心理学[M].2版.北京:人民教育出版社,2008.

中心。有的患者认为自己能力强,赚钱容易,所以花钱大手大脚,逛街时随意购物。有的情绪高涨患者易激怒,情绪容易波动,遇到一点小事就会激动,一旦说到伤心事,患者就会容易出现哭泣流泪的情况。

2. 情绪低落

情绪低落的患者经常愁眉苦脸,面带焦虑,表情痛苦,看上去没有精神。知道自己精力不足,做事不认真,有时失眠,有时睡眠又过多。总是喜欢独处,不喜欢被打扰,主要是因为患者精力不集中,思维表现迟缓,对与外界交往的人和事变得顾虑重重。而且患者在人和事上没有高兴的感觉,情绪不稳定。自己以前的一些爱好和兴趣都不存在,没有一定的目标。开始对自己和他人持怀疑态度,对自己评价很低,总是贬低自己的能力,自我感觉比实际情况差,自信心不足,有时长吁短叹。严重患者会有自杀倾向,如果思维迟缓、情绪低落、动作减少,不参与任何交流和做事同时存在,那么时间久了会形成抑郁,多见于心境障碍抑郁发作,也可见于器质性和躯体疾病所致精神障碍。

3. 焦虑

焦虑的患者在人和事上缺乏充分的事实根据和客观因素的情况下,对其自身的健康或遇到的其他问题感到烦躁不安、紧张害怕、想法太多,感觉自己就要大祸临头了,不管别人怎么劝说,始终不能从焦虑中走出来。经常会表现出胸闷,莫名的害怕,全身出汗,双手发抖,不由自主地想上厕所等自主神经功能紊乱症状。严重的急性焦虑发作,也称为惊恐发作,患者常常有濒死感、失控感,伴有呼吸困难,心跳加速,手心出汗,尿频尿急等自主神经功能紊乱的症状。惊恐发作一般持续几分钟到半个小时。焦虑和惊恐发作多见于焦虑神经、惊恐障碍。[①]

4. 恐怖

当具有恐怖情绪的患者遇到某些特定的人或某一特定事物时,内心随即会产生一种与自己所处当前情境不符的紧张、害怕的情绪,自己内心明知没有必要,但还是无法摆脱这种情绪。如在人多的地方参加活动,遇到狗或看到一些锐器之类的。当患者脱离这种特定的情境或事物时,其内心深处的紧张、害怕体验会随即消失。经常见于恐惧神经症。

(二)以性质改变为主的情绪障碍

1. 情绪迟钝

情绪迟钝的患者在一般情况下,对遇到的人或事物反应平淡,不会出现情绪的高涨或低落,而且缺乏相应的情绪反应。如,某早年丧母的男性患者,多年来与其父亲相依为命,互相照顾,情深义重。患者有情绪迟钝的表现后对父亲不闻不问,两者的关系变得疏远和冷淡,对其父亲关心体贴的话越来越少,与未病之前相比判若两人。情绪迟钝的患者在病后正常情绪反应减少,一些高级特征更是受到损害,如劳动感、荣誉感、责任感、义务感等。但是也没有达到完全丧失的程度。情绪迟钝多见于精神分裂症早期以及脑器质性精神障碍。

---

① 中国就业培训技术指导中心,中国心理卫生协会.心理咨询师(基础知识)[M].修订版.北京:民族出版社,2012.

2.情绪冷淡

情绪冷淡的患者在遇到一些能引起正常人情绪波动的人或事时,特别是与自己切身利益有密切关系的事情时,缺乏相应的情绪反应。患者对周围的事情漠不关心,表现出情绪呆板,遇事无任何反应,缺乏内心体验。情绪冷淡的患者多见于精神分裂症衰退期和脑器质性精神障碍。

3.情绪颠倒错位

情绪颠倒错位的患者在遇到人或事时,患者的情绪反应与现实刺激不相符,同时表现出不对称。如遇到愉快的事情情绪却表现为闷闷不乐,遇到高兴的事情反而痛哭,有的患者更是情绪反应与思维内容不协调不相符。如患者说到自己受人伤害时,却表现出微笑的表情,面部没有愤怒和痛苦的表情,就像在谈论与自己毫无关系的事情一样。情绪颠倒错位多见于精神分裂症。

(三)脑器质性损害的情绪障碍

1.情绪脆弱

情绪脆弱的患者经常会因为一些微不足道或无关紧要的事情而伤心流泪或高兴激动,自己一时无法克制。情绪脆弱常见于脑动脉硬化性精神障碍,也可见于神经症的神经衰弱等功能性精神障碍。

2.易激怒

易激怒的患者在遇到一些很细小的事情时,很容易引起强烈或激动的情绪反应。如生气、激动、愤怒,有的甚至火冒三丈,持续时间一般比较短暂。易激怒常见于脑器质性精神障碍,如脑动脉硬化性精神障碍,也可见于躁狂状态等功能性精神疾病。

3.强制性哭笑

强制性哭笑的患者在没有遇到任何人或事物等外界因素时,会突然出现无法自控的情绪反应,而且会出现没有一点感染力的面部表情和神态。患者对自己表现出来的情绪反应没有任何的内心体验,也说不出为什么要这样哭和笑。一般多见于脑器质性精神障碍患者。

4.欣快

欣快是在反应迟钝基础上的一种情绪高涨的情绪体验,患者经常面带微笑,但显得单一和刻板。患者都说不清楚自己为什么会高兴,所以常给人以呆傻、愚笨的感觉。欣快可见于麻痹性痴呆和脑动脉硬化性精神障碍。

四、不良情绪的调适

(一)坚持写情绪日记,加强对自己情绪的了解并分析

写日记是一个人良好的行为习惯,我们在日记中会发现自己的优点和自己存在的不足,这样也可以了解自己在情绪方面的问题。大学生应该坚持把自己每天所体验到的情绪写到日记中,这样可以更清晰地了解自己的情绪,并能很好地作出判断。

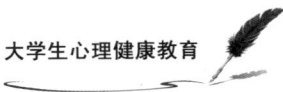

（二）缓和情绪法

大学生的心理已经趋于成熟，能够较为清楚地认识自己。因此，自己能够学会自我调节，使自己的情绪得到一定的控制。下述方法可以适当缓和情绪。

1. 身心放松法

身体和心理是相互关联又彼此影响的，我们应一方面调整自己的呼吸让自己的身体处于自然放松的状态，一方面使自己的心理不能有任何负担。这样可使身体的每个部位都得到解放、头脑保持放松状态，那么在我们不断练习的过程中情绪会得到一定的缓和。

2. 与信任的人谈心

当我们的情绪表现出不稳定时，可以找一个能够听你倾诉的家人、老师、同学谈一谈，这种做法具有缓和、安慰、稳定的作用。此外，也可以寻求学校的心理老师帮忙。

3. 学会转换

当出现情绪问题时，我们可以转移注意力、转变想法。转移注意力和转变想法对情绪的改变是很有效果的，把注意力从当前的事情中和自己当前的思想中转移到一些其他事情上，如下一餐吃什么、出去旅游、最近有什么好看的电影、还有什么工作没有做完等，这样可以避免情绪继续激化。

（三）控制情绪，做自己的主人

情绪是由我们自身产生的，当它出现时我们应该学会主动控制，使自己保持清醒的头脑，不要被不好的情绪所影响。那怎样才能控制情绪呢？第一，我们应该学会对自己的情绪负责并承担相应的责任，而不是采取等待、解释、漠不关心等方法逃避情绪的责任。第二，我们应该清楚地认识自己的情绪并积极地去看待和接纳它，当我们已经认识并允许自己去体验不良情绪时，我们自身的一部分情绪就已经被释放。第三，我们能否做情绪的主人、生活是否感到满足和幸福，与自身遇到的不好情境没有多大的关系，主要还是需要靠我们自己去控制它，去有效地解决它。

补充说明：

情绪表达的一般原则或有效表达情绪的原则。

我们每个人只有自己了解自身目前的感觉时，才能掌握自己的情绪，做自己情绪的主人。当我们遇到事情发生时，可能会引发我们很多情绪，所以，就需要问自己，自身目前有什么样的感觉。只有我们先厘清自己对这件事情的感受如何，到底是愉快、害怕、生气，还是厌恶或难过。等到我们感受到自己的情绪后，我们才有清晰的思维和充足的能力去让别人了解我们。

首先，应该选择适当的时机表达。掌握良好的时机表达是很重要的，对方只有在闲暇和平静时，才能聆听你的感受。其次，应该事先提醒对方，最好要让对方有心理准备。如"有些事情想找你谈谈，或是我心里有些话想跟你谈谈，可以吗？"如果只想让自己表达出来，不需要得到对方的意见或安慰时，可以提前告诉对方。但必要时需要直接告诉对方我们的需求，让对方倾听自己的感受，从而给出自己想知道的建议。

在我们表达时，需要我们清楚具体地表达对方才能更清楚地了解你。表达情感的有效方式是以平静、不带有批判的语言来叙述情感,在表达时不是直接发泄或情绪很激动、语言不清楚地表达,只有将有关情绪的语言表达清楚、具体,才能让对方了解我们的情况。表达情绪一定要说清楚讲明白,如果仅仅只告诉别人自己很生气,很愤怒,那么别人可能不知道你因为什么事情生气为什么会愤怒。所以,在表达情绪时要清清楚楚地告诉对方事情的来龙去脉或前因后果,将特定的情境说清楚。

行为、感觉、理由陈述的使用。正确的情绪表达需要以行为、感觉、理由陈述为主,这种表达只是谈谈你的感受,而不牵涉评断、指控或定论。所谓行为、感觉、理由陈述的表达可以简单地以下列表达形式来说明:"当……时候(行为),我觉得……(感觉)。因为……(理由)"但要注意,不要混淆别人的行为和动机,混淆自己的想法和感觉。此外,表达情绪的目的是分享而不是改变对方,我们无法改变或控制对方,我们只能通过学习来为内心感受找到出口,让对方多了解自己。①

表达正面情绪,也可以促进人与人之间的良好关系,情绪可以分为正面和负面的情绪体验。在人际交往过程中我们或多或少会有一些美好或不开心的感觉,这种情绪是需要告诉对方,让彼此之间有反馈,关系才会更亲密。当然,这样的表达必须是出自内心的感受,赞美或不愿意也必须是出自内心且依据事实的,这样才有好的交流效果,情绪才能得到有效的表达。

(四)合理应对他人情绪

在我们的社会交往中,尊重别人、理解别人和积极地关注别人是不可缺少的一部分。那么我们应该如何应对他人的情绪呢?有下述几个应对方法。

1. 积极倾听

倾听在心理咨询中是一门技术。在我们的日常学习生活中,倾听也是不能缺少的一部分。它说起来很简单,但是想要做好却是非常困难的。当我们在倾听别人的诉说时,包括我们的眼神、动作、感官和思想都应该特别地注意,不仅要听清楚他人所讲,还要清晰地分析出别人所要表达的更深一层的意思。在倾听时我们应该注意:我们的身体应当适度地向诉说者靠拢,与对方保持一定的目光交流,保持轻松、自然、开放的姿势与表情;还要用心去观察对方的一举一动,去发现对方说话时的语气、表情等。

2. 同理心

同理心指的是"将心比心""感同身受",是互相理解、互相包容,也就是自己站在对方的立场体会其感受,了解对方真实的内心感受,并且反馈给对方。因此,当自己在感受他们的情绪时,要学会用自己的内心去体验别人的内心,并且相互之间要有很好的沟通,要让对方知道你的确体验到了他的情绪。

(五)加强有效沟通

青少年时期的高职学生,沟通对于他们来说是一件并不难的事情。

---

① 沙莲香.社会心理学[M].2 版.北京:中国人民大学出版社,2006.

在学习生活中出现的各种不愉快,基本都源自沟通问题,沟通有问题就会导致我们情绪出现问题。那么要解决沟通问题,就需要我们在面对任何人、任何事的时候要坦率,交流要诚恳,也就是能冷静并清楚地说明缘由和不能带有不友好的语气、词语。

经验证明,加强有效沟通对于保持亲密关系和缓解情绪是有效的。即使在和陌生人的沟通中,加强相互之间的交流一样可以使关系变得亲密,使各自的情绪得到对方的肯定。所以,大学生更应该学会通过有效沟通,使自己与同学、朋友、老师、父母建立友好的关系,使自己的大学时光更美好,使自己的情绪得到升华,这样更有利于自我成长。

第四节　良好情绪的培养

当代高职学生产生各种情绪问题的原因是多方面的,包括来自家庭、学校和社会的客观原因,也有大学生受自身身体和心理而产生的主观原因。

一、高职学生产生不良情绪原因的分析

(一)客观原因

在经济的不断发展下,有些家庭已经富裕起来,但仍然有一些家庭还存在一定的经济负担。由于大学生活的多姿多彩,使得一些家庭经济较困难的学生在某些方面不如一些经济条件好的学生,部分家庭经济较困难的学生就很容易出现一些情绪问题。还有一些学生因家庭成员关系处理不当、家庭变故等也会产生情绪问题。如出生在偏远地区的学生,从小就需要为家里减轻一定的劳动负担,而家长对他们的过高期望也会使他们产生很大的心理压力,也就容易出现自卑、痛苦、焦虑等情绪,当他们进入大学后心理上容易产生一定的压力和偏激的想法。

学校环境和社会要求也是高职学生产生情绪问题的原因。由于进入大学后,他们自己的学习时间更多,教师对学生的硬性要求也没有之前那么严格,一些同学表现出了迷茫的状态,一些同学则能很快地适应这种环境。所以迷茫的同学就会产生焦虑、抑郁、嫉妒等多种情绪问题。此外,社会对大学生人才的要求越来越高,工作岗位的适应能力也越来越强,每年高校的毕业人数也不断增加,这些都在无形中加大了他们的心理压力和影响大学生的情绪。

(二)主观原因

高职学生情绪问题产生的主观因素包括个体的生理条件和心理素质两个方面。高职学生生理条件的好坏是由他们的先天遗传和后天培养所决定的,如父母的先天遗传基因和后天自身内涵的不断提高等。个人的身体条件会影响一个人的情绪,如出生即具有残疾或长期患有身体疾病的人常会产生一些消极性情绪。高职学生心理素质的高低也是他们产生情绪问题的重要原因,如个体的能力、心理承受力、思维方式、意志及人格等心理素质。

二、良好情绪的培养

高职学生良好的情绪培养,对于他们人格的完善和身心健康的发展都具有重要作用。

因此,高职学生应当主动培养自己的良好情绪,养成活泼开朗的性格,让自己在大学生活中过得快乐和有意义。

(一)清楚认识自己

1. 了解自我

自己才是自己的主人,没有谁能把你自己打败,除非你允许。因此,要想清楚地了解自己就需要认清自己的优点和不足。了解周围人对自己的评价,加以正确分析。即使周围人对自己有一些负面的认识和评价,自己都要保持清醒的头脑,学会表达自己的情绪。尽管自己知道在某些方面不如其他人,也能够接受,用积极的暗示鼓励自己,每个人并不是完美的,我也有自己的优势。这样才能有一个良好的情绪,使自己更出色。

2. 消除不合理信念①

情绪 ABC 理论认为,不同的个体对于相同的事情会产生完全不同的情绪体验。要消除不合理的信念,关键是要用一个新的信念或者看法代替原来的信念或看法,从而得到新的情绪体验。具体步骤:首先列出可能引起不良情绪的事件;然后找出其中非理性的信念,这些观念主要是以"绝对化""过分化""概括化""灾难化"为特征的观念;接着对非理性观念进行分析,用理性观念代替非理性观念;最后,在合理信念的基础上引发情绪的转变。如当一名大学生考试成绩一般而产生焦虑甚至抑郁的情绪时,首先分析他的不合理信念,即自己在各方面应当是优秀的、出类拔萃的,然后通过一些合理的解释使他认识到"人不可能达到完美,做最好的自己是最重要的",从而可以帮助大学生在遇到情绪困扰时认识自己的不良情绪,而且能使他们保持一种客观、正确的心态,以避免不良情绪的产生。

进入大学后,高职学生自我意识增强,他们希望自己在某些方面获得一定的成就,所以经常会给自己定下一些目标,如为了表现出自己有很强的领导组织能力,便决心一定要在班干部竞选中获选,但是一旦落选,他们就会产生对自己否定的情绪,就会有一定的心理压力,会产生自责、失落的情绪,并使自我价值感降低。所以,高职学生应当具有良好的心态,应该学会识别不合理的信念,树立积极正确的信念,这样才能有积极的情绪去面对下一次挑战。

3. 积极的自我暗示

大学生能够学会在学习生活中通过自我鼓励和自我暗示来培养自己的良好情绪。积极的自我暗示会使自己的情绪、心理和生理得到很好的帮助,发挥自己的主观能动性以战胜自己内心的挫折、恶劣的环境、身体的不适等。法国医学家库埃于 1920 年首次提出了"自我暗示"这一概念,他要求病人不断对自己说"自己每天都在往好的方面发展",从而使一些病人得以康复,他用的方法就是给病人以积极的自我暗示,发挥其主观能动性,培养其良好情绪。

【故事分享】

皮克马利翁效应

皮克马利翁是一位年轻的国王,他倾注全部感情和心血,用象牙雕刻了一位美丽的姑娘,并希望雕像能够变成活人,由于他的热切期望,象牙姑娘果然获得了生命,成了他梦寐以

---

① 张晓舟. 大学生心理健康教育[M]. 武汉:华中师范大学出版社,2013.

求的爱侣,这是一则神话,但心理学家却从中得到了很大的启发。

大学生可以运用积极的自我暗示来放松自己在学习生活中的紧张状态,保持心情舒畅,使不快乐、痛苦的情绪得到缓解。当自己情绪出现问题时,可以一个人在教室或者图书馆坐下来,然后在口中说出:"我很开心""高高兴兴""快快乐乐"之类的话,那么一会儿就会产生对自己肯定的情绪,内心也自然会产生快乐的感受。

大学生在运用自我暗示时需要注意以下几点:①语言简洁且积极、肯定,一般用 3 ~ 5 个字的语句或成语。如"我最棒""我很开心""高高兴兴""快快乐乐"。②环境安静,地点一般选择在教室、图书馆。③运用方式要温和,不能刻意强加。④每一次暗示时重复 3 ~ 5 次最佳。⑤在一段时间内,不要突然改变暗示语,尽量用同一种暗示语。

(二)音乐调节

有研究表明,音乐在调适人的情绪中有重要的作用。学生对音乐可接受度高,然而很多高职学生没有意识到音乐可以作为调节情绪的工具。不同的音乐可以使人产生不同的情绪体验,因此当感觉情绪出现问题时,我们可以听一些舒缓、悠扬的音乐,来释放情绪,让人心情放松。

(三)适度运动

俗话说:"生命在于运动。"高职学生需要加强体育锻炼,运动中身体大量排汗,身体中的有害物质会被排出体外,血液循环会加快,从而促进新陈代谢。因此,运动可以让人忘记烦恼,调节精神紧张,缓解不良情绪。

(四)培养情绪智力①

情绪智力是一个多元化概念,它包括自制力、理解力、领导力、表达力等。

1. 自制力的培养

自制力是一个人驾驭情绪和行为的能力,具有良好自制力的人无论在什么场合,面临什么问题,受到什么样的影响都能始终如一,他可以将自己的情绪、行为控制在预定的范围内,从而牢牢把握学习和生活的正确方向。

心理学家曾做过一个有趣的实验,研究者把一群 4 岁的孩子集中在一个小屋里,并告诉他们,每人可以拿到一朵漂亮的花,但如果谁能等他办完事回来再拿,就可以得到两朵。研究发现,研究者离开小屋后,孩子的表现各不相同,有的孩子等门一关就迫不及待地拿了一朵,而有的孩子则在等待,一直等到研究者回来。对这些孩子进行多年的跟踪研究,发现那些等待研究者回来的孩子更稳重、更可靠,更能适应环境,更受人们欢迎,而那些未等待的孩子则显得固执、孤僻,易受挫折,承受力低,面对竞争时容易退缩,这个实验很好地说明了自制力对一个人的影响。

---

① 中国就业培训技术指导中心,中国心理卫生协会. 心理咨询师(基础知识)[M]. 修订版. 北京:民族出版社,2012.

2. 理解力的培养

理解力是指人们在人际交往中表现出来的理解、认知他人情绪的能力,它是一个人是否恰当、准确地理解他人所传达意图的能力。理解力也称为共情的能力,即指一个人站在对方的立场,从对方的需要出发关注对方的一种能力。心理学家威廉·詹姆斯曾说:"人性深处,无不渴望被赞赏。"任何人无论地位高低,个性如何,内心都有被尊重、被关注、被理解的需求。当一个人传达出对他人的体谅、欣赏与兴趣时,他人不仅会感激他,而且会把他当成可信任的人。

一个人要培养理解力首先要学会倾听,倾听不仅能显示出一个人的修养,而且能显示出这个人对他人的接纳促使他人也产生积极的态度,从而有利于良好人际关系的形成。倾听并非只用耳朵而更需要用心,任何一个表情、动作都会传达出一个人的内心想法,倾听者只有善于用心观察对方,才能更好地理解对方的感情和情绪。

3. 领导力的培养

领导力是一个人有效地影响他人以及开展团队合作所必需的能力,大学生虽然还不能从事管理工作,但在实际生活中可以不同程度地发挥其组织管理才能,大学生可以在学生会、学生社团、班级、宿舍中承担一定的组织、领导和协调职责,开展一些有效的实际服务,从而不断提高自己的管理能力。

4. 表达力的培养

表达力指的是一个人将体验到的情绪有效表达出来的能力。高职学生应努力培养自己表达情绪的能力。因为表达积极的情绪有助于他们增加愉快的体验,提升彼此的信任和了解,从而使他们的人际关系更加和谐。同时,表达消极情绪有利于他们释放紧张和压力,从而促进心理健康。

心理案例

案例一:

刘某,男,20岁,大学二年级学生。身高约1.70米,体貌正常。家住离市区较偏远的某个村里,一家四口人,自己在家中排行老二,姐姐已经出嫁。刘某从小生活在传统家庭里,父母都是普通农民,家庭关系和谐,家人对其爱护有加,从小就要求他做一个懂事讲规矩的好孩子,做任何事情都要做到最好,养成了做事情按部就班、追求完美的习惯。但刘某自幼性格内向,在家周围和学校都不太爱与人交注,学习成绩优秀,深得老师的喜爱和同学的赞扬,周围邻居也常常把他作为自己孩子的榜样。父母为他感到骄傲,经常对其说他是家里的希望,就算父母再苦再累,砸锅卖铁也会供他上完学。目前精神状态主要以多虑、烦躁、情绪低落、觉得对不起父母、精神不振为主。身体状况有偶尔的失眠,也去看过医生,但没有任何问题。社会交注一般,能够进行正常的生活和学习,但效率不高。父母也没有人格障碍和身心问题。

案例二:心理情景剧

转身拥抱阳光

故事简介:赵雨是一名贫困大学生,自卑,却又有着强烈的自尊心,这使她显得浪清高,她的内心开始远离真实的自己,变得冷漠孤僻,细心的室友在相处过程中逐渐注意到她这种心理,安排了一次生日会,化解了她们之间的种种误会。

人物:A 赵雨(贫困大学生)B 王悦然 C 李欣 D 张可可。

道具:椅子、书本、馒头、饭盒、电话、洗面奶、护手霜、蛋糕、字条等。

第一幕

音乐起(3 秒后旁白起)

旁白:伴随大学生活的来临,同学们也进入了新的环境,远离了父母,远离了家乡,远离了熟悉的一切,孤独寂寞的情愫油然升起。

王悦然(边哼着歌边上):啊……就我一人来了啊(有点惆怅,坐下,继续听歌)

(3 秒后李欣上台)

王悦然:Hi,你好啊。你叫什么名字啊?

李欣:你好,我叫李欣,你呢?

王悦然:王悦然。哎,听说你是来自淮安的,那儿的肉丸窨好吃的,我一直都想去尝尝。

李欣:好啊!好啊!随时欢迎,包你吃个够!

(赵雨走进寝室)

李欣:你好啊!

(赵雨低头不语走到自己的床铺整理东西)

王悦然:(凑到李欣耳边)她怎么不说话啊?

李欣:算了,也许陌生,过一阵子就好了,你是从安徽来的,那黄山你一定去过咯?

王悦然:那是,那里的风景漂亮着呢!

(张可可进)

张可可:你们都在啊,我叫张可可,江西人,以后请多多关照啊!

王悦然:(故作严肃)王悦然,女,安徽人。

李欣:(跟着故作严肃)李欣,女,重庆人。

(接着笑成一片,赵雨仍旧做着自己的事情)

张可可:我刚去逛了下学校,挺漂亮的,现在差不多到吃饭的时间了,我们一起去吧!

王悦然,李欣:(一起说)好啊好啊!

张可可:(转向赵雨)你不去吗?

赵雨:(小声说)我叠好了被子再去,你们先去吧。

张可可:好吧,那我们先走了。

第二幕

(食堂)

王悦然:唉,到了这里才知道妈妈做的菜是最好吃的。

李欣:那还用说,家乡菜永远是最好吃的!

张可可:怎么,你们才来就想家了呀?

李欣:嘿嘿,寝室就是我们的家了,等会回去就是了,还用想吗?

(李欣无意中看到赵雨独自坐在不远处)

李欣(指着赵雨):你们看,那不是赵雨吗?

王悦然：她怎么一个人坐那儿啊，我去叫她过来一起吃吧。（走到赵雨身边）赵雨，你什么时候来的？怎么一个人在这儿吃啊？

赵雨（吓了一跳）：啊？我饿了就来了啊。

王悦然（看着她手上的馒头）：你午饭不吃，怎么啃馒头啊？

赵雨：馒头好吃啊，我不喜欢吃饭。（故作轻松地咬了一口馒头）

王悦然：可是中午应该多吃一点啊，一个馒头怎么够啊？

赵雨（不耐烦）：我爱吃什么就吃什么，和你有什么关系，你不去吃饭来这里研究我吃馒头干什么！

王悦然：我没别的意思啊，我是想叫你跟我们一起去吃饭呢，你……

赵雨（打断王悦然的话，非常不耐烦）：行了行了，你回去吃饭吧，我不过去了。

（王悦然一脸郁闷地回到自己的位置）

李欣：怎么了？她好像不高兴啊！

王悦然：她不想过来，大概闻到饭香也会吐吧！

张可可：到底怎么回事啊？

王悦然：算了，我多管闲事，不说了，我们吃饭。

（李欣，王悦然对看了一眼，便低头吃饭，气氛好像被破坏了）

第三幕

（第二天，在学校的林荫道上，王悦然、李欣、张可可有说有笑地边聊天边走路，赵雨一个人走在前面）

张可可：赵雨，不要走那么快啊，我们一起走嘛！

赵雨：哦。（放慢了脚步，跟其他3个人并排走着）

李欣：听说我们的辅导员很幽默呢！

张可可（花痴样）：是吗？长什么样子啊？帅不帅？多大了？

王悦然（笑）：哈哈，你花痴啊，是个女的啦！

（除了赵雨，她们都在笑，赵雨渐渐地落在了后面）

（下课后）

张可可：听那些学姐、学长们说这里的图书馆好大，有很多书呢，一起去看看吗？

王悦然：好啊，我也一直很想见识一下！

李欣：嗯，叫上赵雨吧（四周看了一下）。咦？她人呢？怎么一下课就不见了？

王悦然：估计叫了也不会去吧，我们自己先去好了。

张可可：那走吧！

（赵雨其实是在教学楼的门口等她们出来，而王悦然她们已经从另一边去了图书馆，等了一会儿，赵雨便独自回到了寝室）

（寝室里）

旁白：寝室的空间并不大，赵雨却感觉这是一座偌大的空城，她独自站在中央，站在这快要让人窒息的寂静中，空城里再没有其他人，只充斥着她的寂寞，她的孤独，以及她因寂寞和孤独突然感觉到的恐惧……

（赵雨坐下，拿起电话拨了家里的号码，良久）

（电话接线员：您拨打的用户暂时无法接通，请稍后再拨）

（赵雨失落地放下电话，拿起书随意翻着，这时候李欣她们3个回来了）

李欣：你已经回来了啊，下课后你去哪儿了呀？

（赵雨无力地摇了摇头，似乎懒得说话了）

王悦然（拉过李欣）：算了，她一直都这样，不想说话就算了。

（赵雨起身离开，一转身撞到手里拿着饭盒的张可可，里面的菜汤把张可可溅了一身）

张可可：啊！我的衣服，这个好难洗的！

王悦然：怎么回事，你怎么那么不小心啊！

赵雨（手足无措）：对不起！对不起！我不是故意的……

李欣：先去把衣服换掉吧。

（王悦然3人下场，赵雨独自站在那里愣着）

旁白：接下来的那几天，赵雨仍旧保持着她特有的沉默，其他3人也很识趣地不再主动去找她，路上熙攘的人群中总是看见她一个人低头走着自己的路，似乎她是来自另一个世界的……

第四幕

（寝室内，赵雨在翻书，王、李、张提着一大堆东西进来）

王悦然：好重啊，买太多了。

李欣：我们来看看自己的成果吧。

张可可：还成果呢，手都提肿了，叫你们下次买偏不听。

王悦然：这不是提回来了吗？

李欣：唉，那服务员说这款洗面奶是新上市的，洗过之后脸上会一片清爽。我想试试这效果如何。

张可可：花那么多钱买一瓶新上市的洗面奶多不值啊！我这件衣服才实惠呢。

（拿出衣服）看，是不是既大方又漂亮。

王悦然：不错啊。你们都没买防晒霜、晒后护理、洗面奶之类的吗？这里紫外线这么强，要保护好呀！

李欣：对啊，我都给忘了。下次吧。

张可可：下次记得叫上我，我还想多买几件短袖呢！

王悦然：赵雨，你怎么不去超市买些东西呢？女生可要提早做好夏天的防护工作啊。我发现你好像什么都没买呢！

赵雨：你们买了，我就一定要跟着你们一起买吗？我才不屑用那些东西呢！

王悦然：我又没这么说，只是一番好意而已，你有必要这么冲吗？

赵雨：好意？我看你们就是讽刺。

李欣：赵雨，你不能这么啊。

赵雨：怎么不能呀，你们以为用了这些东西就能变成天仙吗，有钱又怎么样啊。

王悦然：赵雨，你这是什么态度啊？我已经忍你很久了。为什么你总是这种态度呢，要是看不惯我们你就直说啊！

赵雨：我就是看不惯你们，没事装阔，虚伪。（冷笑）什么东西都要炫耀，有意思吗？

王悦然:你别太过分了,你以为你是谁啊? 我们买东西还就犯法了?

赵雨:我不管你们买什么东西,你们也别管我买不买什么东西,我的事情不用你们管!

王悦然:好,你行,你拽,我们吃饱了撑着了才跟你说!

张可可:王悦然、赵雨,你们俩别吵了。干吗为了一点小事吵呢?

王悦然:我受不了了。她一直都这样自命清高,一副高高在上的样子,让人无法忍受,了不起啊。

赵雨:是啊,你们这些有钱人怎么会和我这个穷人在一块! (转身走了)

(王、李、张怔住了)

张可可:原来她家真的很贫困。

李欣:悦然,你刚刚说话确实太冲了点……

王悦然:是她先这样说话的好吧? 我说话根本就没有带讽刺的,她自己要想那么多我能怎么办?

张可可:我知道,她确实敏感了些,但这也不能怪她啊,家里没钱,我们又这样,她自然会有些自卑,我们要谦让嘛。

李欣:话虽如此,但是也不能这样总让着,这样我们不好受她也不会开心的。

(李欣和张可可都看着王悦然)

王悦然:嗯……好吧,好吧,刚刚我确实有些不对,但是她这种性格也不行,我不想天天对着一枚定时炸弹过日子,我们想想办法吧。

张可可(露出笑容):这样就对了,我已经有计划了。

第五幕

旁白:赵雨回到寝室,发现寝室里没有开灯,她觉得自己彻底被这个世界遗弃了,那些幸福的欢笑永远都不会属于她,她还能奢望什么呢? 妈妈还在家里洗衣服吗? 她应该也在思念着这个今天刚满18岁的女儿吧……

(赵雨打开灯,惊讶地发现自己的桌上摆着一个蛋糕,还有一张字条:祝赵雨18岁生日快乐! 王悦然3人从门后走出)

王悦然、李欣、张可可:生日快乐!

赵雨(惊异):你们……

张可可:嘿嘿,我们知道今天是你18岁的生日,在外面不比在家里,只有我们帮你庆祝咯,你就将就下吧!

赵雨:可是我今天……

王悦然:赵雨,对不起,今天是我不对,我这人说话就是不经过大脑,希望你不要介意。我们从来都没有因为你的贫困而歧视你,当然也没有同情你,我们是用平等的眼光去看你。贫困并没有什么,财富是靠自己的双手创造出来的,其实真正该觉得惭愧的是我们自己,我们用着父母的钱,却如此挥霍,也不想想他们赚钱的辛苦……呵呵,总之希望我们以后能互相谅解,你也不要总拒人于千里之外嘛!

赵雨:嗯……我也有不对的地方……

李欣:没事啦,对啦,我一直有个问题想问你呢,你衣服怎么洗得那么干净,都像新的一样!

赵雨(不好意思):呵呵,我也发现你们洗衣服的方法不对,以后我教你们吧!

张可可:哈哈,皆大欢喜了!

(王悦然3人唱起了生日快乐歌,赵雨感动得热泪盈眶,唱歌的声音渐渐变小,旁白在歌声中响起)

旁白:在这一首发自内心唱出来的生日快乐歌中,赵雨觉得自己的心里被什么触动了,不再那么僵硬,连呼吸都变得顺畅。她突然觉得,原来她还有一个家,原来她并不孤独,原来生活并没有遗弃她。

话外音:人生一世,白云悠悠;飘走的是多少沧桑与眼泪。

岁月苦短,泪水流尽;沉淀的又是多少往事与回忆。

人生真的很难,会遇到许多沟沟坎坎,会遇到许多挫折与打击。

孤独无助时真心希望有人来帮我们一把。

然而,在人生旅途上,有许许多多的看客从我们生命的驿站匆匆而过。

不作任何停留,也没有带走一丝云彩,

只有那些命里注定的人会在我们身边停下。

与我们相识,相知,相惜,

与我们成为朋友,

共同搏击人生长河里的激浪。

朋友们,也许你的眼前是一片无止境的阴霾,

也许你常常在孤独中感到绝望和无助,

但是,请回头看看,你会发现有一大片的阳光在等着你转身去拥抱!

心理训练

训练一:

规则一:选择一位不熟悉的同学作为伙伴,彼此盯着看,目光不能转移,同时用嘴大声学动物叫或做动作,至少10秒。

规则二:请挑一位你最熟悉的人作为伙伴,彼此盯着看,目光不能转移,同时用嘴大声学动物叫或做动作,至少10秒。

训练二:

情绪天气

喜	开心　愉快　欢乐　欣喜　扬眉吐气　满足　适意　称心 知足　痛快　狂喜　自在　舒心　激动　动心　甜蜜　从容
怒	气恼　气愤　光火　生气　不满　愤然　激愤　盛怒　震怒 七窍生烟　勃然大怒　愤愤不平　恼羞成怒　怒不可遏
哀	哀伤　悲哀　悲怆　凄然　伤心　伤感　悲痛　痛心　悲愤 痛苦　辛酸　凄惨　肝肠寸断　五脏俱焚　黯然神伤　愧疚
惧	不安　紧张　着急　慌乱　惊愕　害怕　心悸　震惊　后怕 退避　不寒而栗　大惊失色　敬而远之　缩头缩脑　担心

现在,请仔细回想你最近一段时间体验过的情绪,在上表中勾出最符合你情绪体验的词汇。

请将你刚才所选情绪体验补充完整:

当_____,

我感到_____,

因为_____。

训练三:

应对情绪

请补充:

当我感到_____,

我会_____。

心理测量

测试一:

情绪稳定性自评量表

情绪是一个人身心健康的重要标志,有一个稳定的情绪状态可以反映出一个人的身心健康状态。想知道自己的情绪是否稳定吗? 请做一做下面的测试。

该测验共有30道题,每道题都有3种答案供你选择,请选出与自己的实际情况相近的一种答案,对题目中与自己身份、生活不符合的情况,可以不作出选择。

1. 看到自己最近拍摄的照片,你有什么想法? (　　　)

　　A. 完全不称心　　　　　　　B. 觉得很好　　　　　　　C. 觉得还可以

2. 你是否想到若干年后会有什么使自己极为不安的事? (　　　)

　　A. 经常想到　　　　　　　B. 从来没有想过　　　　　　C. 偶尔想到过

3. 你是否被朋友、同事、同学起过绰号或挖苦过? (　　　)

　　A. 这是常有的事　　　　　　B. 从来没有　　　　　　　C. 偶尔有过

4. 你上床以后是否会再次起来,看看门窗是否关好? (　　　)

　　A. 经常如此　　　　　　　B. 从不如此　　　　　　　C. 偶尔如此

5. 你对与你关系最密切的人是否满意? (　　　)

　　A. 不满意　　　　　　　　B. 非常满意　　　　　　　C. 基本满意

6. 在半夜时,你是否会觉得有什么害怕的事? (　　　)

　　A. 经常有　　　　　　　　B. 从来没有　　　　　　　C. 偶尔有

7. 你是否会因梦见可怕的事而惊醒? (　　　)

　　A. 经常　　　　　　　　　B. 从来没有　　　　　　　C. 极少有

8. 你是否曾经有过多次做同一个梦的情况? (　　　)

　　A. 是　　　　　　　　　　B. 否　　　　　　　　　　C. 记不清

9. 是否有一种食物使你吃后呕吐？（　　　）

    A. 是　　　　　　　　　　B. 否　　　　　　　　　　C. 记不清

10. 除去看见的世界外，你心里是否有另外一个世界？（　　　）

    A. 是　　　　　　　　　　B. 否　　　　　　　　　　C. 偶尔是

11. 你是否心里时常觉得你不是现在的父母所生？（　　　）

    A. 是　　　　　　　　　　B. 否　　　　　　　　　　C. 偶尔是

12. 你是否曾感觉有一个人爱你或尊重你？（　　　）

    A. 说不清　　　　　　　　B. 否　　　　　　　　　　C. 是

13. 你是否常常觉得你的家人对你不好，但你又知道他们的确对你很好？（　　　）

    A. 是　　　　　　　　　　B. 否　　　　　　　　　　C. 偶尔是

14. 你是否觉得没有人了解你？（　　　）

    A. 是　　　　　　　　　　B. 否　　　　　　　　　　C. 说不清

15. 早晨起来时，你最常有的感觉是什么？（　　　）

    A. 忧郁　　　　　　　　　B. 快乐　　　　　　　　　C. 说不清楚

16. 每到秋天，你常有的感觉是什么？（　　　）

    A. 秋雨霏霏或枯叶遍地　　B. 秋高气爽或艳阳天　　　C. 不清楚

17. 在高处时，你是否觉得站不稳？（　　　）

    A. 是　　　　　　　　　　B. 否　　　　　　　　　　C. 偶尔是

18. 你平时是否觉得自己很强健？（　　　）

    A. 是　　　　　　　　　　B. 否　　　　　　　　　　C. 不清楚

19. 你是否一回家就把房门关上？（　　　）

    A. 是　　　　　　　　　　B. 否　　　　　　　　　　C. 不清楚

20. 当你坐在房间里把房门关上时，是否觉得心里不安？（　　　）

    A. 是　　　　　　　　　　B. 否　　　　　　　　　　C. 偶尔是

21. 当需要你对一件事情作出决定时，你是否觉得很难？（　　　）

    A. 是　　　　　　　　　　B. 否　　　　　　　　　　C. 偶尔是

22. 你是否常常用抛硬币、玩纸牌、抽签之类的游戏来测凶吉？（　　　）

    A. 是　　　　　　　　　　B. 否　　　　　　　　　　C. 偶尔是

23. 你是否常常因为碰到东西而跌倒？（　　　）

    A. 是　　　　　　　　　　B. 否　　　　　　　　　　C. 偶尔是

24. 你是否需用一个多小时才能入睡，或醒得比你希望的早一个小时？（　　　）

    A. 经常这样　　　　　　　B. 从不这样　　　　　　　C. 偶尔这样

25. 你是否看到、听到或感觉到别人觉察不到的东西？（　　　）

    A. 经常这样　　　　　　　B. 从不这样　　　　　　　C. 偶尔这样

26. 你是否觉得自己有超越常人的能力？（　　　）

    A. 是　　　　　　　　　　B. 否　　　　　　　　　　C. 不清楚

27. 你是否曾经因有人跟着你走而觉得心里不安？（　　　）

    A. 是　　　　　　　　　　B. 否　　　　　　　　　　C. 不清楚

28. 你是否觉得有人在注意你的言行?（　　　）

　　A. 是　　　　　　　　　B. 否　　　　　　　　　C. 不清楚

29. 当你一个人走夜路时,是否觉得前面潜藏着危险?（　　　）

　　A. 是　　　　　　　　　B. 否　　　　　　　　　C. 偶尔

30. 你对别人自杀有什么想法?（　　　）

　　A. 可以理解　　　　　　B. 不可思议　　　　　　C. 不清楚

计分与最后评价方法:

以上各题的答案,凡选 A 得 2 分,选 B 得 0 分,选 C 得 1 分,请你将每题得分相加,算出总分。

根据总分看看下面的结果解释,便可知道你的情绪稳定水平。

结果解释:

总分为:0~20 分,情绪稳定、自信心很强。

　　　　21~40 分,情绪基本稳定,但较为深沉、冷静。

　　　　40 分以上情绪极不稳定,日常烦恼太多。

测试二:

你能否体会到自己的情绪?

人由骨骼、肌肉、血管等一系列组织构成。但你又对构成自己感受的情绪了解多少? 你能否知道自己什么时候快乐,什么时候悲伤? 是否有些情绪是被你深深隐藏起来,从来不敢正视的?

1. 你做错事了,上天惩罚你变成人以外的动物,你想变成下面哪一种动物?（　　　）

　　A. 狗　　　　B. 猫　　　　C. 马　　　　D. 蛇

2. 假如你有能力使某种动物消失,你会选哪一种?（　　　）

　　A. 狮　　　　B. 蛇　　　　C. 鳄鱼　　　　D. 鲨鱼

3. 有一天,你碰上了一种会说人话的动物,你希望是哪一种动物?（　　　）

　　A. 羊　　　　B. 马　　　　C. 兔　　　　D. 鸟

4. 假如你有能力可以驯服所有动物,你会选择哪种动物来当宠物呢?（　　　）

　　A. 恐龙　　　　B. 白老虎　　　　C. 北极熊　　　　D. 豹

5. 假如你有 5 分钟的时间可以当一种动物,你会选择当（　　　）。

　　A. 狮　　　　B. 猫　　　　C. 马　　　　D. 鸽子

解读

1. 你最想展示给世界的形象是（　　　）。

　　A. 狗:忠诚可靠,执着

　　B. 猫:有个性的

　　C. 马:乐观的

　　D. 蛇:圆滑的

2. 你最不喜欢身上的哪种情绪物质?（　　　）

　　A. 狮:骄傲自大

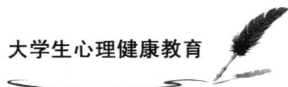

B. 蛇：情绪化，喜怒无常

C. 鳄鱼：无情冷血又爱讽刺人

D. 鲨鱼：不可靠

3. 你希望别人喜欢你哪种情绪物质？（　　　）

    A. 羊：温顺，善解人意

    B. 马：值得信任，同甘共苦

    C. 兔：服从

    D. 鸟：永不放弃

4. 你的安全感如何？（　　　）

    A. 恐龙：安全感很差，你不相信人与人之间的信任与真诚

    B. 白老虎：安全感不错，你相信别人会清楚自己的价值，也相信他们对你的善意

    C. 北极熊：安全感不好，你认为别人都对自己有所图

    D. 豹：安全感一般。你觉得人与人的交注很多时候都是利益的交换

5. 你对爱情的看法是（　　　）。

    A. 狮：你总是渴望爱情，能为爱情做任何事，但你不会轻易坠入情网

    B. 猫：你非常以自我为中心，认为爱情是可以轻易得到和放弃的东西

    C. 马：你不想被固定的关系绑住，你更愿意选择暧昧而非恋爱或婚姻

    D. 鸽子：你认为爱情是两个人互相的承诺

第七章　了解大脑　拥有智慧——能力与智力开发

人脑的潜力是无限的。在未来,一个人的能力及智慧几乎可以决定一切,可以决定个人的物质水平,提高个人的精神水平。从天圆地方到地心说再到相对论,随着人类在知识能力和智慧科技上的提高及对未来的探索,所有当代人所建立起来的知识体系及之前的科学,一定会被后来有能力和智慧的人所借鉴并发现其中的错误及不足,最终用新的知识体系来解决新的问题。在未来,拥有好的能力和智慧是决定个人成功的关键,是我们学习、工作、生活中不可缺少的重要元素。

第一节　能　力

当我们一谈到能力时,总是和个体的某种活动联系起来,并关心其中的表现,所以能力不是抽象的存在。如一个人要有很好的音乐能力,就必须具备听觉分辨能力、节奏感、旋律的记忆力、想象力和感染力等。当有这样的条件时,才能保证在进行某种音乐活动时有一定的音乐能力,才能顺利地活动,取得较好的成绩。

一、能力

能力是指一个人能有效、顺利地完成某种活动所必须具备的心理条件。能力的强弱往往还与个人的性格特点、知识、技能、工作态度、物质条件、健康状况以及人际关系等有关。但是,在这些条件相同的情况下,能力强的人比能力弱的人更能使活动顺利进行,更容易取得成功。

人的能力多种多样,可分为一般能力与特殊能力,液体能力与晶体能力,认知能力、模仿能力、再造能力与创造能力等。其中,一般能力表现在许多基本活动中,如观察力、记忆力、思维力、想象力等,一般能力的综合也就是智力。

二、能力的分类

(一)一般能力和特殊能力

按能力的结构,可以把能力分为一般能力和特殊能力。

一般能力是指个体在完成各种活动时必须具备的最基本能力,也就是平常所说的智力。

特殊能力是指在从事某种特殊专业活动或某种特殊工作时,所表现出来的那种能力,如音乐能力、美术能力等。

(二)液体能力和晶体能力

按个体的天赋和社会文化因素的关系,可以把能力分为液体能力和晶体能力。

液体能力也称液体智力,是指在信息加工和问题解决的过程中所表现出来的能力,它较少依赖文化和知识内容,而取决于个人的天赋。所以,其受教育和文化的影响较少,却与年龄有着密切的关系。20 岁达到顶峰,30 岁以后将随年龄的增长而降低。

晶体能力也称晶体智力,是指获得语言、数学等知识的能力,它取决于后天的学习,与社会有密切的关系。在人的一生中,晶体能力一直在发展,只是在 25 岁后,其发展速度渐趋平缓。

(三)认知能力、操作能力和社会交往能力

按能力所涉及的领域,可以把能力分为认知能力、操作能力和社会交往能力。

认知能力是指认识和感知事物的能力以及获取知识的能力。

操作能力是指个体在完成某项有一定技术难度的活动中所体现出来的能力,且需要用肢体来完成的,如体操表演、游泳、艺术表演、手工刺绣等。

社会交往能力是指个体在社会交往中需要用到的能力,如沟通技能、语言交流能力、语言感染力、组织管理能力、协调能力等。

(四)模仿能力、再造能力和创造能力

按创造程度可以把能力分为模仿能力、再造能力和创造能力。

模仿能力是指个体在自己的观察与认知下,能有效地模仿出他人的一举一动、神态等相似的能力。

再造能力是指个体能够遵循现有的模式或程序,并能掌握其中的知识和技能的能力。

创造能力是指个体在自己的思考和努力下能够运用已有的知识经验和技能,创造出别人没有发现的理论和规律以及新方法的能力。

三、能力与知识、技能的区别

首先,能力不是知识和技能,但与知识和技能有着密不可分的联系。能力是掌握知识和技能的基础,决定着掌握知识和技能的多少、程度等。

没有一定的艺术能力就不能顺利地掌握绘画的知识和技能与艺术的审美。艺术能力比较低,想在绘画上取得优异成绩是比较困难的。如果两个人掌握了同等水平的知识和技能,那么也不能说他们的能力是相同的。有可能是因为两个人的年龄不同,从事这种知识和技能学习的时间不同,或者两个人知识和经验的基础不同,达到同样的知识和技能水平所需要付出的努力也不同。所以,不能简单地把知识和技能当作标准,来比较人们的能力高低。[①]

其次,能力是在掌握知识、技能的过程中形成和发展起来的。例如,学生在掌握知识的同时,也就学会了思维能力和操作技能,从而激发了智力;学生在掌握绘画技能的同时,也就

---

① 朱智贤.儿童教育心理学讲话[M].北京:北京师范大学出版社,1981.

形成了绘画能力。

总之,在掌握知识和技能的过程中,能力也得到了发展,所以能力与知识和技能又有着密切的联系。

四、能力发展的个体差异

(一)能力发展水平的差异

能力发展水平有高低的差异,但就全人类来说,能力的个体差异呈正态分布。能力水平的高低并不是决定一个人成就大小的唯一因素,因为能力高的人在学习生活中不一定会有好的发展,而能力水平一般的人,有可能在经过其他方面的弥补之后,会有更好的发展。因此,一个人的能力水平是一个人在学习生活中创造成就的基本条件。除此之外,个体要想获得很好的发展,其机遇和个人的性格品质、努力程度等也是重要条件。我们很难设想一个能力一般且比较胆小的人能克服心里重重压力和身体条件,在攀岩活动中取得很好的成绩。

(二)能力类型的差异

人们在不同能力类型上表现出的差异包括感知能力、想象力以及特殊能力等。有的在感觉温度变化时很敏感,但在对某种花的香味感知时却不行;有的听觉很好,但视觉模糊;有的记忆力强,但想象力差;有的善于分析,但不善于整理;有的音乐能力更强,但对绘画一窍不通。如一个富有成就的小说家和一个数学家,很难判断谁比谁的能力更强,因为小说家可能上学时数学不及格,数学家叙述一件事可能平淡无味,更谈不上说得生动了,让他写小说大概是不会受到读者的欢迎的。

(三)能力发展早晚的差异

有的人很小就表现出与同龄人不一般的能力,在同龄人中表现得非常聪明,能过目不忘、能写诗,有极高的运算能力等。人们把这种人称为"早慧"或"神童"。然而有一些人直到年纪大了才能有一点作为,就是通常说的"大器晚成"。大器晚成的人有可能是因为家庭环境不好而没有得到良好的教育或自身不够努力,没有抓住较好的机会,也可能是因为成长道路比较坎坷受到一定的阻碍,还有可能是因为需要长期的知识准备和积累才能激发出更好的能力。

五、影响能力发展的因素

能力的强弱不是一个人与生俱来的,它与自身的遗传、后天成长的环境和所受的教育有密切关系。心理发展历来就有遗传决定和环境决定的争论,对影响能力发展的因素也有同样的争论。但是,目前看来持绝对的遗传观点和绝对的环境以及教育程度观点的人已经没有了。我们所要了解的已经不是遗传、环境及教育影响能力发展的问题,而是要知道它们对能力的发展起到了怎样的作用,以及在能力发展中是怎样相互影响的问题。

(一)遗传的因素

遗传是指个体在父母身上遗传下来的,具有与父母相似的形态结构和生理特性的现象。

遗传是通过父母的基因来实现的。父母自身的能力强弱,不一定都会通过基因遗传给下一代,但是也会影响个体在成长中能力好坏的发展。

影响能力发展的遗传因素,主要是指一个人的素质,或称天赋,即一个人生来具有的解剖生理特点,包括他的感觉器官、运动器官以及神经系统构造和机能的特点。素质是能力发展的自然基础和前提。

(二)环境因素的影响

环境因素包括个体正常发育的物质条件,个体的家庭环境,个体所在学校的环境以及他所处的社会环境。环境条件的好坏决定了一个人在遗传的基础上,先天能力的发展程度。

个体在母亲体内正常发育的基本物质条件是营养需要得到充分保障。一个人身体的各个器官和神经系统在母亲体内都处在不断成长、不断发育过程中,出生前后如果缺乏必要的营养,那么将会影响婴儿时期身体器官和脑的发育,也必将影响智力的正常发展。同时,疾病和药物也是影响个体发育的重要因素,长大后,个体本身的疾病也会影响其身体、能力的正常发育,而且母亲怀孕期间患病和服用药物,也会对胎儿造成严重的影响。

个体在成长过程中,成长环境的刺激也是影响其能力发展的重要因素。个体从小生活的环境,接触的人和事都对其有一定的影响。如母亲对孩子科学的哺育和爱抚,家人和谐,周围环境的优劣,与其他人的交往,特别是父母与孩子的交往等。早期的环境影响更为重要,如果个体从小离开父母,由其他人代养或是在动物哺养下长大,那么成人后即使回到父母身边、回到社会,其智力发展也难以恢复到正常人的水平。

(三)教育因素的影响

家庭教育和学校教育对个体能力的发展也表现出至关重要的作用。父母在个体的成长过程中,应该培养孩子的基本能力,如动手能力、语言能力、观察能力等。这样可使孩子在成长中不断加强这些基本能力,从而为以后的学校教育打下良好的基础。学校教育是对个体进行的有计划、有组织、有影响的培养。学校不仅培养个体掌握知识和技能的能力,而且更多地培养他们的思维能力、创造能力、想象能力和健全的人格。学校教育是通过个体自身在学习中、活动中不断挖掘自己内在的能力,让隐藏在身体内部的能力尽可能地被挖掘出来。

良好的社会经济条件和社会环境是能力发展的肥沃土壤,温馨的家庭氛围是能力发展的基石,而教育则是能力发展的钥匙。

六、研究遗传因素和环境影响因素的方法

关于遗传因素对能力发展的影响,早期最有影响的是英国学者高尔顿进行的研究。高尔顿用的是谱系调查的方法,他选了977位名人,研究了他们的谱系,再与普通人家作对比。结果发现:在名人组中,父辈是名人的,子辈中的名人也多;在普通人组中,父辈中没有名人的,子辈中只有一个名人。他根据这一系列的研究得出结论,天才的上代能生育出天才的子孙,遗传是能力发展的决定因素。这项调查结果证明,遗传因素在谱系中对能力发展是有一定的影响,但是也不能说明环境对能力没有影响。

然而,利用同卵双生子研究遗传对能力发展的影响比较有说服力,因为同卵双生子在父母身上得到的遗传基因是相同的,他们能力上的差异是环境因素影响的。

调查养子、养女与亲生父母和养父母能力发展的关系,是研究环境因素对能力发展影响的一种较好的方法。由于养子、养女很小就进入收养家庭,与在自身父母身边不同,相当于换了一个成长环境。随着养子、养女的长大与生父母、养父母以及与在原来家庭成长的兄弟、姐妹之间在能力发展上的关系与差别,说明了环境因素对能力发展的影响。[①]

七、遗传因素和环境因素的相互关系

根据遗传因素和环境因素造成能力上的差异,有心理学家计算了遗传因素对能力发展的影响。在许多国家,包括在我国的某些地区,用这种方法对遗传力所做的估计,其数值范围为 0.35~0.65。这一结果说明,遗传力对能力发展的影响并不是很大。[②]

研究还表明,个体从父母身上得到的遗传基因的多少、好坏的不同,在相同的环境中其能力发展也会有不同。得到遗传基因较多且较好的人,其能力发展的可塑范围就会很大,环境对他的影响也大。相反,得到的遗传基因较少且一般的人,他的遗传条件就限制了他能力或智力的发展,环境能够起到的作用也相对比较小。

第二节　智　力

智力一词是经常被提到的,小时候父母会经常夸我们很聪明,隐藏的意思就是我们智力很好。所以智力也是经常被用来评价一个人能力强弱的标准。

一、智力的概念

智力是个体能顺利完成某种活动所必需的各种认知能力的有机结合,是个人有目的的行动、合理的思考、有效应付环境的一种综合能力。

那么当我们一提到智力时,自然也会联想到一些与智力相关的词语,如知识、技能等。知识是一个人在自己成长的过程中对经验的积累和不断的学习,而技能是通过个体在反复练习中获得和巩固下来的,用来完成一些活动的动作和方法。

二、智力研究的现状

关于智力的发展,心理学家们进行了很多研究。早在 20 世纪 30 年代,桑代克曾绘制过学习能力与年龄关系的曲线,他指出:学习能力到 23 岁左右达到最高峰,并可以持续到 45 岁,但 45 岁以后,学习能力就会出现明显下降。布卢姆 1964 年根据自己对 1 000 名被试的跟踪研究,提出了智力发展假说,受到了心理学研究者重视,并在世界范围内掀起了一股重视幼儿早期教育的热潮。他认为,如果把一个人的智力,以 17 岁的水平作为 100%,那么,4 岁之前就可达到 50%,4~8 岁又增长 30%,剩余的 20% 是 8~17 岁获得的,图 7-1 为布卢姆

① 侯玉波,田林.遗传与环境在人类行为发展中的作用[J].北京社会科学,2001(2):156.
② 林崇德.发展心理学[M].2 版.北京:人民教育出版社,2008.

143

智力年龄曲线。[①]

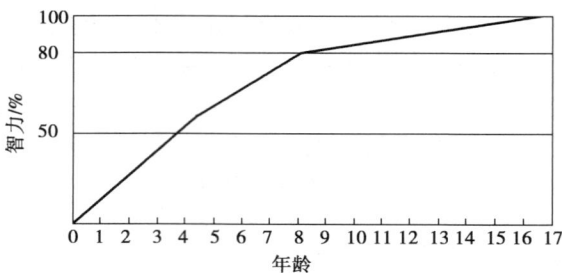

图 7-1　布卢姆智力年龄曲线图

　　智力是随年龄的变化而变化的。美国心理学家贝利(Bayley)1969 年的研究最有代表性,他用 3 种智力量表,对同一组被试从出生开始追踪考察了 36 年,根据结果,绘制出智力成长的年龄曲线,如图 7-2 所示。

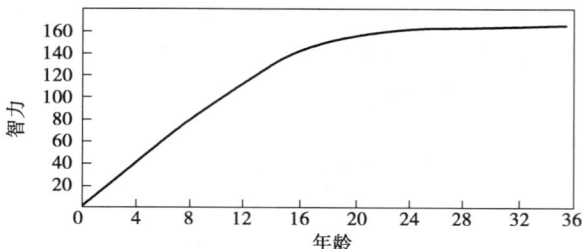

图 7-2　智力年龄曲线图

　　该研究表明,智力在 12 岁以前发展是呈直线上升的,以后开始缓慢增长,到 22 岁时达到最高,之后到 30 多岁处于平稳时期,之后开始下降。所以,一般智力增长曲线从总体上看呈负加速度增长的趋势,不同性质的智力衰退速度也是不一样的。如手和眼睛的协调、反应速度和动手操作一般从 30 岁开始表现出衰退现象,到 55 岁左右便加速衰退等。

　　各年龄段能力的变化见表 7-1。

表 7-1　各年龄段能力的变化

年　龄	10 ~ 17	18 ~ 29	30 ~ 49	50 ~ 69	70 ~ 89
知　觉	100	95	93	76	46
记　忆	95	100	92	83	55
比较、判断	72	90	100	87	67
动作、反应速度	88	100	97	92	71
合　计	355	385	382	338	239

三、个体差异与智力

　　每个人的智力是完全不同的,所以其个体差异必然存在,并表现在实践活动中。一般来

---

① 蔡笑岳,邢强. 智力心理学[M]. 广州:暨南大学出版社,2012.

说,个体的智力差异主要存在两个方面:一是智力的分类。才能好的智力就好,也有才能好的但智力一般,还有才能好的智力差,这就是智力的分类。二是智力比例在人类群体中的分布。

(一)智力的分类

美国心理学家推孟把智力从高到低分为了9类,见表7-2。

表 7-2　智力的分类

智　商	类　别
140 以上	天才
120～140	上智
110～120	聪颖
90～110	中才
80～90	迟钝
70～80	近愚
50～70	低能
25～50	无能
25 以下	白痴

(二)智力差异的分布

韦克斯勒(D. Wechsler)参照上述分类对智力的差异进行了研究分析,见表7-3。

表 7-3　智力分类及其分布

智　商	类　别	百分比	
		理论分布	实际样组
130 以上	优秀	2.2	2.3
120～129	优秀(上智)	6.7	7.4
110～119	中上(聪明)	16.1	16.5
90～109	中等	50.0	49.4
80～89	中下(迟钝)	16.1	16.2
70～79	低能边缘	6.7	6.0
70 以下	智力缺陷	2.2	2.2

四、影响智力发展的因素

人与人智力发展水平存在着差异,有的人聪明,有的人比较迟钝,造成这种差异的原因究竟是什么呢? 人的智力发展受到多种因素的影响和制约,归纳起来有以下几个方面的因素。

(一)遗传方面的因素

遗传方面的因素主要是指遗传素质,也就是从父母那里得到的生物状态和解剖生理特征。遗传素质是智力发展的生物前提,是制约和影响智力发展的重要因素,没有正常的先天素质,就没有智力,更谈不上智力发展。但是,我们不能片面夸大遗传素质在智力发展中的作用,大量调查表明,除极少数人在遗传素质方面有着严重缺陷外,绝大多数人在遗传方面并不存在多大的差异。少数学生由于对自己所学的知识不理解,记不住,学习成绩不断下降,就责怪自己天分低,天生的脑子笨,逐渐产生了自卑感,丧失了学习的信心和勇气。其实只要对自己的学习进行一番认真的思考和总结,不难找到学习状况不佳的原因,或者是学习方法不对,或者是学习基础太差,或者是主观努力不够等,而绝不是天生的脑子笨。

(二)环境方面的因素

环境方面的因素主要是社会环境的影响和学校教育的作用。人总是生活在一定的环境中,并受到环境的影响,人的智力是在一定的环境和教育的影响下,通过自己的实践活动发展起来的。这里所说的环境是指自然环境和社会环境,这两种环境相比较,社会环境对智力发展的影响更大。总的来说,遗传素质为智力发展提供的可能性,在一定程度上转化为现实。社会环境又可以分为宏观和微观两种:宏观环境是指人生活的历史时代、社会制度、生产力发展状况以及社会科学文化发展水平等;微观环境包括家庭、亲戚朋友、居住条件等,微观环境对智力发展的影响不容忽视,其中家庭教育,特别是家庭的早期智力开发,对智力发展的影响尤为突出。在社会环境中,学校对学生来说,是人特设的环境,它根据一定的教育目的,通过严密组织,运用科学的措施和方法,按照一定的程序,循序渐进地对学生施加教育和影响,因而学校教育对学生的影响更集中、更科学、更有针对性。

总之,遗传素质为智力的发展提供了可能性,而环境和教育则把这种可能性变为智力发展的现实性。

(三)生活方面的因素

一些生活因素对人的智力发展也有很大影响。

①睡眠不足。睡眠是让大脑休息的最主要的方法,孩子因学业负担过重或贪玩而熬夜,使脑神经细胞的兴奋和抑制平衡遭到破坏,从而会使大脑的发育和正常功能的发挥受到影响,对孩子的智力发展极为不利。

②忽视早餐。孩子整个上午的体力和脑力的消耗能否得到补充,与早餐的质与量有很大的关系。少吃或不吃早餐的孩子,其智能的发展会受到很大限制。

③运动不足。运动可促进血液循环和新陈代谢,反之,运动不足,则大脑供血欠佳,脑细胞和智力的发展受到影响。

④爱吃甜食。不少孩子特别爱吃甜食,如果吃甜食过量,其大脑发育就变得迟缓。

⑤经常便秘。经常便秘的孩子会出现思维迟钝、注意力不集中和记忆力下降等智力发育障碍的表现。

⑥头发过长。头发所需的营养均来自脑部,如头发过长,其消耗的营养必然增多,脑部

便会出现营养危机,大脑的正常活动就会受到限制。

(四)实践活动和个性品质的影响

实践活动的顺利完成可以使一个人的智力发展得到一定的提高。如果一个人只是待在自己的空间里,不参加一些社会实践活动,即便有再好的素质,良好的环境和教育以及生活习惯,智力也是难以发展起来的。关于这一点,我国古代思想家王充早就指出"施用累能",即能力是在使用中积累的。他说,齐的都城世代刺绣,那里的平常女子都能刺绣;襄地传统织锦,即使不聪明的女子也变成了巧妇。这是因为天天看到,时时学习,手自然就熟练了。王充还提出"科用累能",即从事不同职业的活动就积累了不同的能力。他说,谈论种田,农夫的能力高于一般人;谈论做买卖,商人的能力强于一般人。大量的事实证明,艺术家的绘画能力只有在不断的绘画实践活动中才能逐渐形成和发展,而一个人的科研能力也只有在科研实践活动中才能形成和发展且得到体现。如果一个人不参加实践活动,就谈不上智力的形成和发展。

除了参加一些实践活动外,在实践活动中一个人表现出来的优良个性品质对其智力的发展也是具有重要作用的。比如在活动中表现出来的动机,活动中的积极勤奋,活动中谦虚的言行和坚强的毅力等都有助于智力的形成和发展。以高职学生的学习动机为例,在同一个班上,选出平时表现都很好的学生,用同样的老师,讲同样的内容,并且在讲完后出一张同样的试卷让大家在相同的环境中完成,最后得到的结果是不相同的。有的同学能完成得很好,且和老师讲的内容很相近;相反,有的却表现得不是那么理想。那么出现这种结果的原因是什么呢?完成得很好的同学,具有强烈的学习动机,渴望从老师那儿获得更多的知识,就会积累更多的知识,从而提高学习和解题的能力,智力发展也会得到一定的促进,表现结果不好的学生却是缺乏强烈的学习动机,在知识的渴望方面不是那么积极,这样在以后的智力发展中会受到一定的影响。

五、学生智力发展应具备的条件

(一)早期教育不可忽视

研究证明,孩子大脑的发育一般在 5 岁左右和 13 岁左右是加速时期。所以儿童在出生后的 5 年内,家长若没有运用好的措施和适宜孩子大脑发育的方法,就会使智力的发展受到影响。如果让孩子处于良好的早期教育环境中,那么对其智力发展是有帮助的。因为幼年是最容易受到外界事物影响的时期,也是智力发展最快的时期。所以在孩子幼年时期得到好的教育,拥有和谐的家庭环境,是智力发展的必要保障。

(二)非智力因素的培养

非智力因素是指感知、意志、性格以及情感等因素,它对智力发展有重大作用。我们常常可以看到,一个智力水平很高的人,如果他的非智力因素没有得到很好的发展,往往不会有多大的成就;反之,一个智力水平中等的人,如果他的非智力因素得到了充分发展,主观上努力奋斗,也会取得很大的成就。由此可见,如果缺乏非智力因素,即使是天才也不会有很大的成就。成就很高的人,必须具有良好的智力因素和非智力因素。所以为了发展学生的智力,必须有目的、有计划地重视培养他们的非智力因素。

(三)积极参加课外活动

个体的智力发展离不开教育。而学校是个体智力发展的一个基地,老师是学生智力发展和非智力因素的引导者。学校多组织课外活动如课外讨论小组、小型集体活动、科技竞赛等。让学生参与其中,并充分发挥他们的想象力和动手能力,有利于学生智力的发展。

第三节　智力测验与智力特殊者

智力测验是个体希望更加清楚地了解自己、认识自己的必然要求。我国古代的刘昼就提出"使左手画方,右手画圆"的智力测验游戏。这实际上是全世界有记载的最早的智力测验方法,而发展到今天,魔方、七巧板、九连环等也成了众所周知的智力游戏。

一、智力测验

在西方,英国生物学家高尔顿于19世纪80年代进行的行为个别差异研究可以看作是智力测验工作的开端,他以感官敏锐度为指标,以视觉的好坏与听觉的灵敏判断为试题,进行测量并推估智力的高低。直到19世纪末科学心理学兴起后,心理学家们放弃了高尔顿的生理功能取向,转而从心理取向来鉴别人类的智力。

(一)比纳—西蒙智力量表与心理年龄

世界上第一个智力测验的出现是在1905年,是由法国心理学家比纳和西蒙共同编制的,被后人称为比纳—西蒙智力量表。该量表共有30个题目,按照难度由小到大的顺序排列,以通过题目数的多少作为鉴别智力高低的标准。直到1908年做了首次修订,把题目增加到58题,并按年龄段分组,而且适用于3~13岁的儿童。如果该年龄组60%~90%的孩子都能通过某项测试,那么他们就认为该项测试适合于该年龄组的正常儿童。

该量表在1911年进行了修改,包含下列项目:

0~3岁:能指出自己的鼻子、眼睛和嘴巴,需要说出两位数字,说出图画中的物体,说出自己的姓氏,还需要读出一个由6个音节组成的句子。

3~6岁:可以清楚地分出早上和傍晚,说出一些物品的用途(如筷子是用来吃饭的)。能够照样子画出一个正方形,在图画中指出画得丑的脸和好看的脸。

6~9岁:能够定义物品的更高用途或含义(如筷子是一种进餐工具)。可以分辨出9种钱币的价值。能把月份依次说出来,可以回答简单的问题(如错过自己要坐的车应怎么办?——等下一班车)。

9~12岁:理解力增强,可以抵抗暗示(让孩子看4对不同长度的线条,然后问每对中哪一根长些;最后一对线条的长度是一样的)。用3个给出的词语组成一句通顺的句子。3分钟内能说出60个英语单词。可以对3个具有抽象意义的词进行定义(公平、正义、善良)。

由以上可以看出,比纳—西蒙智力量表为智力测验编制奠定了基础,在理论意义上,"心理年龄"这一概念是比纳—西蒙智力量表首次提出来的。他们首先将量表的题目由易到难进行年龄分组,然后再根据儿童在做量表时,能够通过的题目层次及题目数来确定其心理年龄。直到今天,心理年龄这一概念在心理测验的编制上仍然还在继续使用。在实践上,智力的高低是通过比纳—西蒙智力量表上的语文、算数和常识等题目的完成程度和取得的成绩来推断的,也具有一定的事实依据,符合正常标准,并且在教育意义上也具有重要的推动作用。

(二)斯坦福—比纳智力量表与智商

比纳—西蒙智力量表提出后,这一消息立即传至世界各国,特别是在美国的改进使其更为适用。其中以推孟在斯坦福大学先后4次修订而成的斯坦福—比纳智力量表最为出名。该量表包含很多项分测验,每一项分测验适合一个特定的心理年龄,比纳—西蒙智力量表修订为斯坦福—比纳智力量表后,最大的改变是将原来表示智力高低的心理年龄用智力商数来表示。智商(简称IQ)是一个人的心理年龄(MA)与其实足年龄(CA)的比值,因而也称为比率智商。智商计算公式如下:

$$智商(IQ) = \frac{心理年龄(MA)}{实足年龄(CA)} \times 100$$

例如:某儿童实足年龄为8岁2个月,如以月数表示,他的实足年龄即为98个月,即CA = 98。设该童接受斯坦福—比纳智力量表后的成绩是:通过8岁组的全部题目,其基本心理年龄得96个月,通过9岁组的4个题目,再加8个月;通过10岁组的2个题目,再加4个月,11岁组(及以后)的题目全未通过。总计该童成绩,其心理年龄计为108个月,即MA = 108。按智商公式计算智商为110。

智商等于心理年龄与实足年龄的比值,所以智商为100的人,其智力相当于他的同龄人的一般水平,属于中等智力,智商高于100,表明智力属于中等以上或更优秀;智商低于100,则表明智力中等以下或智力较差。在一般人口中,智商呈正态分布,即中等智力水平的人居多数,最优秀和智力落后两极端的为少数人,见表7-4。

表7-4　IQ的意义及其在全人口中的分布

IQ	文字说明	百分比%
139 以上	最优秀	1
120～139	优秀	11
110～119	中上	18
90～109	中等	46
80～89	中下	15
70～79	临界	6
70 以下	智力落后	3

研究表明,斯坦福—比纳智力量表其信度是令人满意的,对正常人群来说,发育迟滞者和天才人群都能提供准确的IQ估计。在我国第一次修订斯坦福—比纳智力量表的是陆志伟(1924),之后陆志伟和吴天敏进行了第二次修订(1936),吴天敏进行了第三次修订(1982)。现在,斯坦福—比纳智力量表已成为当代应用范围较广且具有较高权威的个别智力测验。[①]

---

① 黄希庭.心理学导论[M].2版.北京:人民教育出版社,2007.

二、心理测量需要达到的条件

心理测量是依据已有的心理学理论,采用某种方法将人的特定行为反应数量化,并据此推论与这些行为相应的心理水平的过程,心理测量的对象可以是智力、性格、兴趣、动机等各种心理特质。智力测验属于心理测量,在讨论智力测验之前必须先介绍心理测量的必备条件。

(一)信度

信度是指一个测验所测得的分数的可靠性或稳定性,一个测验反复测量某种东西,其结果是一致的,那么这个测量是可靠的。我们之所以可以相信尺子,是因为它能给出同样的测量,无论是今天用或是明天用,无论是木匠用还是裁缝用。同尺子一样,心理测量技术只有当它反复测量并能给出相同的结果时才是可靠的。当一个测验具有信度时,用它测量可一个人在不同的时间里所测得的分数几乎是相同的。

(二)效度

效度是指一个测验欲测量某种心理特征的准确程度,一个有效度的测验,测量的结果必然是该测验要测的东西。任何一种测量工具都有一定的目的和使用范围。如尺是用来测量长度的,秤是用来测量质量的,用秤来测量质量是有效的,用它来测量长度便是无效的。同样,智力测验只能用来测量智力,用它来测量性格,那便是无效的。因此,在使用测验时,一定要预先了解测验的功能和它的适用范围。

确定一个测验效度的方法,通常是以一群人在该测验上的得分和另一个效度标准求相关,以其相关系数的大小来表示效度。以智力测验为例,通常用下列方法来确定一个智力测验的效度:①与标准的智力测验求相关,一般是与斯坦福—比纳量表相比较,求其相关系数。因为斯坦福—比纳量表是被以往的研究所肯定了的。②与学生在校的成绩求相关。因为在条件(如年龄、环境等)相同的情况下,聪明者比愚笨者的作业成绩要好。

有效度的测验能测量出我们要测的东西,它所测量的东西显然不是随意可变的。因此,有效度的测量也常常具有信度,但是,有信度的测验不一定有效度。例如,测量脑袋的大小作为智力的高低,这种测量是很有信度的,因为用一根皮尺以同样的方法每次测量的结果都是相同的,但是脑袋的大小不是智力的有效测量,因为它与学生成就或智力测验的得分之间没有任何联系。

(三)常模

个人接受测验所得到的分数是原始分数,它本身并没有实际意义,只有把它同别人在该测验上得到的分数进行比较,才能判断其优劣高低。为了使原始分数有意义,同时了使不同的原始分数可以比较,在编制测验时必须建立解释原始分数的参照标准,这种作为参照标准的分数就是常模。

常模的建立是一个相当复杂的过程,一般经过下列几个步骤:先是根据测验适用对象的某种特质,如年龄、性别或受教育水平等确定一个总体;然后从具有这些特质的总体中随机抽取一群被试作为样本,实施测验;对样本施测后所得的分数加以统计整理,得出平均值和标准差等统计量,即可作为该总体在该项测验上的常模。

测验编制大多会为不同年龄、性别或受教育等的总体建立几组常模,以作为不同被试的比较标准,心理测验中常见的常模有以年龄为样本建立的年龄常模(几乎所有的智力测验都有一组年龄常模);有以地区为样本建立的地区性常模和以全国为样本建立的全国性常模。

除了信度、效度和常模,在实施测验时还必须遵守一定的程序,包括如何发卷、收卷,如何对被试说明,如何解答问题,如何控制时间,如何计分等,这些都必须在测验手册中明确加以规定。

三、情绪智力[①]

20 世纪 90 年代初,美国心理学家沙洛维和梅耶首次把情绪智力从人类智慧中分离出来,并把它界定为社会智能的一种类型。情绪智力和加德纳的多种智力理论中的社交智力和自我认识智力有密切的联系,可以说它们是情绪智力的前身。针对社会上的一些片面认识,梅耶和沙洛维对情绪智力的内容与结构进行了修订,认为情绪智力包括 4 个主要成分:准确和适当的知觉、评价和表达情感的能力;运用情感、促进思考的能力;理解和分析情感、有效地运用情感知识的能力;调节情绪,以促进情感和智力发展的能力。这一定义反映了情感在智力功能中有重要的积极作用,即情感可以使思维更敏捷、灵活。

目前,研究者已编制了一些测验 EQ 的工具。如梅耶对 503 名成年人和 229 名青少年进行了多因素情绪智力的测定,该量表要求被试对一系列情感问题提出解决办法。如确定一种情景会产生何种情绪。参加者的回答由专家和所有完成量表的人来评价。结果表明,EQ 值与 IQ 值只是略有相关,表明 EQ 所测的是与传统 IQ 不同的能力。而且成年人的 EQ 得分较年轻人高,说明 EQ 包含更多后天训练成分。另外,女性的情绪知觉显著优于男性。

情绪智力的提出获得了大量的佐证,引起了强烈的社会反响。情绪智力被誉为"划时代的心智革命"和"20 世纪最重要的心理科学研究成果",这也许存在着夸张的一面。但在教育、管理、商业等领域的确产生了积极的影响。并且,情绪智力作为传统智力相对应的概念,正在广泛为人们所接受。

通过上述对智力结构理论的探讨可以看出,心理学家关于智力问题的意见还很不一致,目前还没有定论,但心理学的深入研究,情绪智力会被更深入地认识和运用。

四、智力特殊者[②]

智力特殊者是指在与正常智力者相比中,其智力或低于或高于正常智力的人。智商高于 130 或低于 70 的人我们可以分别称他们为天资聪慧者或智力缺陷者。在 20 世纪初比纳首创智力测验后,很多心理学家就开始研究智力特殊者,他们想把这些智力特殊者从正常智力者中分别出来,并给他们施加特殊教育。天资聪慧的人在教育上一向受到重视,而有智力缺陷的人需要得到更多的帮助。

---

① 郭德俊,赵丽琴. 情绪智力探析[J]. 首都师范大学学报:社科版,1998(1):123-127.
② 黄希庭. 心理学导论[M]. 2 版. 北京:人民教育出版社,2007.

(一)智力超常者

智力超常者也就是我们平常所说的"神童"或"天才"。他们的智力发展从小就比同龄人快且具有突出的表现,或具有某方面的特殊才能。20 世纪初推孟把智商达到或超过 140 的儿童称为天才儿童,而天才儿童的说法主要是用智商分数来说明的。在以后的研究中,有些心理学家还认为天才儿童应该具有创造力,且还包括像卓越的领导能力、数学能力、音乐能力等特殊才能。我国心理学家和一些教育家把这类儿童称为超常儿童,认为超常儿童的心理结构中不仅包含智力和创造力,也包含一些非智力特征。

超常儿童被一些人称为神童或天才,其实并不神秘。良好的家庭条件和和谐的环境再加上优越的自然素质,是超常儿童发展的环境和物质基础。当然,儿童的智力发展速度是不均衡的,遗传素质对智力的影响也是不可小看的。早在 20 世纪 20 年代,平特纳的研究证明,儿童从出生到 5 岁是智力发展最快的时期。而布卢姆认为,如果我们以 17 岁所达到的普通智力水平作为 100,那么儿童从出生到 4 岁的智力就已经获得了 50%,从 4 岁到 8 岁获得 30%,而最后的 20% 则是在 8 ~ 12 岁获得的。根据以上这些,我们可以得出儿童的早期阶段智力发展是较快的,并且对以后的发展有很大的影响。卓越的遗传素质和良好的早期教育是超常儿童成长的主要条件。但家长也不能用拔苗助长的教育方式来培养孩子,不能违背孩子自然的成长规律。

当然,超常儿童今后能否在事业上有非凡的成就,还依存于许多条件。在 1950 年时,推孟的 800 名男性被试中,有 78 人得到了博士学位,51 人在自然科学或工程学方面进行基础理论研究,104 人担任工程师,科学家中有 47 人编入 1949 年版《美国科学家年鉴》。所有以上数字和从总人口中任意选取 800 个相应年龄的人相比较,几乎大 10 ~ 20 倍甚至 30 倍。但他也发现全体被试中约有 20% 的人没有超出一般人的成就,只有不到一半的妇女参加了工作。他对 800 名男性被试中成就最大的 20% 和成就最小的 20% 的人进行了比较研究。发现在这两组人中,最明显的差异是个性特点不同。成就最大者在谨慎、自信、不屈不挠、进取心、坚持性、不自卑等个性品质上,明显地优于成就最小者。其次是家庭背景不同,前者 50% 的家长大学毕业,家中有许多书籍,家长重视教育;后者只有 15% 的家长大学毕业。可见,超常儿童能否在事业上有所成就,在很大程度上取决于社会生活条件、家庭环境及其个性特点。

(二)智力缺陷者

智力缺陷者也称为智力不足,是指智商在 70 以下的人。智力不足并不是某一种心理过程的破坏,而是各种心理能力低于正常值,其明显的特征是智力低下和社会适应不良。智能不足又可分为 3 个等级。轻度:智商在 50 ~ 70,表现为生活能自理,能从事简单劳动,在应付新奇复杂的环境时有一定困难,学习有困难,很难领会在学习中遇到的抽象科目。中度:智商 25 ~ 50,生活能半自理,动作基本可以或部分有障碍,只能说简单的字或极少的生活用语。重度:智商 25 以下,生活不能自理,行动、说话都有困难。

造成智能不足的原因很多。大多数智能不足者都不是生理疾病所致,过去也未有过脑损伤的病史,他们大多健康良好,智能不足的程度也较为轻微。这些人的父母智力水平往往也较低,家庭中缺乏良好的学习环境。或者在成长过程中营养条件较差,这些可能是造成这一类型智力落后的原因。比较严重的智能不足大多是由疾病、中毒、内分泌失调和母体疾病所致。由疾病引起的较典型的智力落后有唐氏综合征、苯酮尿症等。唐氏综合征患者脑袋小而圆，宽而扁，眼睛狭斜，鼻梁塌扁，舌尖厚且突出在外，身材短小，五指短小，智力大多低下。唐氏综合征患者通常为年龄大的母亲所生。20多岁的母亲生出的婴儿患此病的概率为0.1%。40岁以上的母亲所生出的婴儿患此病的概率高达2%。唐氏综合征不是遗传病，而是母体内的卵子长期暴露在体内环境中受到损害，出现额外的染色体（47个染色体）之故。患苯酮尿症的智力落后者是由苯酮尿新陈代谢失常而引起的。其特征是头发和皮肤因为缺乏色素而呈白色，大多数属重度智力不足者。如果早期发现，喂以低苯丙氨酸食物可防止其恶化。

在区别智能不足儿童时，必须要用可靠的智力检验工具，以确定其是否是真正的智能不足以及低能的程度。智能不足儿童由于其心理缺陷，无法与正常儿童随班上课，必须接受特殊教育。

第四节　问题解决的途径

问题解决是人类学习活动的高级形式，一种非常复杂的思维活动过程。事实上每个人都是问题的解决者。人类的文明史，从火的发明到宇宙飞船上天，都是解决问题的结果。

一、问题解决的含义

（一）问题的定义

在日常生活和工作中，人们随时都会遇到各种各样的问题，并不断地去解决它们。要详细了解问题解决的过程，首先应了解到底什么是问题。从认知心理学的观点来看，人们把问题定义为：给定信息和要达到的目标之间有某些障碍需要被克服的刺激情境。其实就是个体不能用已有的知识经验直接处理当前所遇到的疑难情境。

事实上，任何问题都包括四个基本的成分。一是目的，就是想要做什么。一种情境可能有许多目的，也可能只有一种目的；目的可能很明确，也可能很模糊。教学情境中的大多数问题目的是相当明确的。二是个体已有的知识。这是指个体在问题情境一开始就已具备的知识技能。三是存在的障碍。即解决问题的过程中遇到的种种需解决的因素。四是解决的方法。个体可以用来解决问题的程序和步骤。在问题解决的过程中，人们选择的方法常常会受到多种因素的制约，比如能力、知识、工具等。

某一情境或事件是否成为问题，取决于个体主观的认知与感受，对缺乏某种知识经验的人可能是问题，而对知识经验丰富的人则未必是问题；对勤于思考、善于钻研的人是问题，对满足现状、不思进取者则未必是问题。

（二）问题的分类

现实生活中的问题是多种多样的，研究者倾向于把问题分为以下两类。

1. 结构不良的问题

结构不良的问题,指问题情境不明确,各种影响因素不确定,不易找出解答线索的问题。此类问题在实际中经常遇到,也容易使人感到困惑,如怎样培养学生的创新意识? 如何依据学生心理发展的规律实施有效的教学? 这些都是重要但又无确切的、唯一正确答案的问题。

2. 结构良好的问题

结构良好的问题是指问题情境和目的明确,个体只要按照一定的思维模式就可获得问题的答案。如有的教科书上的练习题多属于结构良好的问题。

(三)问题解决的含义

问题解决是指个人因一定问题的出现,经过一系列有目的的认知操作,并从问题出现的原始状态到问题已经解决的最终目标状态,最后使问题得到解决的过程。

不管问题出现的领域是否相同,问题情境怎样,解决问题的难易程度怎样,解决问题都有一些共同的特点。一是解决新的问题,即所遇到的问题是第一次遇到的问题。如果不是第一次遇到的问题,那么就不是新问题的解决。二是在解决问题时,需要我们把已有的知识和经验重新梳理一遍,运用到问题解决中去。所以,最先获得的知识和技能为新问题的解决奠定了基础。三是问题一旦被解决,个人的能力或情绪等会随之而改变。在解决问题中学习到的新知识和新技能会保存在大脑中,在我们以后遇到同样的问题时,只需要在记忆中把它提取出来便可以解决,不会再成为新问题了。所以解决问题是一种更为高级的学习活动过程。

解决问题的构成是由处理问题时的心理活动和行为构成。其中包括思维能力和认知能力,也包含个人情感和动机成分,还涉及行为和行动成分。例如,学生上课听讲是认知成分,听讲的认真程度是情感成分,把学习内容记下来是行为成分。其中,情感成分是动力系统,它不仅对认知成分起到推动或阻碍的作用,而且也制约着行为成分能否得以实施。

问题解决也分为两种:一种是创造性问题的解决,它是通过个人运用自身的全部知识和技能,来解决不确定的、没有把握性的问题的过程。如一些专利发明。另一种是常规性问题的解决,它是通过用常规的知识和技能,来解决确定的、有固定答案的问题的过程。如通过学习书上的内容,来回答相应的问题等。

二、问题解决的过程

关于问题解决的具体过程,很多教育学家和心理学家都有自己的观点和看法。但综合各家的观点和看法,我们认为问题解决有以下几个过程。

(一)发现问题

解决问题的前提是发现问题,知道问题是什么样的,才能开始逐步地去解决它。发现问题就是发现阻碍的过程,这就需要运用我们个人的思维能力。发现问题是解决一个新问题的开始。

发现与提出问题需具有以下条件:第一,态度端正,认真负责。一个做任何事态度端正的人和认真负责的人,总是会发现一些问题。人的活动积极性越高,其社会责任感就越强,再加上态度端正和认真负责,那么发现的问题就会越多。第二,人思维活动的积极性需要被激发。思维不活跃，不善于思考的人和墨守成规的人是很难发现和提出问题的。勤于思考、善于钻研的人，才能从遇到的事件中发现问题的关键所在。苹果落地现象让牛顿发现万有引力，巴甫洛夫发现狗长时间被食物吸引会自然地分泌唾液。这些都是思维能力好，勤于观察发现的结果。第三，兴趣爱好和求知欲望。有强烈求知欲望的人能发现别人不能发现的问题。他们不会局限于自己已经获得的答案，而会在兴趣的基础上继续往更深的方面思考。第四，个人的知识和技能储备程度。对知识和技能掌握得越多，在遇到事情时，在知识和技能的配合下，就会发现不一样的问题。

（二）分析、理解问题

分析、理解问题是指在解决问题的过程中，运用已经获得的知识和技能对已经发现的问题给予推敲和思考，找出主要阻碍的过程。

我们在分析和理解问题之前，必须要对问题的基本情况进行全面的了解，并在此基础上，把整个问题分解成若干个比较小的问题，使它的难度降低，再通过比较分析，找出关键的阻碍，才能把问题解决得更好。对基本情况不熟悉，会影响我们的思维活动，使问题的难度反而加大，不便于问题的解决。当然对小问题的归类，也是对分析和理解问题有必要帮助的。小问题归类后，我们的目标更具有指向性，便于更有选择地运用已有的知识和技能来解决当前的困难。

因此，一个人的知识丰富程度和技能熟练程度，对问题解决具有至关重要的作用。分析问题和理解问题在很大程度上都会运用到已有的知识和技能。知识储存越丰富，技能越熟悉，对分析问题和理解问题越有利。

（三）找出解决办法

我们发现问题后，在分析和理解的基础上提出一个能解决问题的方法。解决方法是依靠分析和理解得出的，也可以是运用已有的知识和经验创新出来的。所以，解决方法多种多样，是自身各种元素的整合。

（四）梳理信息

一旦我们提出的方法或预定的方法要实施时，就要把所有我们知道的有用信息在自己的思维中梳理一遍，以便帮助问题解决。然而，在整个问题解决过程中，信息的梳理是在不断进行的，它会随着我们问题的解决步骤不断发生变化，还具有一定的针对性，目的是要让问题得到有效的解决。

（五）资源的利用

在遇到一些特殊问题时，可能会影响问题的有效解决。因为资源的不足或条件受限，让问题不容易得到解决。所以，我们要充分利用有限的资源，并把它分配到问题的各个关键点上去，以便问题的解决。

（六）监督

监督贯穿于问题解决的全过程。从问题解决过程开始就对过程进行监督，检查自己所做的每一个决定和每一个想法是否一步步地接近问题解决的目标。包括对时间的花费度、人力、物力等的监督。监督能使我们在问题解决的过程中及时发现错误或有效避开错误,当发现错误时可以及时调整。

(七)评价

在解决问题的过程中还应该对所完成的每一步进行及时的评价,这样才能使问题解决得更完美。如在起草了论文后,很可能要对初稿进行多次评价,加以修改和校对。一般评价都会对下一步起到很好的作用,通过评价,可能发现新问题,也可能对原先的问题进行重新定义,也可能会发现新的办法,对后面的完成起到有利作用。因此,当问题解决出现一个新局面并开始新一轮循环时,这次问题解决的循环便完成了。

三、影响问题解决的因素

(一)问题特征

问题特征是影响问题解决的因素之一。当问题出现后,大脑会对问题的全部情况进行信息的分析和理解,并对它做出判断。所以一般问题特征比较简单的,解决起来就会比较容易。相反,问题特征有一定的难度,则需要进一步的思考。

(二)原有知识经验和技能

原有知识经验和技能也是影响问题解决的因素。在解决某一问题时,如果掌握与之有关的知识和技能越多,那么在解决问题时就会越容易,成功解决的可能性就会越大。实践证明,学习成绩比较优异的学生,他们大脑中储存的知识和技能会很多;而成绩比较差的学生,他们的大脑中储存的知识和技能就少于成绩优异的学生。可以说,拥有某一领域的丰富的知识经验是有效地解决问题的基础。但是一个人有很丰富的知识和熟练的技能,若不能在头脑中顺利地梳理或以杂乱无章的方式储存,对问题解决也没有帮助。所以,知识经验在头脑中的储存方式也影响着问题能否有效地解决。

(三)思维定式

思维定式是指个体原有的思维活动在遇到问题后在心理形成的准备状态,它对我们以后遇到相同的问题有正向推动或反向阻碍的作用。思维定式常常是意识不到的,它对问题解决既有积极的影响,也有消极的影响。如解决一般性问题时,定式可能会起到促进作用,而对特殊性的问题,定式很可能会阻碍问题的解决。最开始研究定式在解决问题中的作用的是梅尔。在他的实验中,对部分被试利用指导语给予指向性的暗示,对另一些被试不给予指向性暗示。结果,前者绝大多数被试能解决问题,而后者则几乎没有一个能解决问题。[①]

(四)功能固着

功能固着一词,是由德国心理学家邓克尔首先提出的。功能固着是指个体在已有思维

---

① 黄希庭.心理学导论[M].2版.北京:人民教育出版社,2007.

或经验中,当看到某一个物品有一般的用途后,在已有思维或经验的影响下,就很难看出该物品的其他新用途。功能固着使个体倾向于用习惯的方式去运用物品,从而妨碍以新的方式去运用它来解决问题。这是一种特殊类型的定式。

功能固着也是思维活动刻板现象。如在日常生活中经常碰到的,硬币好像只有一种用途,很少想到它还能用于导电;衣服好像也只有一种用途,很少想到它可用于扑灭火灾。

(五)智力水平

智力水平是解决影响问题的极重要因素。智力水平高的学生,解决问题较易取得成功,智力水平低的学生,解决问题较易遭受失败。这是因为智力中的判断推理能力、理解力、记忆力、信息加工能力和分析能力都影响着问题解决。智力水平高的人可以及时察觉解决问题方法的可行性,当他们在解决比较困难的问题时,更会调动自己的各方面资源,让问题得到更好的解决。

(六)动机

一个人在解决问题时体现出来的动机强度,对问题的解决是有一定影响的。当个体在思维中和行为上表现出比较强的动机和需要时,那么他在解决问题的时候,就会以积极和正确的态度去寻找问题解决的方法。但是在我们遇到问题时,总是对问题持漠不关心的态度或逃避,那么遇到的问题是得不到解决的。但动机太过于强烈,人处于高度的焦虑状态也会阻碍问题的解决。只有在适中的动机下才能更好地完成问题解决,过高或过低的动机对问题解决都有影响。

(七)人格

个体的人格差异也会影响解决问题的效果。理想远大、意志坚强、自尊、自信、自立、自强等优良的人格品质都会提高解决问题的效果。而缺乏理想、意志薄弱、骄傲懒惰、缺乏自尊、自卑等消极的人格特点都会妨碍问题的解决。

综上所述,影响问题解决的因素是多方面的。它们不是孤立地起作用,而是互相作用、互相影响问题解决的过程。

四、问题解决的途径

大学生在学习生活中,会遇到各种各样的问题,那么怎样才能高效地解决问题,使大学时光过得愉快而有意义。我们认为以下几种方法可以帮助大家有效地解决问题。

(一)提高学生知识的储存量

知识储存的多少是有效解决问题的基础。大学生可以学会用一些记忆法或其他方法来获得更多的知识,学生应该跟从老师的指导,有计划、有目的地完成老师交给的任务。在完成的过程中,运用正确的识记方法,将解决问题的知识储存在自己的大脑中。还要合理地安排时间复习,养成自我监督的学习习惯等。

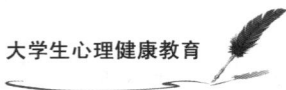

（二）对问题的全面了解

深刻领会和理解问题的基本情况，并从不同角度、不同方面去看待问题，让问题的关键呈现在我们面前。

（三）关联自身知识，建立知识网络

问题解决经常是综合应用各种知识的过程，知识之间的有机联系是保证正确地解决问题的基础。为此，高职学生要有意识地和老师、同学加强沟通，增加课内外的知识，参加各种课内外活动，丰富大学课余生活。把积累起来的知识和技能，在自己身上建立起良好的网络结构，并运用到以后遇到的新问题中。

（四）加强各种练习的机会

在学习和生活中，为提高解决问题的能力，大学生应多接受老师的指导，自己的努力练习。正确掌握练习的速度，保证练习的质量，明确练习的目的和要求，增强学习动机，调动自己主动参与学习的积极性。

（五）养成善于思考的习惯

在遇到问题时，应该学会积极面对，而不该绕道而行，让问题继续存在。遇到问题时，要保持清醒的头脑，集中自身的思维能力和判断能力，学会主动地思考。所以，在遇到问题时，大学生应多角度进行思考，并对自己进行自我审视，培养自己的创造思维能力，使问题得到有效解决。

总之，大学生在学习和生活中，要学会用良好的心态去面对问题和发现问题，并调动自身的元素去解决问题，养成良好的问题解决习惯，这样才能使自己在以后的工作、生活中表现得更突出。

心理案例

张某，男，19岁，某大学一年级学生。从小生活在农村，父母都在外地务工，没有任何身体疾病和精神问题。父母对他的关心不够，几乎一个月才打电话联系一次，但都说不了几句话。喜欢打游戏，爱好写作。张某性格比较内向，平时与老师、同学交流较少，下课后一段不知道该做什么，没有一定的目标，只能在宿舍睡觉或打游戏。张某为家中的独生子，从小父母对张某要求严格，希望长大后能有一定的能力。张某从小学到高中都有老师的帮助，成绩一直都很好，其父母也经常喜欢在周围邻居面前炫耀自己的儿子。直到进入大学后，由于属于自己的时间和空间变多，大学老师不像高中老师管理那么严格，所以感到自己很迷茫，没有目标，还不能适应现在的大学生活。因此感到很无助很烦恼。

心理训练

训练一：

筷子的神力

思考：把一根筷子插入装着米的杯子中，然后将筷子上提，筷子会把米和杯子提起吗？

材料：塑料杯一个、米一杯、竹筷子一根。

操作：（1）将米倒满塑料杯。

（2）用手将杯子里的米按一按。

（3）用手按住米，从手指缝间插入筷子。

（4）用手轻轻提起筷子，杯子和米一起被提起来了。

讲解：

由于杯内米粒之间的挤压，使杯内的空气被挤出来，杯子外面的压力大于杯内的压力，使筷子和米粒之间紧紧地结合在一起，所以筷子就能将盛米的杯子提起来。

训练二：

瓶子赛跑

思考：装有沙子和装有水的两个同等重量的瓶子从一个高度滚下来，谁先到达终点？

材料：同等大小、重量相等的瓶子两个，沙子，水，长方形木板一块，两本厚书。

操作：（1）用长方形木板和两本书搭成一个斜坡。

（2）将水倒入另一个瓶子中，将沙子倒入瓶子中。

（3）把两只瓶子放在木板上，在同一起始高度让两只瓶子同时向下滚。

（4）装水的瓶子比装沙子的瓶子提前到达终点。

讲解：

沙子对瓶子内壁的摩擦比水对瓶子内壁的摩擦要大得多，而且沙子之间还会有摩擦，因此它的下滑速度比装水的瓶子要慢。

创造：将瓶子里的物质换一换，再让它们比比赛吧！

训练三：

神奇的牙签

思考：放在水里的牙签，会随着放在水里的方糖游动，还是随着放在水里的肥皂游动？

材料：牙签、一盆清水、肥皂、方糖。

操作：（1）把牙签小心地放在水面上。

（2）把方糖放入水盆中离牙签较远的地方，牙签会向方糖方向移动。

（3）换一盆水，把牙签小心地放在水面上，现在把肥皂放入水盆中离牙签较近的地方。牙签会远离肥皂。

讲解：

当你把方糖放入水盆的中心时,方糖会吸收一些水分,所以会有很小的水流注方糖的方向流,而牙签也跟着水流移动。但是,当你把肥皂投入水盆中时,水盆边的表面张力比较强,所以会把牙签向外拉。

创造:请你试一试,如果将方糖和肥皂换成其他物质,牙签会向哪个方向移动?

心理测量

考试焦虑自我检查表

为了帮助一些学生准确地把握自己在考试焦虑方面是否存在问题,准备了这份考试焦虑自我检测表。请你仔细阅读每一道题目,看看它能否反映出你在应试时的经验。

如果是的话,就在题目左边的横线上打"√";如果不是的话,则无须做任何标记。一定要如实地作答。不要花太长时间思考。要尽可能回答你看完题目后的第一印象。

1. _____ 我希望不用参加考试就能取得成功。

2. _____ 在某一考试中取得好分数,似乎不能增加我在其他考试中的自信心。

3. _____ 人们(家里人、朋友等)都期待我在考试中取得成功。

4. _____ 考试期间,有时我会产生许多对答题毫无帮助的莫名其妙的想法。

5. _____ 重大考试前后,我不想吃东西。

6. _____ 对喜欢向学生搞突然袭击考试的教师,我总感到害怕。

7. _____ 在我看来,考试过程似乎不应搞得太正规,因为那样容易使人紧张。

8. _____ 一般来说,考试成绩好的人将来必定在社会上取得更好的地位。

9. _____ 重大考试之前或考试期间,我常常会想到其他人比自己强得多。

10. _____ 如果我考差了,即使自己不会老是记挂着它,也会担心别人对自己的评价。

11. _____ 对考试结果的担忧,在考试前妨碍我准备,在考试中干扰我答题。

12. _____ 面临一场必须参加的重大考试,我会紧张得睡不好觉。

13. _____ 考试时,如果监考人来回走动注视着我,我便无法答卷。

14. _____ 如果考试被废除,我想我的功课实际上会学得更好。

15. _____ 当了解到考试结果的好坏将在一定程度上影响我的前途时,我会心烦意乱。

16. _____ 我知道,如果自己能集中精神,考试时我便能超过大多数人。

17. _____ 如果我考得不好,人们将对我的能力产生怀疑。

18. _____ 我似乎从来没有对应试进行过充分的准备。

19. _____ 考试前,我身体不能放松。

20. _____ 面对重大考试,我的大脑好像凝固了一样。

21. _____ 考试中的噪声(如日光灯的影响、送暖气或送冷气的声音、其他应试者发出的声音等)使我烦恼。

22. _____ 考试前,我有一种空虚、不安的感觉。

23. _____ 考试使我对自己能否达到目标产生了怀疑。

24. _____ 考试实际上并不能反映出一个人对知识掌握得究竟如何。

25. _____ 如果考试得了低分数,我不愿把自己的确切分数告诉任何人。

26. _____ 考试前,我常感到需要再充实一些知识。

27. _____ 重大考试之前,我的胃不舒服。

28. _____ 有时,在参加一次重要考试的时候,一想起某些消极的东西,我似乎都要垮了。

29. _____ 在即将得知考试结果之前,我会感到十分焦虑或不安。

30. _____ 但愿我能找到一个不需要考试便能被录用的工作。

31. _____ 假如在这次考试中我考得不好,我想这意味着自己并不像原来想象的那样聪明。

32. _____ 如我的考试分数低,我父母亲将会感到非常失望。

33. _____ 对考试的焦虑心情使我不想认真准备了,而这种想法又使我更加焦虑。

34. _____ 应试时我常常发现自己的手指在哆嗦,或双腿直打战。

35. _____ 考试过后,我常常感到自己应考得更好些。

36. _____ 考试时我情绪紧张,妨碍了注意力的集中。

37. _____ 在某些考题上我费劲越多,脑子也就越乱。

38. _____ 如果我考差了,且不说别人会对我有看法,就是我自己也会失去信心。

39. _____ 应试时,我身体某些部位肌肉很紧张。

40. _____ 考试前,我感到缺乏信心,精神紧张。

41. _____ 如果我的考试分数低,我的朋友们会对我感到失望。

42. _____ 在考前,我所存在的问题之一是不能确认自己是否做好了准备。

43. _____ 当我必须参加一次确实很重要的考试时,我常常感到全身恐慌。

44. _____ 我希望主考人能够察觉,参加考试的某些人比另一些人更为紧张,我还希望主考人在评价考试结果的时候,能对此加以考虑。

45. _____ 我宁愿写篇论文,也不愿参加考试。

46. _____ 公布我的考分之前,我很想知道别人考得怎样。

47. _____ 如果我得了低分数,我认识的某些人将会感到快活,这使我心烦意乱。

48. _____ 我想,如果我能单独进行考试,或者没有时限压力的话,那么,我的成绩便会好得多。

49. _____ 考试成绩直接关系到我的前途和命运。

50. _____ 考试期间,有时我非常紧张,以至于忘记了自己本来知道的东西。

考试焦虑自我检测表的内容归类与所属题目序号

类 别	测查内容	题目序号
考试焦虑的来源(原因)	1. 担心考差了他人对自己的评价	3,10,17,25,32,41,46,47
	2. 担心对个人的自我形象形成威胁	2,9,16,24,31,38,40
	3. 担心未来的前途	1,8,15,23,30,49
	4. 担心对应试准备不足	6,11,18,26,33,42
考试焦虑的表现	1. 身体反应	5,12,19,27,34,39,43
	2. 思维阻抑	4,13,20,21,28,35,36,37,48,50
其他	一般性的考试焦虑	7,14,22,29,44,45

第八章　象牙塔里的爱情——恋爱心理

爱情是正值青春年华的大学生们最感兴趣、最想探究的话题。恋爱也是大学校园里的一道风景线，让其他未恋爱的学生向往不已。尽管大学生已经是成年人了，但在对待爱情方面还是显得稚嫩，需要引导，以树立正确的恋爱观。

【故事分享】

失恋后他选择自杀

遭到女友拒绝后，某高校大一学生21岁的小柯（化名）独自在海边徘徊了好久，最终跳海自杀。昨天，这个消息在校园里传开后，许多同学不禁为小柯惋惜，"如果小柯有一个乐观的心态，也许悲剧不会发生""如果小柯在心情郁闷时，找同学或是心理辅导老师聊聊，可能他将不会选择轻生""如果小柯想想抚养他20多年的父母从此将陷入悲痛的深渊，他也许不会这样轻率"……

"在人的一生中，失恋是一种人生体验，大学生们，你们要经受起失恋的'考验'。"心理专家接受记者采访时说，"他真不应该这样做。"小柯的同学说，"小柯平时很乐观，但最近两周，他的举止有些异常，经常单独待在宿舍，还时常流泪"。与小柯要好的同学后来得知，小柯这样是因为与女友分手了。4月23日下午，小柯离开校园，直到晚上也没回宿舍。学校立即派出师生四处寻找，最后在王家麦岛的海滩上发现了已经自杀身亡的小柯。"小柯的父母得知此事后赶到学校，刚见到小柯，就哭昏了过去。"一名同学说。

第一节　爱情是什么

爱情是美好的，人人都向往之；爱情是神秘的，人人想探寻之；爱情是带刺的，人人都可能被刺伤。爱情是人生中必须面对的，不管你愿不愿意或者是否谈过恋爱，都会有人为尔心动，那么时下高职学生的恋爱观是怎样的，有什么样的特点呢？

一、爱情的定义

有一天，柏拉图问老师苏格拉底什么是爱情？老师就让他先到麦田里去，摘一颗全麦田里最大最金黄的麦穗来，其间只能摘一次，并且只可向前走，不能回头。

柏拉图于是按照老师说的去做了。结果他两手空空地走出了田地。老师问他为什么摘不到？

他说：因为只能摘一次，又不能走回头路，其间即使见到最大最金黄的，因为不知前面是否有更好的，所以没有摘；走到前面时，又发觉总不及之前见到的好，原来最大最金黄的麦穗早已错过了，于是我什么也没摘。

老师说:这就是"爱情"。

爱情的本质是什么? 精神分析学派创始人弗洛伊德认为,爱情的目的就是性的结合和性欲的满足;而柏拉图认为,爱情与性欲并没关系,仅仅是男女在精神上的融合,而与性没有任何关系;马克思认为,爱情的自然基础就是人的生物本性,有性欲和性爱的表现,性爱表现为对恋人的相貌、体态、肤色、音色等生理方面的吸引和爱恋,对恋人个性特征如兴趣、爱好、理想、信念、人生观、价值观、性格、气质等社会属性的认同和欣赏。因此,爱情是性爱和情爱的结合,自然属性是爱情的前提条件,社会属性是爱情根本的决定性因素。

爱情就是一对男女基于一定的社会基础和共同的生活理想,互相爱慕并渴望对方成为自己终身伴侣的一种强烈的、纯真的、专一的感情。爱情的本质就是人的社会属性和自然属性相结合的异性间的感情。

二、爱情的特点

爱情是复杂的、美好的,也是圣洁的、崇高的,爱情也是人与人之间特定的社会关系,具有社会性和自然性,具备如下特点。

(一)排他性

相恋的彼此,都希望对方心里只有自己一个人,否则就会闹矛盾。不希望看到自己的恋人跟其他的异性交往或者有亲密的举动;希望随时都与恋人在一起,一旦不知晓对方的去处,就要打破砂锅问到底,人也变得小气,斤斤计较。

(二)平等性

恋人双方是平等的,没有高低贵贱之分,不会因为家境优越就高人一等,不会因为能力强就了不起,不会因为是家里的独子就像太上皇。有一对恋人,因为女孩比男孩大几个月,女孩是农村的,男孩是官宦子弟,在恋爱中,女孩给男孩洗衣服,给男孩买早餐,用自己家教挣来的钱给男孩买衣服,可最后男孩还是抛弃了她,因为男孩觉得女孩没个性,只以他为中心。这就是恋爱中不平等,给对方造成压力不是恋爱中要追求的。

(三)强烈性

恋爱中的人,有强烈的占有欲,有强烈的思念,一天不见如隔三秋,对其他事情提不起兴趣。一旦分隔一段时间再次见面时,彼此的感情又会大大加深,双方深深的相互吸引非一般情感能比拟。为了爱情,有的人可能跟父母决裂,可能不顾兄妹亲情,可能不要情同手足的朋友,可能为恋人,与人大打出手。因为一点小事就闹得不愉快,会情绪低落或者抑郁,甚至自杀。

(四)永恒性

两人相互爱恋,都希望能相互守护一辈子。相爱就意味着要为对方负责,只有责任才使得两人能永远地在一起。教育家苏霍姆林斯基这样教导儿子:要记住,爱情首先意味着你对你爱侣的前途、命运承担责任,……爱,首先意味着奉献,把你的精神力量献给爱侣,为他

（她）缔造幸福。责任是风雨中共同撑起的一把伞,责任是暮色里急切盼归的一种情,责任是寒夜灯影下温暖的一杯茶,责任是深夜回家时亮着的一盏灯……

第二节　校园中的恋爱现象

高职学生们正值青春期,是人生的春季,男女同学之间产生感情,就像花开花落一样正常。在大学里谈恋爱,在共同的学习生活中产生的爱情,由于未涉及其他利益关系,这种爱情显得单纯和珍贵。但随着年龄的增长,人生观、价值观的变化,在追求异性方面也在变化,校园里面的恋爱往往很难走上婚姻的殿堂,这会使双方都受到伤害,有的无法面对失恋的痛苦而走向犯罪甚至自杀的道路。要想获得美满的爱情,不仅要有正确的恋爱动机和恋爱观念,还得有高尚的恋爱道德、心灵品质、成熟的个性,而当代的高职学生们则缺乏这些,在个体方面存在很多的问题。

一、校园中学生谈恋爱的动机

高职学生到底为什么要恋爱,出于什么样的动机去谈恋爱? 高职学生的恋爱动机有很多种,有正确的恋爱动机,也有不纯正的恋爱动机。

（一）生理需要

高职学生的年龄一般在 18 周岁到 24 周岁,是由青春期进入成年期的年龄阶段,他们的生殖系统发育逐渐成熟,性激素的分泌比较旺盛,影响了生理平衡,因而对异性的体验十分敏感。为了满足性冲动,他们去追求异性,这是恋爱活动的重要诱因。出于性冲动的驱使,大学生们开始脱离群体化的两性活动转为单独约会,这样在异性的吸引、彼此产生好感的基础上,恋爱也就悄悄进入了年轻人的心里。

（二）炫耀攀比

有个大二的女生,说她从初高中以来,谈恋爱的男生人数达到 20 人之多,在说这话的时候表现得非常的自豪。仿佛就是谈恋爱次数越多,越能证明自己的实力,比如漂亮,有那么多的异性在追求。在这种炫耀攀比之下,那些没谈过恋爱的就像做了什么见不得人的事情一样,不敢说自己没有谈过恋爱。如果周围的朋友都有了异性朋友,男生为了不使自己显得无能,女生为了证明自己的魅力,也可能草草地进入恋爱状态。而这种恋爱,由于缺乏慎重的考虑,没有什么目的,彼此态度不认真,最终导致"各走各的",对彼此的伤害也不会很深。当然这种攀比的另一种表现就是功利性,为了自己将来生活得更好,把恋爱对象的家庭条件（社会地位、财产、名望声誉等）以及对方的学历、外表、能力等作为恋爱的前提条件,一旦找到相互满意的对象,恋爱的时间就比较长久,这是基于现实的需要,至于爱情是否强烈并不重要了,也可以向亲朋好友炫耀自己恋爱对象条件的优越。

（三）空虚无聊

进入大学后,没有了班主任在学习上的监督,没有了父母的唠叨,没有了升学的压力,一切都变得那么自主,对于那些意志力不强的学生来说,如何利用好大学里闲余的时间,他们并没有去多想,要么沉迷于网络或者游戏,要么谈情说爱以打发空虚无聊的时光。对于这类学生,没有生活学习的目标,生活茫然,即使谈了恋爱,也不能排解心中的无聊,只是在刚谈恋爱时,由于彼此的新鲜感,相互吸引,两人形影不离,仿佛感情很好,可过不了多久,总有一方会腻烦,仍然不知所措。谈恋爱前,总想着无聊时有人陪着,心里不舒畅时有人听你倾诉,恋爱千般万般的好。谈恋爱后,两人性格的差异,之前的美好逐渐因双方的相互伤害而荡然无存。

(四)志同道合

基于志同道合的恋爱动机,一般成功的可能性要高得多,这种恋爱理性大于感性,知道自己需要什么样的恋爱对象,目的性强,能建立牢固的感情基础。张明在大一时成绩不好,但他喜欢上了班上成绩最好的女生王霞,便对王霞展开了强烈的追求,终于获得了王霞的芳心。但王霞在答应跟他谈恋爱的同时,约法三章:一是只在周末约会,平时要学习;二是张明的成绩必须提高到中等水平;三是毕业时工作必须在一个城市里。张明爽快地答应了王霞的要求,大学4年,在王霞的监督和陪伴下,张明不仅学习成绩上去了,还成了系学生会的活跃分子,大学毕业时凭借优异的成绩,张明和王霞都进入了同一个城市较好的两所中学,工作一年后两人走进婚姻殿堂。这种以相互进步,以结婚为目的的爱情,虽然缺乏浪漫的气氛,少了应有的激情,却不失为青年大学生学习的楷模。

香港中文大学教育心理系的林孟平教授提出了9条恋爱标准,这些标准有助于判断两个恋人之间是否真正相爱,而不是视恋爱如儿戏。

(1)彼此接纳、欣赏,渴望两人共处,从一群人走向二人世界。

(2)双方有爱的回应,而不是一方主动,感情具有持久性。

(3)渴求、期盼与对方在一起,在思想、感受上体验亲密。

(4)彼此能共同去关心一些人和事,能彼此分享和分担,互相帮助。

(5)在一起时彼此都特别快乐。

(6)能够为对方着想,彼此协助对方成长。

(7)有深刻的默契、共鸣与同感。

(8)有安全感、信任感,相处时有一种无须顾虑的坦然。

(9)欣然让对方成为自己生活、生命的一部分,在适当的时候考虑结婚。

二、校园中大学生恋爱存在的问题

不管是热烈的爱情,还是理性的爱情,都有他们的表现形式,但有些形式可以说是高职学生恋爱存在的问题。

(一)暗恋或者单相思

总是在心里想着某个人,突然遇见他或她就会怦然心动,如果见不到就会深感失落;喜欢在他或者她的背后默默地注视,喜欢看见他或者她的沉思,他或她跟别人说笑,对方的一言一行都想仔细观察。心情会因他或她而阴晴不定,要么因他或她对自己不经意间的微笑而兴奋不已,要么看到他或她跟别的异性在一起而茶饭不思,甚至失眠。尽管如此,却不敢向他或她表白,怕表白遭到对方拒绝自己无法承受,甚至连悄悄跟随的权利都没有了,但心中的美好一下子没了,没了精神寄托。单相思时间一长,会对生活与学习产生很大影响,倒不如鼓足勇气选择合适的时机,准备好表达方式,向暗恋对象表白,遭到拒绝就下决心改掉自己不好的地方,这也是促进自己进步的办法,如果对方接受,岂不皆大欢喜?

(二)亲密行为太过暴露

一旦陷入爱情,世界就变小了,最后成了二人世界,仿佛看不到周围人和事物一样。他们的行为着实令人咂舌,有的在上自习的教室过于亲密,有的在上学的路上搂搂抱抱,有的在图书馆接吻,在任何场合都旁若无人地我行我素,各种亲密的动作和语言都能显现出来。这种缺乏恋爱道德观的言行,在高职校园里也是随处可见,虽然没有法律规定不能这么做,但至少要有良好的道德观念来约束自身的言行,在校园营造文明的氛围。

(三)爱情至上

那些把裴多菲的诗改成"生命诚可贵,爱情价更高;为了爱情故,什么都可抛"的学生,是持有爱情至上的观点,爱情成为生活的全部。如有的学生谈恋爱了,上课期间想着对方,原本爱学习的学生变得不爱学习,从而荒废了学业;一旦恋爱了,朋友关系就很难处理,本来约好跟室友一起活动的,可男朋友或女朋友的一个电话,就舍室友而与男、女朋友一起了,几次三番的,室友或者朋友就不再一起活动了,恋爱的学生的朋友圈子变得狭窄了;时间也不够用,恋爱中的两人总是想待在一起,哪怕什么事情都不做也要在一起。一切都为爱情让路,其他什么都不管不顾,这是非常不理性的,也是不可取的。

(四)视恋爱如游戏

有的学生谈恋爱从来都没想过结果,也从来没想过为对方负责,只要恋爱期间两人在一起快乐开心就好,所谓"不在乎天长地久,只在乎曾经拥有"。至于毕业后两人是否在一起并不关心,即使发生性关系也没什么大不了的,认为都是成年人了,都是你情我愿的事情,男生不会去想这么做给女生带来的伤害。大学生恋爱,男生的自私,女生的不知自我保护,致使女生怀孕的事件太多,女生由于涉世不深,无法估量大学期间恋爱的任性会对自己以后的生活带来多大的影响。视爱情如儿戏,不管两人是否会走向婚姻,大学恋爱期间一味地付出,最终的苦果也只有自己去咽下。

第三节　走出情感误区,爱情心理调适

错把友情当爱情,遭遇失败;付出没有回报,面临失恋。在恋爱中的酸甜苦辣尝遍之后,是否能走出阴影,正确地面对失恋呢?如何树立正确的恋爱观,培养大学生恋爱的能力呢?把爱情这把双刃剑用好,不仅能促进青年大学生的心理发展,也能调适爱情,正确处理恋爱中存在的各种心理问题。

一、区别爱情与友情

如果把异性之间的相互关心，看成是爱情，那就错把友情当爱情了。那么怎样区分异性之间的友情呢，先来分析友情的概念和特征。

（一）什么是友情

人是社会中的人，要与其他人接触，就会产生感情：亲情、友情、爱情，而友情在人的一生中扮演着非常重要的角色。朋友给予的快乐、认可、尊重都促使自身发展和完善，友情是人际关系中非常珍贵的情谊。高职学生有着强烈的寻找友情、渴望朋友的心理需求，他们会因友情出现问题而烦躁，会想办法去弥补过错，友情是纯洁的也是真诚的，在其成长成才中是不能缺少的。

在以往的研究中，对友情的解释有很多种。《周易・乾》写有"同声相应，同气相求"，把"声""气"相同作为友情的基础；《孟子・万章下》认为"友也者，友其德也，不可以有挟也"，也就是说，品德是友情的基础；古希腊哲学家德谟克里特强调"思想感情的一致产生友谊"。这些对友情的定义有其正确的一面，但不全面，只重其一点。

友情是在社会关系中，人们发展起来的一种充满感情的关系，是建立在共同理想和兴趣等基础上的个体之间的一种美好亲密的情感。友情作为同伴关系的一种，表现为以个体为指向的双向结构，反映的是个体与个体之间的情感联系。它产生于社会生活与交往，既是一种人际关系的体现，更是一种美好的社会性情感，是人类精神家园中的宝贵财富。

友情可产生于同性之间，也可产生于异性之间，由于异性间的相互关怀、相互理解、相互帮助，与恋人间的这些行为相似，就容易使一方对此产生错觉，尤其是某一方本身就对他或者她有好感或者有爱慕之意，异性朋友的关爱就更容易让对方产生爱情的错觉。

（二）爱情与友情的区别

爱情产生于两人之间，具有专一排他、持久强烈等特点；爱情的酸甜苦辣，恋人彼此在整个恋爱过程都会品尝；在生活上、生命里都渴望对方成为自己的一部分，希望最终能结婚，一生分享成功与快乐，失败与痛苦，相互照顾一辈子。

友情则产生于同性之间、异性之间，可以是两人，也可以是多人，在交往中要相互尊重，真诚相待；友情是朋友间的无私奉献，不求回报，彼此关心，相互促进；主动帮助对方走出困难与挫折，真正的友情没有功利色彩，没有世俗偏见，但不是"哥们义气"，也不是"为朋友两肋插刀"，为对方做事完全是自愿，即使有牺牲，也在所不惜。

二、如何走出情感误区

既然说的是情感误区，那就不是正确的情感，不能在这样的误区耽搁太多的时间和精力，也不能为这样的误区伤人伤己，不能自拔。失恋是恋爱中的人可能经历的过程，如果因失恋而自暴自弃，那是非常可怕的，所以如何顺利走出失恋的阴影，活出精彩的自己是相当必要的。

(一)走出单相思

当发现自己暗恋着某个人很长时间,已经影响着自己的正常生活与学习,应该考虑如何走出这样不利的境况。首先,分析自己为什么要单相思,为什么不能表白;其次,在找到原因之后,如果是因为自己能力不足,怕被对方拒绝,那就努力提高自身的能力,以吸引暗恋对象的注意,凭借自身能力博得他或她的爱慕;如果是自己不善于表达爱意,那就学习表达技巧,在无人的地方大声说出来,到说成顺口的情况下,表白就容易多了;如果是自卑,认为自己配不上他或者她,那就趁早离开这个泥潭,把注意力放在其他人或者事上,萝卜白菜各有所爱,或者告诉自己天生我材必有用。

(二)错把友情当爱情

当发现自己以为是恋人的对象,只把自己当朋友的时候,不要悲伤也不要自暴自弃,努力把自己的情感进行转化,如果不能把对方的友情转化成你想要的爱情,那就把自己认为的爱情转化成友情。那怎样去转化呢? 如果对方只能把自己当朋友,你也就只能私下里云转化自己的感情了。比如叫对方对自己的关爱少一点,逐渐减少自己的幻觉,同时不断地给自己强化,他或她只能是朋友,不能胡思乱想,另外多与其他朋友在一起,减少跟他或她单独在一起的机会。

(三)走出失恋

【故事分享】

记者在采访中了解到,大学生因失恋情绪失控走向极端的事情屡有发生,一名大学教师告诉记者,就在半年前,他的一名学生失恋后,陷入了难以自拔的痛苦中,提出与女友重归于好被拒绝后,他买了一包"毒鼠强"吃了下去,幸亏发现及时,经过医生连续两天的抢救,最终脱险。"他只有22岁,如果就这样离开了这个世界,他的父母以后将怎么生活。"这名老师说。在这名大学老师的联系下,昨天,记者与曾经做出过轻生举动的大学生陈军(化名)取得了联系,"我为自己的举动后悔"。陈军说,当时自己与女友在一起已经四年多了。上大学时他毅然放弃了去北京的机会,选择了青岛的高校,目的就是能与女友朝夕相伴在一起。

"女友提出分手后,我感觉天都塌了,所以就自杀。"陈军说,他被救后,见到守护在病床边泪流满面的父母,觉得很惭愧。

什么是失恋呢? 一个痴情人被其痴情的对象抛弃,或者两人和平分手,都是失恋。只是前者给痴情者带来的伤害比起和平分手要深得多,情绪的反应也要强烈得多。前者可能会失态,完全没了自己,完全不顾及自己的尊严,跟对方死缠烂打,只要对方答应不分手,自己什么都可以接受,如果对方坚持分手,就可能做出极端的行为,比如给对方人身伤害,或者自我伤害,甚至走向同归于尽或自杀。

要走出失恋,必须要有自己主动走出的意愿,自我调整心理状态,同时还应该掌握一些方法。第一,向好友或者亲友倾诉,把因失恋给自己带来的悔恨、遗憾、留恋、孤独、愤怒等不良情绪,向自己信得过的人诉说。在诉说过程中,除了朋友给予的安慰外,自己也要不停反思自己的问题,思考恋人抛弃自己的原因,这样能更快地走出来。第二,转移注意力,历史上也有许多大家因感情的失败而做出丰功伟绩或者创作出文学巨著来,要相信自己,也能做出成绩,让恋人后悔,那就要积极参加校内外的各项活动,以提高自身能力,也可以发展自己其他的兴趣,比如看书、看电影、听音乐等。第三,转变爱情是生活的全部的观念。生活中除了爱情,还有友情、亲情,除了爱情对象,还有朋友,父母,亲友需要你的帮助。俄国哲学家别宁斯基说:"如果我们生活的全部目的仅仅在于我们个人的幸福,而我们个人的幸福又仅仅在于爱情,那么,生活就变成一片遍布荒茔枯冢和破碎心灵的真正阴暗的荒原,变成一座可怕的地狱。"英国哲学家培根说:"一切真正伟大的人物,无论是古人、今人,只要是英名永铭于人类记忆中的人,没有一个是因为爱情发狂的人。因为伟大的事业抑制了这种软弱的感情。"从这些箴言中,对于失恋的人来说,应该有些警示,努力把自己的注意力转移到自身事业、自身能力的提高中来,积极奋斗做出成绩来。

三、如何调适爱情

在谈恋爱之前,总想着浪漫与美好,想谈恋爱,可真遇到爱情,其间的各种滋味、各种挑战,都得自己去处理,处理的好与坏直接关系爱情的结果。要想把爱情这朵花开得茂盛,恋爱双方必须都要做出努力,对彼此负责,共同浇灌爱情之花。

(一)树立正确的恋爱观

恋爱不是填补空虚与无聊,不是打发时间;恋爱不是游戏,玩玩而已;恋爱不是生活的全部,不是至高无上的;恋爱不是用来炫耀、用来攀比的;恋爱是彼此的信任,彼此的理解;恋爱是持久的、是忠贞的;恋爱是为对方着想,为对方负责的;恋爱是要最终走向婚姻殿堂的、是崇高的。在选择恋人的时候,要与自己志同道合,要在思想品德、事业理想和生活情趣等方面大体一致,否则相差太大,两人无法共同面对问题,无法顺畅沟通;在处理时间问题上,要能安排好学习时间、体育锻炼时间、跟朋友相处的时间,否则荒废学业,体质下降,朋友圈子越来越狭窄;要能处理好亲情、友情、爱情之间的关系,爱情不是生活的全部,不能因爱情就放弃一切,什么都不管不顾,在父母不同意恋人的时候要能用有力的证据说服父母,而不是采取要么选择父母要么选择恋人的结果,在与朋友早已约定好的事情,不能因为恋人一个电话,无关紧要的事情你仍然要放弃朋友而照顾恋爱任性的感受。

总之,在谈恋爱期间,要摆正爱情与学业的关系,要懂得爱情是一种相互理解,相互信任的社会关系,要懂得爱情是给予对方的一份责任和无私的奉献。

(二)拥有健康文明的恋爱行为

谈恋爱了,不要以为世界就只有两个人,所有的言行要能让社会接受,因为你们处在纷繁复杂的社会里,不是处在真空里,不要在大众面前谈论私密的话题。在双方交谈中要自然率真,不矫揉造作,不装腔作势;不能出言不逊,大吵大闹;一件事情不要无休止地反复讲、追问,要相互理解,给对方以自由的空间,允许彼此有一定的秘密。

恋爱行为要文明,不能在公众面前做不雅的行为;即使两人独处,也要注意行为举止,不能因一时感情冲动,做出让对方感到反感的动作。

（三）培养爱的能力，能承担责任

要谈恋爱，必须先拥有爱的能力。当你知道爱上某个人之后，要有表达爱的能力，要让你爱慕的对象知道你多么爱她或他；接受爱的能力，当有人向你表达了他或她的爱，你能给予反馈，是同意或是拒绝，同时还得拥有拒绝爱的技巧，即要拒绝得果断，不会给对方产生幻觉或者希望，拒绝的方式要合理，即使是拒绝也不至于伤害到对方。爱的能力还体现在，你知道自己喜欢什么样的人，需要什么样的人；在自己伤害恋人后，知道怎么去弥补、去挽回；在自己受到伤害后，能及时调整自己的心情，站在对方的角度去思考问题。

能否给恋人幸福，能否给恋人快乐，自己能否承担起为对方负责的能力。如果让对方受到心理伤害，能否主动承担责任，如果让对方身体受到伤害，能否勇敢地担当起责任。当对方受到来自家庭的压力，面临分手时，能否与对方一起战胜困难，说服对方父母接纳自己？只有善于处理矛盾，有效地化解冲突，为恋人负责，为社会负责的恋爱才会得到别人的祝福，才会走进幸福的婚姻殿堂。

心理案例

案例一：

爱情至上，痴情男酿苦果

成子是一个帅气阳光的农村男孩，父母是晚年得子，对他是百般宠爱，在经济上从来都是要啥给啥。不过成子也很懂事，知道父母挣钱辛苦，加之父母身体也不好，也未给父母增添多余的负担。成子顺利考上了县里的重点高中，在高一、高二成绩都很好，还是班里的班长，班主任和科任老师都很喜欢他。高三时，班里转来了一个乖巧的女生阿萍，这个女生皮肤细嫩，性格温和。也许真的是一见钟情，成子看到这个女生就喜欢上了她。为了得到女生的芳心，成子做了很多离谱的事情，他故意跟高一的一个女生走到一起，给人的感觉是他们在谈恋爱，可这并没引起阿萍的注意，阿萍照样每天上课做作业。而围绕在阿萍周围的男生很多，都是想引起阿萍注意的，不管多少男生在她走过的地方起哄，在她教室外喊她的名字，阿萍都无动于衷。成子看到周围不乏比他优秀的男生在追求阿萍，心里着急，有一天，他终于沉不住气了，敲开了阿萍寝室的门，说想问阿萍几道题。于是阿萍跟着成子早早地去了教室上自习，在探讨问题中，阿萍发现成子的真诚和好学。下了晚自习，成子提议到操场散步。高三学习太紧张，由于刚来到一所新的学校，一直忙于学习，也没怎么逛逛操场，阿萍也想放松一下，便同意了成子的建议。就这样，成子总是找各种借口接近阿萍，阿萍也渐渐对成子产生了好感。到了学期末，他们俩正式确立了恋爱关系，成子想方设法地让阿萍开心，由于两人耍的时间多了，他们的成绩都下降了。尽管他们谈的是地下爱情，仍然被敏锐的班主任发现，班主任找到阿萍，说如果成绩继续下滑，就要找阿萍的家长。阿萍被吓着了，同意班主任的办法，一切等高考完了再说。阿萍又逐渐回到了学习状态，也许是班主任也找了成子，成子不再那么频繁地找阿萍了，这也更让阿萍安心地学习。高考成绩下来了，阿萍考上了大学，成子落榜了。后来成子才告诉阿萍，虽然他不怎么找她，可他的心一直在阿萍这里，也很本无心学习,高三下学期他过得很痛苦。阿萍也很感动,承诺等他,让他复读,以安抚父母失望的心。成子复读高三,也很勤奋,因为有阿萍的鼓励,有阿萍的承诺,最终成子也考上了大学,遗憾的是阿萍在重庆上大学,成子在成都上大学。成子在大学前两年,不停往重庆跑,无形增加了父母的经济负担,也使他身体吃不消,来回坐车,基本回到学校就想睡觉。跌跌撞撞地来到了大学三年级,英语考级没过,计算机考级也没过,阿萍也到了大四,开始到处找工作了,有时找工作遇挫,想找成子诉说,怎么也找不到,打电话找成子寝室的同学,都支支吾吾的,阿萍意识到不对,就找到成子最好的朋友,问情况,才知道成子迷上了赌博。由于阿萍再三劝说成子好好学习,他不听,现在居然去赌博。阿萍很是生气,找到成子劝说无果,就跟成子提出了分手。这把成子吓到了,下决心不去赌博。阿萍给了成子机会,只要他不去赌博就继续跟他在一起。可没过多久,成子又去赌博了,阿萍再次提出分手,没有给他机会了。成子见阿萍决然的离开,自己也黯然回到寝室。第二天寝室的同学发现成子不见了,赶紧找到辅导员,辅导员根据成子同学提供的电话,找到了阿萍,阿萍给成子打电话,才知道他去青城山准备出家。阿萍知道成子的这个决定对他的父母将是什么样的打击,为了骗成子回来,阿萍就假意同意不跟成子分手,成子回来后,发现是阿萍是骗他的,就整日不吃不喝,也不去上学,如死人般躺在寝室里。辅导员叫来了成子的父母,在父母的苦口婆心的劝导之下,成子倒是放弃了轻生的念头。但跟他父母提出了他这辈子除了阿萍终身不娶的条件。

案例二:

志同道合,开出幸福之花

李明和王雪是大学同班同学。在大学第一学期,辅导员举行了一次联谊舞会,目的是让大家相互认识,也是在这次舞会中,李明和王雪相知,后来相恋。虽然是同一个班,因为刚进大学,就参加军训一个月,直到 10 月回到学校,同学之间才相互认识,在舞会之前李明和王雪是没说过什么话的。10 月底的舞会,大家都很高兴地玩耍,只有李明一个人坐在角落里,不参加跳舞和做游戏,对于活泼开朗的王雪来说,简直是不可思议,加之她又是班里的干部,有义务照顾到班里所有的同学,所以她见到孤单的李明,就走到他面前邀请他跳舞,可李明并没有接受邀请,尽管王雪再三热情地邀请他。王雪想他可能不喜欢热闹,便对李明说“我陪你出去走走吧”,李明这话倒听了,跟随王雪出来。他俩在操场走了很长时间,王雪说李明很干净,从来都是穿着浅色的衣服裤子,由于王雪的真诚,李明把他的心事说了出来。原来,李明在高中时谈了一个女朋友,他考上了大学,女朋友没有考上,女朋友认为她在农村,而他读了大学就要在城里工作,为了不耽搁他,女朋友在国庆匆匆结婚了,这给李明很大的打击,说他很爱他的女友。在接下来的一段时间里,王雪总是找些理由接近李明,开导他,逗他开心,渐渐地,李明脸上有了笑容,以前那个孤寂冷漠的男生变成说话风趣、热爱班级的人了。后来,班里同学都知道他们谈恋爱的事了,他们也不避讳,经常双进双出的。王雪仍然是班里的骨干,成绩也未下降,李明不再忧愁,虽然成绩没有王雪好,但他喜欢运动,班里、系里、学校的运动会项目,他基本能拿奖。时间过得很快,大学时光进入大四,他们面临着一直不愿意谈及的话题:在哪工作。王雪是浙江的,王雪认为浙江的教育在全国是数一数二的,在浙江的发展前途比李明的小县城要好得多,她毕业后肯定要回浙江中学教书,李明是四川的,家里独子,他也必须回老家工作,否则老家的父母没人照顾。在同学眼里,他们感情很

好,相互促进,相互照顾,李明生病一个月,王雪都是细心照顾,毫无怨言,大家也都知道他们是否能走到一起,还是一个未知的结果。大学接近尾声了,大多数同学都找到了工作单位,李明也与老家的一所重点中学签了劳动合同,王雪在浙江也有好几所中学要她去。毕业聚餐时,他们哭得很伤心,班里好多同学都陪着他们哭。7 月,毕业了,大家都走了,王雪和李明也各自回各自的老家了。第二年的 7 月,王雪毅然放弃了浙江的学校,来到李明的面前,告诉他,她不走了,两人幸福地走进了婚姻的殿堂。

心理训练

你是否正在为爱迷惘,或者是否具备了解决爱的冲突的能力? 爱情和冲突是一对孪生子。大学生在谈恋爱过程中会碰到很多麻烦,如自己不爱对方,对方拼命地纠缠;自己喜欢的异性却喜欢别人,自己又不敢表白等。

回想一下自己与恋爱对象发生口角或者冲突的经历,然后填入下表①:

经　历	原　因	结　果

回答下面的问题:

1. 争吵之后是否分出了对错? 你认为有必要分出对与错吗?

2. 如果一方暂停,争吵是不是会停止?

3. 你看到对方受伤后痛苦了吗? 你后悔吗?

4. 你觉得冲突是不是有利有弊? 利弊在于什么?

5. 恋人之间也难免会有误会,有了误会你是否能积极地解除?

6. 对方无意中说的一句伤人的话你是否老是放在心里?

7. 你是不是在外面脾气很好,回到家里总是喜欢挑刺儿? 或者能把无名怒火发在恋人身上?

8. 一吵架,你就先指责对方的过错吗?

9. 对方做了你看不惯的事,你就直接批评他吗?

10. 恋人之间想说什么就说什么,无须考虑太多吗?

11. 你说过"你这个人糟糕透了""我看透了你"之类的话吗?

12. 你喜欢向长辈告状吗?

13. 你喜欢向别人诉说你和恋人之间的一切吗?

① 马雁平.大学生心理健康教育[M].2 版.长春:吉林大学出版社,2013.

14.你是否越来越觉得对方不如以前讨人喜欢了?

心理测量

测试一:

爱情的温度计——你的恋爱观

爱是人生美好的彩虹,是两颗年轻的心碰撞产生的火花。恋爱作为婚姻的前奏,恋爱心理和恋爱方式是最重要的,而决定这种心理和方式的根本因素——恋爱观,则更为重要。

恋爱观就是对恋爱问题的看法。它表现出年轻人对美的认知尺度、择偶标准、恋爱的目的、方式以及对幸福伴侣的理解等。你或许正在绿荫下徘徊,渴望爱神的降临。那么,在行动前,不妨来了解一下自己的恋爱观是否正确。

1.你认为恋爱作为人生一个极其重要的环节,其最终所达到的目的应当是( )。

A.找到一个情投意合的伴侣

B.成家过日子,抚育子女

C.满足性的饥渴

D.只是觉得新鲜有趣,没有明确的想法

2.如果你是位先生,你对未来妻子首先考虑的是( )。

A.善于持家,利落能干

B.容貌漂亮,气质高雅

C.人品不错,能体贴帮助自己

D.只要爱,其他一切无所谓

如果你是位女士,你对丈夫首先考虑的是( )。

A.潇洒大方,有男子气概

B.有钱有势,社交能力强

C.为人诚实正直,有进取心、待人和蔼可亲

D.只要他爱我,其他不考虑

3.你决定和对方建立恋爱关系时所依据的心理根据是( )。

A.彼此各有想法,但大体相互尊重

B.我比对方优越

C.对方比我优越

D.没想过

4.你对最佳恋爱时间的考虑是( )。

A.自己已经成熟,懂得了人生的意义和爱情的内涵,并且确定了事业上的主要方向

B.随着年龄的增长,自有贤妻和佳婿相伴,"月老"不会忘记任何人

C.先下手为强,越早主动越好

D.还没想过

5.你希望自己怎样结识恋人( )。

A. 青梅竹马,情深意长

B. 一见钟情,难舍难分

C. 在工作和学习中逐渐产生恋情

D. 经熟人介绍

6. 你认为增进爱情的良策是( )。

A. 极力讨好取悦对方

B. 尽力使自己变得更完美

C. 百依百顺,言听计从

D. 无计可施

7. 人们通常认为,恋爱过程是个相互了解、相互适应和培养感情的过程,但了解、适应就需要花时间。那么,你希望恋爱的时间是( )。

A. 越短越好,最好是"闪电式"

B. 时间依进展而定

C. 时间要拖长些

D. 自己无主张,完全听对方的

8. 谁都希望完整全面地了解对方,你觉得了解他(她)的最佳途径是( )。

A. 精心安排特殊场面,不断对恋人进行考验

B. 坦诚地交谈,细心地观察

C. 通过朋友打听

D. 没想过

9. 你十分倾心于你的恋人,但经过一段时间的交往后,发现了对方的一些缺点,这时你会( )。

A. 采用婉转的方式告知对方并帮助对方改进

B. 因出乎意料而伤脑筋

C. 嫌弃对方,犹豫动摇

D. 不知道如何是好

10. 当你已在爱河之中,一位条件更好的异性对你表示爱慕时,你会( )。

A. 说明事情,忠实于恋人

B. 对其冷淡,但维持友谊

C. 瞒着恋人与其交往

D. 感到茫然无措

11. 当你对爱慕已久的异性有好感时,你忽然发现他/她另有所爱,你会( )。

A. 静观其变,进退自如

B. 参与角逐,继续穷追

C. 抽身止步,成人之美

D. 不知道

12. 恋爱过程很少会一帆风顺,当恋爱中出现矛盾、波折时,你感到( )。

A. 既然已经出现,也是件好事,双方正好趁此了解和考验对方

B. 伤心难过,认为这是不对的

C. 疑虑顿生,就此提出分手

D. 束手无策

13. 由于性情不合或其他原因,你的恋爱搁浅了,对方提出分手。这时你会(　　　)。

A. 千方百计缠住对方

B. 到处诋毁对方名誉

C. 说声再见,各奔前程

D. 不知所措

14. 当你十分信赖的恋人背信弃义、喜新厌旧、甩掉你以后,你会(　　　)。

A. 只当自己眼瞎,认错了人

B. 既然他不仁,休怪我不义

C. 吸取教训,重新开始

D. 痛苦得难以自拔

15. 你的爱情路途坎坷,多次恋爱均告失败,随着年龄增长进入"男大当婚,女大当嫁"的行列,你会(　　　)。

A. 一如从前,宁缺毋滥

B. 厌弃追求,随便凑合一个

C. 检查自己的择偶标准是否实际

D. 叹息命运不佳,从此绝望

评分标准:

题　号	A	B	C	D
1	3	2	1	1
2	2	1	3	1
3	3	2	1	0
4	3	2	1	0
5	2	1	3	1
6	1	3	2	0
7	1	3	2	0
8	1	3	2	0
9	3	2	1	0
10	3	2	1	0
11	2	1	3	0
12	3	2	1	0
13	2	1	3	0
14	2	1	3	0
15	2	1	3	0

结果解释：

总分：35~45 分为 A 型；25~34 分为 B 型；15~24 分为 C 型；7 个以上 0 分为 D 型。

A 型：恋爱观成熟正确

你是个成熟的青年，你懂得爱什么和为什么爱，这是你进入情场的最佳入场券。不要怕挫折和失败，它们是考验你的纸老虎，终将在你的高尚和热忱面前逃遁。尽管大胆地走向你梦中的恋人吧，你的婚姻注定美满幸福。

B 型：恋爱观尚可

你向往真挚而美好的爱情，然而屡屡失败，一时难以如愿。你不妨多看看成功的朋友，将恋爱作为圣洁无比的追求，不断校正爱情的航线，这样你与幸福就相隔不远了。

C 型：恋爱观需要认真端正

你的恋爱观存在不少问题，甚至有不健康之处。它们使你辛勤撒播的爱情种子难以萌发，更难以结甜蜜的果实。如果你已经轻率地开始恋爱，劝你及早退出。

D 型：恋爱观还未形成

你或许年龄还小，不谙世事；或许虽已年纪不小，却天真幼稚。爱情对于你来说是个迷惘未知的世界，你需防范圈套和袭击。建议你读几本关于两性关系的书籍，待成熟后，再涉爱河也不迟。

（资料来源：周安华．关于爱情[M]．北京：中国纺织出版社，2000：2-9.）

测试二：

荣格 MBTI 恋爱倾向测试

以下是 MBTI 恋爱倾向测试，每道题有两个选择，每 7 题为一部分。所有的题目都没有对错之分，请忠实地记下你心目中的答案，最后在每一部分中选出你选择较多的一个字母，组成你的测试结果（要求：每题考虑的时间不得超过 10 秒钟）。

1. 你倾向从何处得到力量（　　　　）

（E）别人。

（I）自己的想法。

2. 当你参加一个社交聚会时，你会（　　　　）

（E）在夜色很深时，一旦你开始投入，也许就是最晚离开的那一个。

（I）在夜晚刚开始的时候，我就疲倦了并且想回家。

3. 下列哪一件事听起来比较吸引你？（　　　　）

（E）与情人到有很多人且社交活动频繁的地方。

（I）待在家中与情人做一些特别的事情，例如说观赏一部有趣的电影并享用你最喜欢的外卖食物。

4. 在约会中，你通常（　　　　）

（E）整体来说很健谈。

（I）较安静并保留，直到你觉得舒服。

5. 过去，你遇见你大部分的情人是（　　　　）

（E）在宴会中、夜总会、工作上、休闲活动中、会议上或当朋友介绍我给他们的朋友时。

（I）通过私人的方式,例如个人广告或是由亲密的朋友和家人介绍。

6.你倾向拥有(　　)

（E）很多认识的人和很亲密的朋友。

（I）一些很亲密的朋友和一些认识的人。

7.过去,你的爱人和情人倾向对你说(　　　)

（E）你难道不可以安静一会儿吗?

（I）可以请你从你的世界中出来一下吗?

8.你倾向通过以下哪种方式收集信息? (　　　)

（N）你对有可能发生之事的想象和期望。

（S）你对目前状况的实际认知。

9.你倾向相信(　　)

（N）你的直觉。

（S）你直接的观察和现成的经验。

10.当你置身于一段关系中时,你倾向相信(　　　)

（N）永远有进步的空间。

（S）若它没有被破坏,不予修补。

11.当你对一个约会觉得放心时,你偏向谈论(　　　)

（N）未来,关于改进或发明事物和生活的种种可能性。例如,你也许会谈论一个新的科学发明,或一个更好的方法来表达你的感受。

（S）实际的、具体的、关于"此时此地"的事物。例如,你也许会谈论品酒的好方法,或你即将要参加的新奇旅程。

12.你是这种人:(　　)

（N）喜欢先纵观全局。

（S）喜欢先掌握细节。

13.你是这类型的人(　　)

（N）与其活在现实中,不如活在想象里。

（S）与其活在想象里,不如活在现实中。

14.你通常(　　)

（N）偏向于去想象一大堆关于即将来临的约会的事情。

（S）偏向于拘谨地想象即将来临的约会,只期待让它自然地发生。

15.你倾向如此做决定(　　)

（F）首先依你的心意,然后依你的逻辑。

（T）首先依你的逻辑,然后依你的心意。

16.你倾向比较能够察觉到:(　　　)

（F）当人们需要情感上的支持时。

（T）当人们不合逻辑时。

17.当和某人分手时:(　　　)

（F）你通常让自己的情绪深陷其中,很难抽身出来。

（T）虽然你觉得受伤，但一旦下定决心，你会直截了当地将过去恋人的影子甩开。

18. 当与一个人交往时，你倾向于看重：（　　　）

（F）情感上的相容性：表达爱意和对另一半的需求很敏感。

（T）智慧上的相容性：沟通重要的想法；客观地讨论和辩论事情。

19. 当你不同意情人的想法时：（　　　）

（F）你尽可能地避免伤害对方的感情；若是会对对方造成伤害的话，你就不会说。

（T）你通常毫无保留地说话，并且对情人直言不讳，因为对的就是对的。

20. 认识你的人倾向形容你为：（　　　）

（F）热情和敏感。

（T）逻辑和明确。

21. 你把大部分和别人的相遇视为：（　　　）

（F）友善及重要的。

（T）另有目的。

22. 若你有时间和金钱，你的朋友邀请你到国外度假，并且在前一天才通知，你会：（　　　）

（J）必须先检查你的时间表。

（P）立刻收拾行装。

23. 在第一次约会中：（　　　）

（J）若你所约的人来迟了，你会很不高兴。

（P）一点儿都不在乎，因为你自己常常迟到。

24. 你偏好：（　　　）

（J）事先知道约会的行程：要去哪里、有谁参加、你会在那里多久、该如何打扮。

（P）让约会自然地发生，不做太多事先的计划。

25. 你选择的生活充满着：（　　　）

（J）日程表和组织。

（P）自然发生和弹性。

26. 下列哪一种情况较常见：（　　　）

（J）你准时出席而其他人都迟到。

（P）其他人都准时出席而你迟到。

27. 你是这种喜欢……的人：（　　　）

（J）下定决心并且做出最后肯定的结论。

（P）放宽你的选择面并且持续收集信息。

28. 你是此类型的人：（　　　）

（J）喜欢在一段时间里专心于一件事情直到完成。

（P）享受同时进行好几件事情。

得分说明：

针对以上问题，把你的答案加总并且把各自的数目放入以下适合的位置上。然后把每一组得分较高的数目圈起来。得分较高的字母代表你4种最强的偏好，当它们合并起来时，将决定你的恋爱类型。例如说，你也许是记者型（ENFP），或是公务员型（ISTJ），或是恋爱类型 16 种中的任何一个。

如果在你所偏好的字母上得分是 4,那表示这个偏好是中度的。得 5 分或 6 分表示渐强的偏好,而 7 分则代表非常强烈的偏好。例如,你在(E)上得了 7 分,代表你是一个非常外向的人。你喜欢花很多时间和其他人在一起,同时你比一般人都要享受说话的乐趣。

另一方面,若你在(E)上得了 4 分,则代表你对外向的偏好是适中的。这表示你大概比一般典型的内向型(I)外向和健谈,但同时却比一个强烈的外向型(E)保守和内敛。

这样的区别,在你开始于第二部分中检视你的恋爱类型组合时会变得很重要。有些恋爱类型配对,会在其中一个伴侣在某个偏向上是适中时呈现最佳状态;然而在另一些配对中,伴侣偏好的强度并不重要。

16 种爱情类型:

①哲学家型(INFP):内向的、直觉的、感觉的、观察者:"爱情是最完美的所在:安静、平和与善良。"

②作家型(INFJ):内向的、直觉的、感觉的、果断者:"爱情在我的脑中、心上和灵魂里。"

③记者型(ENFP):外向的、直觉的、感觉的、观察者:"爱情是神秘的、有启发的和有趣味的。"

④教育家型(ENFJ):外向的、直觉的、感觉的、果断者:"爱情是被你所爱的人占满。"

⑤学者型(INTP):内向的、直觉的、理性的、观察者:"爱情不过是另一个灵光乍现。"

⑥专家型(INTJ):内向的、直觉的、理性的、观察者:"爱情可以被分析并改进得更完美。"

⑦发明家型(ENTP):外向的、直觉的、理性的、观察者:"首先我在脑海中发明爱情。"

⑧陆军元帅型(ENTJ):外向的、直觉的、理性的、观察者:"爱情可以因力量、影响和成就而加强。"

⑨照顾者型(ISFJ):内向的、感受的、感觉的、果断者:"爱情是一个值得为它牺牲的目标。"

⑩公务员型(ISTJ):内向的、感受的、理性的、果断者:"爱情是建立在义务和责任上的。"

⑪主人型(ESFJ):外向的、感受的、感觉的、果断者:"爱情建立在服务他人之上。"

⑫大男人型(ESTJ):外向的、感受的、理性的、果断者:"爱情是建立在坚固的家庭价值、传统和忠贞上的。"

⑬艺术家型(ISFP):内向的、感受的、感觉的、观察者:"爱情是温柔的、自然的和奉献的。"

⑭冒险家型(ISTP):内向的、感受的、理性的、观察者:"爱情是一连串的动作。"

⑮表演者型(ESFP):外向的、感受的、感觉的、观察者:"爱情是享受和陶醉在此刻的狂热中。"

⑯挑战者型(ESTP):外向的、感受的、理性的、观察者:"爱情应该是经常充满刺激及能激发人的。"

各种恋爱类型的喜好:哲学家型(INFPs):喜欢艺术、哲学和心理学,对于自己的生命有使命感,很敏感同时也很理想化。通常很随和,除非他们的价值被侵犯,倾向于对他们喜爱的人有很高的期待。

作家型（INFJs）：会被心理学、哲学、神秘主义和心灵感应所吸引，是很好的聆听者而且非常具有同情心，通常很安静，有些时候极端固执，喜爱阅读和写作。

记者型（ENFPs）：对发现生命的意义非常有兴趣，喜欢被人们所肯定，开朗而且富有领袖魅力，倾向于开始很多事情（包括感情）但却不一定会完成它们。

教育家型（ENFJs）：是卓越的沟通者和游说者，可以成为有效率的领导人和发动人，如果他们觉得他们的恋人把他们的存在视为理所当然，会变得善妒且具占有欲，喜欢在任何事情上给予他们的朋友劝告，而且在情感上非常具有支持性。

学者型（INTPs）：是个着迷于理论但心不在焉的教授，总是忘东忘西，可是仍然有出色的想法和观察，通常是随和且易相处的伴侣，有时是安静的，但有时又非常好辩，也许会忘记他们感情关系中的情感需求。

专家型（INTJs）：对爱情有一套详细的理论概念，重视他们伴侣的能力，是所有恋爱类型中教育水平最高的，通常在科学和思想的世界中有所成就，且不断追求自我成长。

发明家型（ENTPs）：几乎可以针对任何事情侃侃而谈，是创造新发明、计划事情或提出方案的天才，是多才多艺的个体也是个挥金如土的冒险家，喜欢同时进行许多件事情（并且有能力把所有事情都做得不错）。

陆军元帅型（ENTJs）：非常具权威性而且擅长沟通，通常在他们所选择的领域中有卓越的成就，野心很大，通常对他们自己和他们的伴侣要求很高，具有审判律师的个性，享受热烈的辩论。

照顾者型（ISFJs）：有强烈的责任感，相信生命应该适得其所，通常对生命中弱小的人物特别关心：儿童、动物、病人和老年人，在服务别人的过程中找到快乐（他们会是很好的护士、教师和母亲/父亲）。

公务员型（ISTJs）：非常负责任和可靠，很具有忠诚性也很安静，不喜欢他们伴侣俗丽的爱情举动或"敏感的"表达方式。

主人型（ESFJs）：重视他们感情关系中的和谐，喜欢对他人表示善意，是完美的主人且具有非常强的家庭导向。

男人型（ESTJs）：呈现负责任的个性，重视权威和指挥体系，享受一种粗糙的幽默感，追寻婚姻和家庭生活的稳定性和结构，也是家庭极佳的保护者和供养者。

艺术家型（ISFPs）：拥有强烈的艺术气息，喜欢动物和大自然，是温柔及关爱的情人，既安静又随和。

冒险家型（ISTPs）：喜欢用他们的双手工作且为了自己的兴趣而活，非常重视他们的个人空间，相信"能活就该好好活着"的哲学，让人无法预期的极端个性。

表演者型（ESFPs）：是天生的演艺人员，通常以温柔、有魅力的俊男或美女和诱惑者著称，是那种典型的"夜总会爬虫类"，呈现永恒的乐观主义，讨厌感情中的冲突；如果在一段感情初期发现彼此的不和谐，他们会很快离开。

挑战者型（ESTPs）：追求刺激、兴奋和每件事情中的多样性，可以是专业型的诱惑者，相信行动，不相信理论，通常是极佳的促销者且具有操纵欲。

8 种荣格偏向及其假设性人格特征：

内向型：

①享受待在家中，经常是一个人独处，喜欢阅读、写作、思考或休息。

②只有少数亲近的朋友或者认识的人很少。

③不太多话，或者是突然在短时间内说一大串话，然后就累了。

④通过一个人度过安静的时光以自我充电。

⑤参加社交活动时，习惯于早到早退。

外向型：

①喜欢和一大群朋友或认识的人参加定期的社交活动。

②喜欢将时间花在外面，因为那里有很多机会和人们互动。

③喜欢说很多话。

④自社交互动中取得大量能量。

⑤倾向于最后一个离开社交活动。

直觉型：

①喜欢使用暗喻、类比和图文来沟通。

②很少满意于事物的现况，总是努力改进世界。

③偏好思考、阅读、谈论未来、发现新事物和了解生命的可能性。

④不太擅长于实际的事情，例如使支票簿平衡；但偏好执行想象式的工作：写作十四行诗或创造一个伟大的企业概念。

⑤喜欢抽象式的幽默，例如双关语。

感受型：

①喜欢在沟通中引用现成可看见的具体事实、统计数字和概念。

②接受生活的表面价值并且相信"你所看到的就是你所拥有的"。

③偏好思考、阅读、谈论实务的、具体的和"当下"的题材。

④擅长于生活中的细节和务实面，对于梦想家们谈论的遥不可及题材并不太感兴趣。

⑤喜欢实际的喜剧，通常是务实的笑话、尴尬的失误和闹剧。

感觉型：

①喜欢谈论关于感觉、感情关系和个人的话题。

②避免争端和激烈的辩论，因为他不希望任何人的感觉被伤害。

③当人们需要情感支持时，他可以马上知道。

④必须在一段谈话结束时，觉得对方喜欢并支持他，同时认为因为双方有过沟通而应该变得更亲近。

⑤对热诚、风度好的人印象特别好。

理性型：

①看起来有点疏离及没有感情，同时似乎对与人们在情感层面的互动不太感兴趣。

②喜欢有激发性和有争议性的辩论以练习分析性的思维。他并不会以私人的态度看待这些讨论。

③特别擅长发现人们任性的时候。

④要知道有价值的信息已经在交谈中被交换了，且沟通的深层目的已然达到了。

⑤会被聪明的人所吸引。

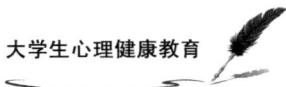

观察型：

①喜欢在沟通中快速地切换话题。

②总是改变他的计划，你永远不会知道他什么时候会出现。

③通常都会迟到。

④倾向于邋遢或杂乱无章（从他人的眼光看来）。

⑤喜欢同时进行多件事情，但不一定都会完成它们。

果断型：

①喜欢在开始另一个话题之前，先完全结束前一个话题。

②喜欢执着于一个固定的日程计划，你通常都会在固定的时间看到他们。

③约会很少迟到。

④完美主义。

⑤喜欢一次进行一件工作直到完成。

测试三：

爱情量表

以下是一份《爱情量表》，26 道测试题。请在符合你的情况的选项后打"√"，以增强区分爱与喜欢的能力。

①他觉得情绪很低落的时候，我觉得很重要的职责就是使他快乐起来。

②在所有事情上，我都可以信赖他。

③我觉得我要忽略他的过失是一件很容易的事情。

④我愿意为他做所有的事情。

⑤对他我有一种占有欲。

⑥若我不能和他在一起，我觉得非常不幸。

⑦假使我很孤寂，首先想到的就是要去找他。

⑧在世界上也许我关心的事情很少，但有一件事就是他幸不幸福。

⑨他不管做错什么，我都愿意宽恕他。

⑩我觉得他的幸福是我的责任。

⑪当我和他在一起时，我发现我什么事都不做，只是用眼睛看着他。

⑫若我被他百分之百地信赖，我觉得十分快乐。

⑬没有他，我觉得难以生活下去。

⑭当我和他在一起时，我发觉好像两个人都有相同的心情。

⑮我认为他非常好。

⑯我愿意推荐他去做被人尊敬的事。

⑰以我看来，他特别成熟。

⑱我对他有高度的信心。

⑲我觉得什么人和他相处，大部分都会有很好的印象。

⑳我觉得和他很相似。

㉑我愿意在班上或团体，做什么事都投他一票。

㉒我觉得他是许多人中,容易让人尊敬的一个。

㉓我认为他是十二万分聪明。

㉔我觉得他是所有认识人中非常讨人喜欢的。

㉕他是我很想学的那种人。

㉖我觉得他非常容易赢得别人的好感。

结论:你打"√"的项目若集中在 1~13 项,表示你对他(她)的感情以"爱情"成分居多;而若多集中在 14~26 项,表示你对他(她)的感情以"喜欢"成分居多。

第九章　绿色网络　美化心灵——网络心理

随着社会的快速发展,网络作为新世纪的科技产物,逐渐成为人与人之间沟通的桥梁和了解外面丰富精彩世界的途径。商人可以利用网络更好地拓展业务,医生可以借助网络会诊定方,教师可以通过网络实行远程教育,学生可以利用网络开阔视野、查找资料、扩大知识面等。在利用网络的同时我们也看到,网络带来的并非都是好处,也有一些弊端,就像一把双刃剑,具有两面性,既有有利的一面,也有不利的一面,那么我们应该如何看待网络这把双刃剑?

第一节　正确认识网络这把双刃剑

大学生在网络使用的群体中占据了半壁江山,他们对网络有着强烈的好奇心,而网络也满足了他们喜欢并能很快地接受新事物的需求,也给他们提供了了解世界的便捷途径,他们从中可以获取各种信息。在大学期间,可利用的课余时间较多,网络的普及使大学生们更方便上网,比如网络游戏、网络小说、网络电影、网络聊天。如果利用好了网络,就能使自己的能力得到很大的提高,知识的容量也会大大增加,利用不好就会浪费时间,甚至耽误学生的前程。

一、互联网的形成和特点

电、汽车、计算机等的出现给人类科技史上增添了耀眼的光芒,而网络的出现则使人们的生活有了翻天覆地的变化。

(一)互联网的形成和发展

当今世界已进入一个网络信息社会,信息通信技术的发展,已经使互联网络成为一个全球性的辐射面更广、交互性更强的新型媒体,不同于只能进行单向性的信息传播的广播电视等传统媒体,而是可以与媒体的接受者进行实时的交互式沟通和联系。

利克里德尔在1960年发表了一篇题为"人机共生"的文章。在文章中,他提道:"用不了多少年,人脑和电脑将非常紧密地联系在一起。"文章还大胆地预测,在不远的将来,"人通过机器的交流将比人与人面对面的交流更有效"。时代的发展已经证明,今天互联网的风行全球,确实让人难以相信。实践告诉我们,就在利克里德尔发表这篇大胆文章的同时,互联网的研究已经在美国悄悄地拉开了帷幕。

1969年,美国国防部为了能在核战争爆发时保障军队内部的通信联络建立了由4台计算机互联而成的实验性分组交换网络——阿帕网。到1974年4月,阿帕网发展到包括15

个节点并管理 23 个大学工作站的规模。1986 年,美国国家科学基金会建立了一个名为 NSFnet 的高速信息网络,取代阿帕网成为互联网的主干网,并向全社会开放,使互联网进入以资源共享为中心的服务阶段。1991 年,欧洲核子物理中心发明了用超文本链接网页的环球网(Word Wide Web,WWW),也称为"万维网",从而创造了全新的文献检索和查阅方法,使得互联网成为一个巨大的信息库。此后,计算机网络技术发展更加迅速,信息产业遂成为全球最炙手可热的新行业。如今,美国信息产业的出口已经占到全部出口的半数以上,互联网飞速发展。

1995 年以来,互联网用户数量呈指数增长趋势,平均每半年翻一番。截至 2010 年 5 月,全球已经有 22 亿 8 千多万用户。其中,北美 1.82 亿,亚太 1.68 亿。有人预计,2020 年全球互联网的用户数量将达到 42 亿。

今天,互联网的发展速度大大超出了网民的预期。与其他媒体相比,互联网有信息量大、传播速度快等发展特点。中国互联网已经形成规模,互联网应用走向多元化。互联网越来越深刻地改变着人们的学习、工作以及生活方式,甚至影响了整个社会进程。截至 2017 年 6 月,我国网民规模达到 7.5 亿。

(二)互联网的特点

互联网在现实生活中应用已经非常广泛,聊天、游戏、查阅资料、购物、工作、学习等。互联网之所以能应用越来越广泛,能渗透到人们生活的各方面,是因其具有以下特点。

1. 全球性

互联网的传播范围远远大于报纸、广播、电视等传统媒体。互联网从一开始商业化运作,就表现出无国界性,信息流动是自由无限制的。因此,互联网从一诞生就是全球性的产物。互联网使庞大的地球变成了"地球村",每个人是这个"地球村"的一员,在网络上使用最新的软件和资料库。不同国家、不同民族、不同生活方式的人们通过学习、交往、借鉴,可以达到共识、沟通和理解的目标。由于互联网传播方式的超地域性,每个网民都可以成为互联网上的平等公民,互联网突破了种族、国家、地区等各种各样的有形或无形的"疆界",真正实现了全球范围内的人类交往。

2. 开放性

互联网是开放性的,按照"包交换"的方式连接分布式网络。不存在某一个国家或者某一个利益集团通过某种技术手段来控制互联网的问题,也无法把互联网封闭在一个国家之内。互联网的本质是计算机之间的互联互通、信息共享,计算机之间互联互通的程度越充分,共享信息越多,开放性就越高,就越能体现互联网的作用。

互联网的开放性,主要体现在以下几个方面:一是对用户开放。互联网是一个对用户充分开放的系统,只要你具备上网的硬件条件,就可以上网。二是对服务者开放。互联网上的信息来自不同的提供者,互联网上的每一个节点,都可以自愿地、轻而易举地为互联网提供信息服务,正是这种开放性,为互联网提供了强大的生命力和活力。三是对未来的改进开放,互联网还没有定型,还一直在发展、变化,只要在遵循 TCP/IP 接入协议的前提下,可以有不同的风格和体系,可以根据不同的需要随时对任何一个子网进行更改而不影响整个互联网的运行。

3. 虚拟性

网络运行的"数字化"的特点决定了互联网"虚拟化"。网络世界是人类通过数字化方式,链接各计算机节点。所谓虚拟性是指网络世界的存在形态是无形的,它以图像、声音、信息等电子文本作为自己的存在形式。在网络中人们可以用匿名或虚拟身份,因此不必过度担心自己发表言论所造成的实际后果,并不存在现实世界中的身体属性、阶级属性以及地域属性所造成的各种沟壑。

网络世界是一种不同于现实物理空间的电子网络空间。网际关系同时存在着虚拟性与实体性。实体的交往主体隔着"面纱",以虚拟的形象和身份沟通、交流着,交往活动也不同于一般社会行动,需要依附于特定的物理实体和时空位置。在"网络社会"这个崭新的信息世界,主体的行为往往是在"虚拟实在"(Virtual Reality)的情形上进行的。

4. 海量性

互联网是一个海量信息库,互联网每天产生多少信息没有找到确切的答案,但可以明确的是互联网每天产生的信息量是巨大的。互联网上的各类网站和网络媒体每天都在创造、更新原创信息,比如新闻、文章、评论、音乐、视频等。社会各个层面,各行各业如政府部门、组织机构、个人等都已全面接受和依赖互联网,并且利用互联网提供的各种功能及服务。

互联网的海量信息带来了各种影响互联网良性发展的因素,比如信息的同质化,同一标题的新闻就可以在很多网站的新闻频道看到。在此过程中,信息被复制,也就制造了大量的重复信息,更有甚者,网站被大量采集和伪原创,从而使得网站的可读性越来越差。

5. 交互性

互联网是一个能够相互交流沟通、相互参与的互动平台。互联网作为平等自由的信息沟通平台,信息的流动和交互是双向式的,信息沟通双方可以平等地与另一方进行交互,而不管对方是什么身份。

互联网也是一个绝对没有中心的网络世界,网际交往突破了现实社会行为所具有的以自我为中心的互动特征。当你随着网络进入他人的空间,或进行在线交谈、网络讨论,或进行超文本的创作和阅读时,他人也同时进入了你的行动空间中进行互动。在网络的虚拟世界里,没有了作者、读者之别,每一个参与者都是处于一种交互主体的界面环境之中。

6. 平等性

互联网从诞生之日起就没有所有者,具有不从属于任何人、任何机构的特性。在互联网中所有的用户都是自己的领导和主人,所有的上网者都拥有网络的一部分,没有人有绝对发言权,同时每个人都有自己的发言权。网民是自由性与平等性结合的主体。

美国作家托马斯·弗里德曼指出,互联网正让世界变得"扁平",新技术将每个人都连接在一起,产生了跨越国界的竞争和机遇,使得许多工作可以在世界范围内流动。

网民可以阅读互联网上众多信息源的消息,可以自由选择议论话题,只有平等的网上公民和网络公民之间的交流,没有至高无上的网上统治者。网上的信息不为某一个人独有,而是属于每一个网民。互联网的这种特点使网民的意识和思维进一步走向平等和双向沟通,思维方式更加多样化,从而也更加具有个性和创造性。

7. 差异性

互联网作为一个新的沟通虚拟社区,能鲜明地突出个人的特色,只有有特色的信息和服务,才可能在互联网上不被信息的海洋所淹没,互联网引导的是差异化、个性化的时代。

网络具有的分散性、自主性和隐蔽性等特点造成了网民生活的个性化,每个网民都有可能成为中心,个体的个性意识逐渐增强。另外接入设备、上网时间、地点、上网目的、浏览内容都带有很大的随意性和不确定性,在网上,每个网民的目的不同,需要各异。可以说,网络既为人的个性发展提供了广阔的空间,也使网络中的个体具有了独特的差异性。

二、网络与高职学生心理

大学生是新生事物的促进派,始终站在时代的前列,代表着事物的发展方向。在网络大潮汹涌而来的时代,作为时代"弄潮儿"的大学生们自然也不甘落后,始终扮演着互联网忠实追随者角色。

据中国互联网络信息中心(CNNIC)最新发布的调查数据,截至 2014 年底,我国网民数达到 8.98 亿,中国互联网普及率以 42.6% 的比例已超过 31.9% 的全球平均水平。与 2007 年相比,10～19 岁网民所占比重增大,成为 2014 年中国互联网最大的用户群体。而大学生上网率约为 84%,甚至更高。现在的在校学生上网通常看新闻、利用网络资源、网上聊天、网上游戏、网上购物、使用微博、微信等。大学生会因不同原因上网,据调查:11% 的学生在高兴时上网,8% 的学生在心烦时上网,27% 的学生在无聊时上网,54% 的学生不定时上网。在聊天话题方面:15% 聊个人情感,20% 聊兴趣爱好,18% 聊生活经历,5% 进行学术探讨,42% 毫无重点地聊。从上网原因和聊天话题两方面都体现出大学生上网存在较大的随意性和盲目性,还有很大的不成熟性。从调查得出:64% 的学生曾因上网而耽误过上课。学生们更注重互联网的娱乐、资讯、拓展生活空间的功能而非学习的功能。

大学生具有创造性强、接受新鲜事物快等特点,由于涉世未深、追求刺激、喜欢娱乐,但自我控制力较弱,这些特点既会使他们成为互联网的极大受益者,也容易使他们沉迷于网络,在心理健康方面容易产生负面影响。客观地说,互联网对大学生是一把双刃剑,有积极影响也有消极影响。

三、高职学生常见网络心理障碍

互联网的发展成为中国影响最广、增长最快、市场潜力最大的产业之一,正在以超出人们想象的深度和广度迅速地发展。网络在给人们的生活、工作、学习带来极大便利的同时,也给人们特别是青少年的身心健康带来了隐患。

(一)网络心理障碍的含义

网络心理障碍是指患者没有一定的理由,无节制地花费大量时间和精力在互联网上持续聊天、浏览、游戏,以致损害身体健康,并在生活中出现各种行为异常、心理障碍、人格障碍、交感神经功能部分失调。网络心理障碍在临床医学上被称为"网络成瘾综合征"。该病症的典型表现包括:情绪低落、无愉快感或兴趣丧失、睡眠障碍、生物钟紊乱、食欲下降、体重减轻、精力不足、精神运动性迟缓、激动、自我评价降低、能力下降、思维迟缓、社会活动减少、大量吸烟、饮酒和滥用药物等,严重者有自杀意念和行为。

在网络心理障碍早期,患者先是感到在网络世界中其乐无穷,随之不断延长上网时间,有些人晚上起床解手时都会情不自禁地打开计算机到网上"玩耍"。他们轻微的是精神上的依赖，严重的依赖会发展为躯体依赖。具体表现为每天起床后情绪低落、思维迟缓、头昏眼花、双手颤抖、疲乏无力或食欲不振，上网后精神状态才能恢复至正常水平。网络心理障碍晚期，患者会出现与生理因素无关的体重减轻、外表憔悴等特征，一旦停止上网还会出现急性戒断综合征，甚至有可能采取自残或自杀手段，危害自己的身心健康和社会的稳定安全。

网络心理障碍的发病年龄介于 15～45 岁，男性占发病人数的 98.5%，女性占 1.5%。网络心理障碍以 20～30 岁的单身男性为易患人群。当然，并不是所有爱上网者都会患这种病症，因上网聊天而出现或加重社交障碍、行为异常、人格障碍、心境障碍、交感神经系统失调者，很多患者原来在心理上就存在某些问题，最突出的就是自卑和人际交往问题。越是自卑感强的人，其归属感和受人尊重的潜在意识越强，而网上的社交状态正好成为他们逃避现实的完美场所，在网络的世界里，他们谁都不知道坐在计算机旁上网的人真实的地位、背景、性别等，这些都会让他们体验到无与伦比的轻松、自在，满足个体的控制感。但是，来自网上的满足感、控制感毕竟不同于现实世界。心理健康的人能认识到这一点，因而他们不会沉湎于网络。而对一些曾经有一定心理问题的人来说，网上活动具有补偿性的满足感，往往会让他们难以自拔。

有心理学家针对 20 名自称因上网而产生心理问题的学生和随机挑选出的上网时间不尽相同的 17 名大学生，进行面对面的心理状态评估，评估后设计出了一个由 5 个方面组成的上网成瘾的标准。这 5 个方面的第一个单词的首个字母组合在一起正好是"MOUSE（老鼠）"一词。这 5 个方面分别是：用于上网的时间超过计划的时间；因上网而忽视其他责任；想断线却总是舍不得；因上网而与他人关系紧张或冷淡；不上网时过度焦虑。如果具有这 5 个方面的特征，便可以诊断为网络成瘾。

（二）网络心理障碍的类型

网络心理障碍主要有 3 种类型：网上沉溺、人际交往受阻、感情冷漠。

1. 网上沉溺

网上沉溺主要包括恋网与网恋两种。恋网即为迷恋网络或称网瘾，是指长时间地沉迷于网络游戏、上网聊天、网络技术，如安装各种软件、下载使用文件、制作网页的行为。网络迷恋心理障碍包括以下几类：网络色情迷恋——迷恋网上的所有的色情音乐、图片以及影像；网络交际迷恋——利用各种聊天软件以及网站开设聊天室长时间聊天；网络游戏迷恋——沉迷于网络设计的各种游戏中，或与计算机对打，或通过互联网与网友联机进行游戏对抗；网络信息收集成瘾——强迫性从网上下载无关紧要的或者不迫切需要的信息，并以堆积和传播这些信息为乐趣；网络制作迷恋——下载使用各种软件，追求网页制作的完美性和以编制多种程序为嗜好。在这 5 类中，网络交际迷恋者、网络游戏迷恋者及网络信息收集成瘾者占学生网络迷恋群体中的多数。

网恋即为网上恋爱。网络为网民提供了大量的空间和许多的途径进行感情交流，甚至有专门的网恋软件。网民可以通过互联网结识网络社会中的异性，并与之谈情说爱。在网络里，只要网民注册一个用户名，就可以扮演各种角色：可以装作成熟老练的长者，也可以做天真无邪的孩童；可以是侠胆豪情的男子汉，也可以变成柔情可人的小妹妹。可以追求他人或被他人所追求,"网婚"现象已经非常普遍,在网上青少年打情骂俏、变性交友、多角恋爱等随意性、不负责任的行为常发生。网络这个虚拟的世界满足了人们在现实生活中无法企及的梦想,为现实生活中的人提供变换角色的各种机会。参与网恋的人之中,有相当数量的大学生。沉迷于网恋的高职学生,既荒废了学业,又会使身心受到伤害。最可悲的是网络是十分虚幻的,一不小心就会上当受骗,势必会影响情绪,并且将这些情绪带到平时的学习和生活中,给心理造成不可磨灭的阴影,个别学生甚至轻生厌世。

2. 人际交往受阻

网络的人际交往是通过人机对话实现的,与现实生活中的人际交往相比,它掩盖了许多非语言符号丰富的内容,比如面部表情、动作等,存在情感深层交流不足的缺陷。大学时期正是学生心理发展趋于成熟的时期。这个阶段,他们特别需要别人的理解,愿意向别人倾诉自己的思想,以便通过别人的理解与安慰而对压抑的情绪进行调节,缓和心理压力。现实生活中,因为年龄、性别、地域、经历等的不同,相互间的交流会有一些无法回避的障碍。由于互联网具有隐蔽性的特点,在虚拟的网络世界里,可以消除各种社会暗示和物质表象的干扰,平等地与对方沟通、交流思想、表达感情,力争得到对方最大的理解和支持。一些学生由于青睐网上交往这种匿名、隐匿性别和身份的形式,常上网向网友发泄自己的不良情绪,排解忧虑,讲自己的人生故事,与陌生的虚拟伙伴侃侃而谈,他们会觉得心情能得到一定放松,从网友那里得到一定的心理支持;可当他们从热烈火爆的网上交往气氛中退下来、回到平静单调的现实生活时,发现自己面对的依然如故,强烈的心理落差极易产生心理孤独;还有一些高职学生原来社会交往活动比较频繁,现在由于把大部分时间投入网上交友聊天中,既减少了在现实生活中认识新朋友的机会,又减少了与现有朋友的联系,使友情淡化。现实中的交往面的窄化,无形中缩小了个人生活的圈子,长此以往就会造成在现实生活中人与人之间直接交流减少,人际关系淡化,引起高职学生与社会分离;久而久之,就会走入"现代与孤独",造成现实人际交往的矛盾与错位。《硅谷的废话》的作者克利福德·斯拖尔认为:"电脑网络使我们彼此孤独,而不是将我们联系在一起。"同样,斯坦福大学政治学者诺曼尼认为,"人们花在网络上的时间越长,他们与人们的交往时间就越少"。因此他怀疑:网络会不会制造一个充满孤独的世界?事实上,迷恋网络,会使大学生们远离同学,远离各种活动和社交场合,变得在现实生活中更加孤独。

3. 感情冷漠

相关调查显示,在上网的青少年中,有20%的青少年有情绪低落和孤独感,12%的青少年与家人、朋友疏远。网络世界是由高科技构筑的虚拟空间,网络传播强调的是高速、大量、生动与精确,但是缺少现实生活中的人情味。在以计算机为终端的网络中,由于匿名隐去身份,许多现实社会中的规范、规则、道德在虚拟世界中被漠视,这一现象在计算机游戏中体现得尤其突出。沉迷于网络中的高职学生长时间在网络中生活,慢慢变得分不清什么是现实、什么是幻想。他们把虚拟世界中的冷酷与无情带到现实生活中来,对周围的人和事无动于衷,对外界刺激缺乏相应的情感反应,对亲友冷淡,对周围事物失去兴趣,面部表情呆板,内心体验缺乏,严重时对一切都漠不关心;他们恣意表现自我,放纵自我情感,让现实中无法实现的事情在网络世界中逐一变成现实;他们在表现个人自我时,把社会自我抛得越来越远,甚至企图借助网络在现实社会中凸现自我,将自我凌驾于社会之上,进行网络犯罪,对自己

打游戏的技术和成就沾沾自喜,却很少对自己给他人和社会所造成的损害感到羞愧和内疚。

(三)网络心理障碍的原因分析

造成网络心理障碍的原因是多方面的,包括生物学因素、心理因素和社会因素等。

1. 生物学因素

根据弗洛伊德精神分析理论,网络心理障碍的起因可以追溯到口唇期,婴儿通过哺乳得到精神上的满足,并保留了对代表母爱的温暖、关怀、安全等美好感觉的回忆和思念,而患者通过上网,重新获得这种从口唇期结束后就似乎消失而又隐藏在潜意识中的满足感。

2. 心理因素

（1）从众模仿心理

高职学生普遍认为,进入大学生活以后,没有了学习压力,缺少父母的督促,甚至中学时代无孔不入的老师也变得温柔可爱,不再板着脸孔了,他们感到十分自由。相当部分大学新生自入学便开始尽情放纵自己,追求享受。从心理学的角度看,这部分同学进入大学后缺少了学习压力,丧失了求学的目标与动力,出现暂时的目标真空,导致刚入校园时无所适从,在外界诱惑下极易产生从众心理和模仿心理,在其他同学的影响下很自然地加入了网络大军的行列,客观上加剧了网民的增加。还有一些同学是因中学时被管得太严,产生逆反心理,进入大学后,便在网上拼命释放中学时想要的自由,造成一发不可收拾的局面。

（2）补偿心理

有的学生为缓和"理想自我"与"现实自我"之间的矛盾,便到网上寻求心理补偿,寻找心灵的慰藉,期望在网络中找到自我,于是将宝贵的时间和精力倾注于虚拟变幻的网络世界,通过网络来满足自己的心理。

（3）求助心理

现在高职学生有很多是独生子女,在父母的襁褓中长大,被父母视为掌上明珠、心肝宝贝、小皇帝、小公主。在上大学前基本上过着衣来伸手,饭来张口的生活,缺少锻炼和独立生活能力差。上大学后很多事情都要学会自己做,不一样的同学,不一样的生活环境,必然会遇到许多一时难以解决的问题和烦恼。有些学生碍于面子,不愿向同学倾吐和求助,转而向网络寻求帮助。

（4）逃避心理

高职学生进入校园后,希望拥有一个生机勃勃,积极向上的好集体,渴望建立一个和谐的人际关系环境,渴望人们的理解与支持。但高职学生在交往中存在因缺乏经验、技巧而不善交往;同学都来自四面八方,有不同的生活风俗习惯,因担心他人轻视而不愿交往;因性格内向孤僻而不会交往;因个性自卑而害怕交往等现象,由此造成与他人难以沟通,感到压抑孤独,就像有同学抱怨说,在大学生活中人与人之间总是隔着一层薄膜,徒见其外表而不知其内心。在这种心理作用下,一旦学习、交往遇到挫折,很容易产生逃避心理。

（5）畏难心理

开学初期由于好奇心和进入大学的喜悦使他们有耐心坐在教室听课,但因为上课形式、上课内容与高中完全不同,面对老师的授课不知所云,几节课下来便产生了逃课心理。其次学校于开学初进行军训管理,十分辛苦。初始课堂管理的不够完善给同学们的逃课旷课提供了方便,部分同学就选择这个时机上网,并迷恋上了网吧。

（6）自卑心理

自卑的学生一般都带着某方面的人格障碍或心理障碍进入校园，由于家庭因素（贫困、父母离异、单亲家庭），使他们产生严重自卑心理，造成性格孤僻，害怕与他人共处，长期处于压抑状态，为寻求心灵的解脱，借助网络，沉溺于网络虚拟的世界不能自拔。

3.社会因素也可能使学生产生网络心理障碍

在校学生的学习压力大，长期精神紧张，在人际交往中经常出现阻碍与困惑。另外孩子和父母之间也常常缺乏交流，即便偶尔有交流，也是不欢而散。这些都导致学生处于一种生理和心理苦恼期，长期的压抑需要某个渠道加以宣泄，而上网无疑是较为方便的途径。他们在网络中结交朋友，以获得现实生活中无法得到的情感、尊重和满足感。

第二节 高职学生的网络行为及网络心理的调适

网络是一把"双刃剑"，在改变高职学生的生活、交往、学习和发展方式的同时，也带来了某些问题。它既可以很方便、很自由地满足大学生的求知、娱乐、消遣等多方面的需求，属于对大学生有利的一面；同时也会使人沉迷于这一虚拟世界不能自拔，如沉溺于游戏、聊天、色情、网恋等，会对大学生的身心、学业等造成不利影响。

一、网络对高职学生行为的影响

任何事物都有两面性，网络也不例外，网络的出现给高职学生的生活、学习带来了很大的影响。对高职学生而言，在行为上有积极的影响也有消极的影响。

（一）积极影响

1.网络对高职学生学习行为的影响

网络的普及，网上的资源无比丰富，极大地改变了学生的学习方式，丰富了学习内容，拓展了学习的深度，有效地促进了高职学生的学习。高职学生通过网络自由地进行大容量、超时空的信息交流，不断获取自己想要学习的各种知识，增强了学习的自主性，完善了自己的知识结构，深化了自己的学习内容，满足了日益增长的学习需要。

第一，逐渐引导学习者变革思维方式。在网络学习中，借助新的学习平台，能从网上及时获取大量的信息，特别是基于如今网络教学，营造了生动便捷的学习环境，为学习者提供了灵活的、非线性存取、随机获取的信息。这种思维方式特征是非线性的、多维的，是保持收敛和发散的合理张力的。因此，我们在网络教学中，要引导学生学会动用新的思维方式去学习，同时在网络学习中实现思维方式的变革，培养创造性人才，引领他们的创新思维。

第二，要为网络学习提供良好的技术环境保障。网络学习会受到技术环境的影响和制约。校园网的某些技术故障可能使一些学习终端瘫痪，双向视频教学，可能由于学习者无法知晓的原因，信号戛然丢失；任意段网络带宽不足或用户争用而出现网络阻塞使学习行为不连贯。这一切都可能使学习者心烦意乱，甚至丧失网上学习的兴趣和信心。因此，网络学习的成熟，需要网络通信技术环境的完善。目前大多数学校还未有专门专业的技术维护人员，如果网络设备出现故障，就不能及时处理，故学校或者相关组织机构应为学习者提供良好的技术环境和场所。

第三，要重视学习者网上学习技能的培训。当前，学生缺乏必要的网络学习技能是开展现代远程教育的院校普遍碰到的问题。很多学生都学会了上网，但由于掌握技能的深度和熟练程度不够，他们往往只是浏览网站、玩游戏、聊天等，这些都阻碍了学习行为的顺利进行，影响了网络学习的效率和效果。因此，对学习者进行技能培训十分重要，要把它作为入学教育的一项内容。技能培训不能让学生被动地接受知识，而要设计学生感兴趣的话题，利用学生追求新鲜事物的激情，在完成任务过程中主动地学习和掌握技能。

2. 网络对高职学生沟通方式的影响

随着网络科技的迅速发展，网络对我们的生活方式和沟通行为的影响越来越大，已经有大量文献和实践经验证明。早在20世纪90年代，霍华德·莱因戈德提出，网络沟通将从3个相互联系的方面对现实生活产生影响。首先，在媒介饱和年代，网络沟通将重新塑造人们的个性和情感。其次，传统的人际关系是建立在一对一的交流基础上，而网络沟通提供的是多对多模式，因而也将对群体观念和人际关系构成挑战。最后，则是对民主社会的影响，网络沟通挑战了权力集团对传播媒介的垄断。莱因戈德的开创性研究极具启迪性，他的著作大体上为后来的研究和争论设置了一个框架。后来的研究者认为网络对人类的影响大多呈现3种趋向。一是乐观主义的期待，强调网络传播产生了新的社会交往形式和沟通行为模式，并将与新的都市生活环境相适应。另一种则体现出强烈的批判意识，认为计算机带来社会关系的非人性化，互联网的使用加剧了人的孤独、疏离感，甚至是沮丧的感觉，实际是减少了人与人的交流和沟通。第三派的观点带有某种折中主义色彩，认为虚拟社群独立于现实社群之外，与之互动，但并不对立。基于已存在的大量研究，笔者认为应该站在一个客观的角度看待网络对沟通行为的影响，既看到网络为沟通带来的巨大变化，也关注这巨大变化背后的隐患。

（二）消极影响

1. 没有克制的上网会导致学生自我约束力降低

首先，高职学生沉溺于网络之中会浪费大量宝贵的学习时间，严重影响自己的学业。高职学生自由支配的时间较多，一些学生受到网络的吸引，只要不上课，就泡在网上打游戏、聊天、看新闻，周末不回家的学生更是如此。有的学生甚至通宵上网，个别学生旷课上网聊天、玩游戏。不仅花费了大量的金钱，而且还因上网，导致学科成绩极差，经常逃课，根本听不进老师的教育，有的甚至留级、退学。

2. 虚拟世界的美好让高职学生失去广泛的兴趣爱好

整天泡在网上打游戏或聊天，会沉溺于虚拟世界的美好，他们利用自己一切可以利用甚至不可利用的时间上网。他们忽略现实中的各种活动，如打球、谈恋爱、下棋、看电影以及班级里的各种活动，认为这些活动毫无意义，网络成为能够代替一切活动的嗜好。很多同学经过大学3年，已然脱离现实生活，没有可交心的朋友，没有现实社会的社交圈子，逐渐淡化或失去现实生活中广泛的兴趣和爱好。

二、网络对高职学生心理的影响

高职学生的心理发展趋于成熟，但也呈现出容易受影响的特点。在网络普及的时代，网络对学生心理的影响也不容小视。网络中各种内容,既存在着积极的影响也存在着消极的影响。

(一)积极影响

1. 网络提供了更大范围的虚拟群体环境,有助于培养高职学生人际交往的能力

网络通过全方位、多层次的信息传递为大学生提供了更方便且范围更大的社会交往机会,使大学生的社会性得到空前的延伸,在一定意义上讲,也会给高职学生心理健康带来积极的影响。在传统交往方式下,个体的人际交往常常囿于实际生活的狭小生活圈子,但在网络社会中,网络的开放性、大众性、虚拟性、直接性等多种特点容易使网上交往打破身份、地位、财产等社会等级的限制,为人际交往提供便利。通过网络,人们可以直接交流,而免去了彼此的客套、试探、戒备和情感道义责任。同时,由于网络交往所具有的间接性和虚拟性特点,使得网络人际交往比较容易突破年龄、性别、地位、身份、外貌等传统人际交往影响因素的限制,为大学生提供了虚拟性的更为广阔的网络交往空间。

2. 网络提供了角色实践的场所环境,有助于高职学生胜任现实的社会角色

人际交往中交往者要扮演不同的社会角色,交往环境和交往关系不同,交往角色也会发生变化。交往者所扮演的往往是复合角色。网络为大学生提供了角色实践的"练兵场"。网络创造的"虚拟环境"使大学生能够在其中不断进行角色扮演,理解角色的行为规范,体会角色的需求和情感,了解角色间的冲突,并借助网络群体成员间的互动,体验自己的角色扮演情况,进而把握自己在现实社会中各种角色的尺度。

3. 网络提供了打破传统线性思维束缚的环境,有助于激发大学生的创造性思维

在网络中,由于大量使用的超文本阅读方式是以网络形式来构筑和处理信息的,它是一种跳跃式的、非线性的思维方式。从非线性的角度出发思考问题,那么在处理一个复杂的事物时就必须考虑它与周围事物的种种联系,并透过这种网状的联系来寻找解决问题的方法。这种思维方式改变了传统线性思维所固有的狭隘、死板的弊端,有利于培养大学生的发散性思维,拓展大学生的思路,帮助大学生正确地看待周围的人和事,树立科学的人生观和世界观。

4. 网络能够提供了专业心理援助,有助于提高个体心理健康水平

个体心理健康水平存在程度差异。低层次的心理健康指的是没有心理疾病症状,高层次的心理健康是指人的潜能得到充分发挥或"自我实现"。因此,即便是正常的人也要不断提高自己的心理健康水平。目前互联网上普及心理健康知识、提供专业心理援助的心理健康站点比较多。尽管这些知识的侧重点有所不同,但他们都自觉担负起了普及心理健康知识、提供专业心理援助的责任,在一定程度上对高职学生的心理健康辅导起到了积极的作用。

(二)消极影响

网络对高职学生心理的冲击,容易造成他们情感自我和角色自我的迷失,影响其心理健康,并诱发种种心理障碍。

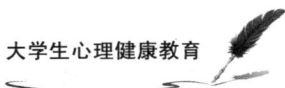

1. 人际交往障碍

人际交往障碍是指因使用网络而引发的现实生活中的社交障碍。社会学常识告诉我们，人际交往的互动是青年时期完成个体社会化的基本环节。人的行为在社会交往中要受社会道德规范的制约，而在网上他们不必遵守现实社会中人际关系和角色扮演的规则，没有必须履行的角色义务，这种匿名效应使他们在网上与陌生人交往时幽默、浪漫，而在现实生活中却不善言辞、沉默寡言。因此，长期的网上冲浪会逐渐失去自我，改变个性。

2. 情感问题

情感交流是高职学生网上交往的一个主要方面。高职学生正处于情感体验的高峰时期，向往异性、渴望情感是正常的。但在实际生活中，他们的情感表露或多或少受到限制，总要面对自身生存的人与人之间的情感氛围。从网上看，大学生的情感需求主要有两个方面：一是寻求异性朋友或对象；二是为了情感满足和心理愉悦。网上最热门的话题是网恋，就正常发展的网恋而言，由于网恋是借助于网络媒体、依靠文字进行的，缺乏重要的感情基础，因此，网恋的成功率极低，大部分是见光死，从而造成较大的感情或心理伤害，对大学生的心理健康产生负面影响。

3. 网络人格失真

在现实生活中每个人都扮演着不同的社会角色，而在网络人际交往中人的真实姓名、性别、年龄、身份等多种社会角色被掩盖，并且在网络中的角色缺乏责任感，渐渐会失去对周围现实的感受力和积极的参与意识，从而导致了孤僻、冷漠、欺诈等心理。他们混淆了网上角色与现实生活中的角色，忘记了自己的社会责任和社会地位，在网络和现实生活情景中交替出现不同的性格特征，人格缺乏相应的完整性、和谐性，从而导致部分大学生偏执性人格、多重人格冲突等问题。这种大学生具有脱离现实、退缩孤僻、沉溺于幻想的行为特点。他们不愿与人进行面对面的交流和互动，只在网上发泄自己的不良情绪，这使他们在现实世界中的孤独感日益严重。

三、高职学生网络成瘾

网络成瘾也是一种疾病。网络是否影响学生正常的社会功能的发挥，是否影响学习、生活和工作，影响到现实生活中的人际关系和情感交流。

（一）高职学生网络成瘾的现状

网络成瘾也即"网络成瘾综合征"，简称 IAD，美国心理学家金伯利·扬认为，IAD 与沉溺于赌博、酗酒、吸毒等上瘾者无异。网络成瘾者对上网有一种心理上的强烈依赖感，主要表现为网络游戏成瘾、网上聊天与交际成瘾、网上收集信息成瘾等多种形式。过度沉湎和依赖网络对高职学生的心理健康造成了极大的影响。沉湎网络使高职学生的性格变得更为孤僻，对社会形成隔离感、悲观、沮丧等心理障碍。对正常的学习和娱乐活动无兴趣，消极地逃避现实，造成角色错位，把对现实的感觉和喜怒哀乐寄托在虚拟的网络世界中，感情淡漠，情绪低落，注意力分散，无精打采，只有在网上，才会精神焕发。有的大学生也明知沉湎网络会影响学业，多次告诫自己不能再泡网吧，可还是身不由己；凡是网络成瘾的高职学生，大多会陷入虚幻的网恋中，人格出现异化，道德感弱化。因长时间上网，减少了在现实生活中的人际交往和正常的文娱活动,日常的生活节奏被打乱,饮食不规律,体能下降、睡眠不足,生物钟失调、身体虚弱,思维出现混乱,更严重者甚至导致猝死和自杀。高职学生网络成瘾导致的最直接的后果是成绩下降,学业荒废。《中国青年报》曾报道:北京某重点高校 30 名毕业生中有 20 人因沉湎网络游戏,缺乏学习动力和目标等原因,达不到毕业的要求而拿不到学位。多数留级和毕不了业的大学生,几乎都存在一个共同的问题,即上网耗费时间太多,致使多科考试成绩不及格,无法完成学业。美国的心理学家研究发现,青少年是网络成瘾的多发群体,其发生率可达 14%。随着互联网的发展和普及,上网人数的增多,网络在现代教育教学中的作用和地位日益突出,中国大学生因网络成瘾而难以自拔的人数也将会逐年增多。因此,如何预防和戒除网瘾,化解网络带来的负面效应,已成为新世纪全国广大教育工作者、政府和社会所必须面对的一个新课题。

(二)高职学生网络成瘾的原因

计算机网络是西方发达国家科技进步的产物,他们使用互联网的时间和普及程度远胜于中国,但高职学生上网成瘾并没有成为大学生教育和管理中的一个突出问题,更鲜有学生因上网成瘾而导致毕不了业、误入歧途或自杀的案例。这说明网络成瘾的原因不像人们所描述的那样:只要一接触就无法摆脱。中国大学生在网络使用中所出现的问题,主要是使用网络的方法不当,高职学生在成长过程中所表现出来的个性心理,中国的教育和管理方式问题,是社会管理的缺失及网络本身的吸引力所致。

首先,使用网络不当是网络成瘾的重要原因。网络可以为人们发送电子邮件,传输数据,进行视频通信,开展远程学习,下载软件,查询资料,网络已成为人们离不开的生产和学习工具。同时,网络也是人们"休闲消遣",进行精神享受的好去处。可是在现实中,究竟有多少人把网络当工具,充分地利用网络资源来提高工作与学习效率? 又有多少人把网络当作了娱乐工具,利用它来进行消遣、玩游戏和聊天? 笔者在一个正常工作日上午的某一个时间点上,查得用 QQ 聊天的人数最多一次突破 600 万人,玩联众游戏的人数最多一次达619 281人,还有玩其他各种游戏的人又有多少? 在被调查的大一、大二、大三的 3 个年级的1 200名学生中(学计算机专业的占 30%),上网热衷于聊天的达 75.8%,选择网络游戏的占41%,曾光顾黄色网站的占 35%。在时间比例上,只有 19.2% 的上网是为了下载软件,搜集资料,了解时事新闻。而且年级越低,用于学习的比例越低,用于玩游戏、聊天的时间则越多。其中,女学生多热衷于网上聊天、交友,男学生主要迷恋游戏,追逐游戏的级别。他们每次上网,难得有几次是为了收集资料和学习,大多是为了放松休闲。正因为大学生把网络当成了玩具,把上网当作休闲消遣,而不是把网络作为学习知识的工具来使用,对网络的认识和使用方法上存在严重的误区,从而使各大学校园周边的网吧生意特别红火,星罗棋布的网吧成了各大学校园周边地区的一道特别的风景线,哪怕是夜深人静,网吧依然是灯火通明、座无虚席的上网者 90% 以上是大学生。网吧经营者也为了吸引这个特定的消费群体,总是千方百计地提供各种网络游戏、娱乐与聊天的服务项目和优惠条件,使本应在教室和图书馆里学习的大学生不分时日地涌入网吧,一上网就是几个小时,有的甚至夜以继日,忘记了时间和学习任务,经常迟到、旷课,整天睡眼惺忪,无精打采,从他们的表情中找不出年轻人所应具有的求知欲望和精神面貌。

其次,网络自身的优势是高职学生网络成瘾的客观原因。网络是现代科学技术进步的标志,它的高科技性、超时空性、自由性、开放性、仿真性与时尚性对高职学生具有很强的吸引力。一是网络给高职学生提供了一个超越时空与现实的广阔天地,加强了他们了解外界及与外界联系的渠道。现在的高职学生多为独生子女,他们因性格的差异、年龄、文化及教育方式的不同,难于向同学、朋友、家长及老师倾诉自己的心声,交流感情。另一方面,他们又希望被别人所了解和关注,与人交流,渴望友谊。互联网正满足了高职学生这一生理和心理要求。在网上,高职学生可以在匿名状态下,自主选择交流对象,向对方尽情倾诉自己的烦恼与困惑,很容易找到知音。而且还为他们提供了一个结识异性,寻觅知己的广阔天地,各种"网恋"层出不穷。二是网络游戏的互动性、挑战性与实时性对高职学生具有很大的吸引力。网络游戏具有引人入胜的动画和音响效果,生动的故事情节。超越时空的游戏,使不同地域、年龄和身份的人,可以随时找到共同的爱好者,在游戏中他们可以交流、团结协作与竞争,感受到友好、轻松和快乐。在玩游戏的过程中,能够感受到置身其中的紧张、激动与惊险,在攻克一个个游戏难关时可获得一种成就感,感受到从其他娱乐形式中所无法感受到的惊险、紧张和刺激,获得身临其境的娱乐体验,得到精神上的满足和愉悦。在许多高职学生的眼中,网络游戏不仅仅是一种游戏,它更是一个情趣、兴趣和情感相互交融的世界,是一种新的生活方式。网络游戏的这些特征让高职学生欲罢不能,最终因完不成学业而毕不了业或留级时才大梦方醒,后悔莫及。

其三,高职学生的个性心理特征是网络成瘾的主观原因。台湾大学林以正教授在对网络成瘾的研究中指出:具有不同人格特质的网络使用者,会受到不同的网络功能所吸引,会产生不同的网络成瘾形态,网络成瘾现象是由网络使用者的人格特质与网络功能相互作用的结果。根据对网络成瘾者的现实调查,大学生沉溺网络往往与自身的人格特点,如内向、敏感、认知能力较差、自我管理与约束能力、纪律性不强及渴望成功和自我实现的心理特质有关。一是网络成瘾的大学生,多数是因为个人管理和自我约束能力太差,一味地放纵自己的行为所致。少数是因为个性孤僻,交友能力较差或不善于交际,转向网络去寻求友谊和结交异性朋友,以满足情感的需要。二是大学生正处于自我形象逐渐清晰的青春发育期,当出现自我设计的理想人生与社会现实不一致的时候,往往难以摆脱因失意所带来的惆怅与烦恼,而在网络环境下,现实生活中的一切不如意都可以摆脱掉。三是大学生没有中学生那样大的学习压力,拥有更多自由支配的时间;没有像中学那样,学习和生活都有教师和家长的指导和管束,自由的大学生活使他们有了更多安排学习和生活的自主权。而他们中大多数是独生子女,独立生活能力较差,对如何合理地安排自己的行为和时间往往缺乏理性的选择和控制。四是他们又是一群渴望了解世界、争强好胜、表现欲强、想象力丰富、追求刺激和挑战的群体,而他们内心深处还有着孩童时贪玩好动的心理。同步性的网上聊天、网络游戏、非同步性的 BBS 站点、黄色网站等极大地满足了他们的自我表现、玩乐与猎奇心理,使他们沉湎在虚拟的网络世界里,忘记了校纪校规和学业的压力,成了网络的"俘虏"而无法解脱。

(三)如何防治网络成瘾

高职学生网络成瘾不能简单归结于网络的出现和广泛使用。网络只是传播信息的重要工具,它与报纸、广播、电视等传统媒体一样,有着相同的功能和缺点,关键在于人们如何去消除它的负面影响。不能因为高职学生上网会成瘾就因噎废食,把它当作"电子海洛因"而禁止使用,也不能放任自流。要充分吸取和借鉴发达国家的网络管理经验,建立从硬件到软件,从社会、学校到家庭的立体防范机制。

第一,培养高职学生的网络道德素质,提高他们对网络的认识水平和自律能力。网络代表尖端高科技的发展水平,又是一个充斥着各种思想和观念的虚拟空间。网络独特的虚拟环境,使任何网民都可以隐身在网上进行自由活动,容易放纵自己的行为,使黑客入侵、网络犯罪、信息欺诈、撒谎在网上成为一种普遍现象。涉世未深、毫无社会经验的高职学生很容易上当受骗,甚至参与其中,严重扭曲了高职学生的人格和心理。因此,学校应把现有的思想品德课教材内容加以充实和改革,把网络文明、网络道德规范教育当作一项重要的思想教育内容,利用学校思想教育的主渠道对学生进行正确的引导。让高职学生真正懂得网络不但有看得见的数字技术要求,也有看不见的伦理道德规范的要求。在开展计算机网络技术教育的同时,应引导他们对网络成瘾、网络的负面影响进行深层次的了解,提高对网络的科学认识,自觉树立正确的网络道德观和自律意识。

第二,引导高职学生掌握正确使用网络的方法和提高操作水平,为防范网络成瘾提供技术保障。我们应充分借鉴发达国家防范网络成瘾的成功经验,把高职学生对计算机信息网络的浓厚兴趣和求知欲望进行正确引导,趋利避害,有效地发挥互联网的作用,把高职学生的主要精力集中到有利的方向上来。要让他们充分了解网络的功能与特点,掌握其具体的操作技能,自觉地把网络当作学习工具而不是游戏和聊天的空间。如通过教学、培训、组织兴趣小组、网上知识竞赛、网络信息咨询、网络科技知识解答、网上新闻调查等活动,激发大学生学习网络知识的兴趣,提高使用网络的水平和技巧。要经常告知学生,在上网之前必须设定目标,有选择地进入各类网站,查找相关的资料,不能无目的地在网上漫游。

第三,加强网络的法制化管理,建立网上监察机制,净化网络环境。据现实调查,网络成瘾者一般是因缺乏监督、管理,无节制、长期上网的原因所致。而为此提供条件的,是大量营业性网吧。因此,政府职能部门要对各种网吧进行严密的法律管治,限制各类网吧的营业时间,对不法经营者要坚决予以打击和取缔。对网络犯罪,利用网络作聊天工具,实施网络诱骗和攻击,非法建立色情网站,传播不良信息的人予以坚决打击,建立信息管理的常设机构和专业人才队伍,对计算机信息网络资源进行控制和法制化管理。对于在学校上网的学生,更应加强管理和开展经常性的检查,对上网玩游戏与光顾色情网站者给予严厉的批评教育。另一方面,国家要加大硬件和软件技术的投入,严格管理网络文化的入境渠道。采取各种电子传输过滤软件技术,限制卫星接收,加强对学校、家庭、网吧网络的入室防范,限制不良信息的传播。

第四,重视对网络成瘾者的心理健康教育,为高职学生营造一个良好、宽松的成才环境。从大学生产生网瘾的原因及成功戒除网瘾的实例可见,网瘾是过度使用网络而产生的一种心理依赖和行为习惯,必须通过心理治疗和教育等多种措施来解除。为了戒除和防范网络成瘾,一是要对大学生加强心理健康教育。现在许多大学和一些网站已开设了心理知识、心理咨询、心理测试等项目,各大、中城市相继建立了戒除网络成瘾的帮助组织,并已收到了好的效果。学校作为思想教育的主渠道,应从多方面入手,加强对网络成瘾者的心理健康教

育,引导他们正确处理现实人际交往与网络虚拟生活之间的关系。二是进行教育观念和方法上的转变,多组织一些社会实践活动,学校、社会要多创造条件,多开展学术交流活动,组织各种以学生为主、有教师指导的社团活动,开展一些丰富多彩的集体活动以减少上网的时间,并让大学生在活动中来提高自信心和人际交往能力,在活动中感受到同学间的友谊、团结协作给人带来的愉悦。总之,必须正确面对信息网络给当代大学生的教育和管理所带来的负面效应,构建适应网络化时代教育的新模式和管理体制,认真做好上网学生的教育和管理工作,对网络进行法制化管理,为青年大学生提供一个良好健康和有序的网络环境,尽可能避免网络给大学生带来的负面影响。

四、建构良好的网络心理

网络正在改变人类的生产和生活方式,对人的心理发展也会产生影响。信息时代人类的焦虑与不安成为一个普遍的事实。但是,这不是网络的过错。网络只不过是一个媒介,一个工具性的存在,用好了造福人类,用不好贻害无穷,关键是看谁来用它、怎样用它。所以,与其说我们应该关注网络,不如说我们更应该关注自身。人类生存和发展的古老话题并没有也不可能因为网络的异军突起就简单明朗起来。面对网络给高职学生心理带来的不良影响,我们需要采取一系列科学有效的应对策略,充分发挥网络的积极作用,努力克服网络带来的消极影响。

(一)全面地认识和理智地对待网络的作用

人们发现,地球越来越"小",因为四通八达的网络将世界连成了一个"地球村"。随着时代的不断发展,互联网的影响力将会越来越大,"网络化"将成为各项社会活动的主要形态之一。网络在给人们带来便利的同时,也给人类社会带来了诸多负面效应和潜在危机。因此,互联网被形象地喻为"双刃剑"。

一方面,网络具有信息量大,传播速度快,工作效率高,适时互动空间广阔,多媒体运作的特点,因而能够最大限度地调动用户获取信息的自主性和参与性。网络正在改变着人们的行为方式、思维方式乃至社会结构,它对于信息资源的共享与快速交流起到了无与伦比的作用,并蕴藏着无尽的潜能。随着数字技术的发展,网络还会为人们提供更多方便。如今人们将网络称为第四媒体,网络的存在,为每一个终端用户提供了可以发表任何意见的条件,也就是言论自由。网络使个体生命的存在价值获得无限的提升和张扬,使人们得以再等生命的尊严。聊天室、BBS 站点、电子邮件和琳琅满目的网页所扮演的润滑剂的角色,对缓解用户的紧张心理,释放用户的压力,发挥着积极的作用。网络给予人们的影响是潜移默化的。网络的终端用户使用网络是主动的,但在网络上却是被动的,只能从网络提供的现有信息中进行选择。用户在使用过程中无疑会被动地受到网上信息的影响,而这影响又是在漫长的过程中不知不觉发生的。网络就其自身来说是一种技术,一种工具,并无阶级属性。而网络上的信息内容却是出自各个国家、民族、阶级之属的人之手,故网络上的信息内容也必然会带有其提供者自身的某种烙印。任何人都可以向网络平台发送信息,一条信息送上网络可瞬间传遍全球,也可以放在网上供使用者随时查阅;信息的提供者或发布者与使用者或接收者是紧密关联的,这就是客观存在的网络。另一方面,现代科技用精密的电子元件和严密的计算机程序构建了网络社会强大的"经济基础",但网络社会的"上层建筑""意识形态"却不是科技手段所能够建造的。可以说,网络社会从一开始就具有心理、精神层面先天不足的缺憾。这种矛盾所带来的后果只能是对既有事实的逐步适应,其心理震撼是可想而知的。

由于网络开放、交互式、终端用户独立自由等特点,也使网络本身对不良信息缺少"天然屏障";网上不仅有毒害青少年身心健康的不良信息,也有制造社会政治、经济混乱的有害信息。网络四通八达,似乎"无所不能",正如因特网发明者所宣称的:网络是一个"自由、平等"的世界,是一片"没有政府、没有警察、没有军队、没有等级、没有贵贱、没有歧视"的"世外桃源"。发达的网络系统,为各种有害信息的制作和传播以及其他网络犯罪行为提供了便利条件;一些迷信、色情、暴力等方面的信息通过网络在大学校园里传播,对师生的身心健康造成了很大的危害;国内外反华势力利用网络散布反对马克思主义、攻击党的领导和社会主义制度的言论和思想,对高校和社会的稳定构成了威胁。网络已成为西方资产阶级人生观、价值观、道德观最易侵袭的地方。事实上,聊天室、BBS 谩骂已盛行成风;网上欺诈行为、虚假信息防不胜防;打开 E-mail 时,就会有成堆的垃圾邮件。网络没有边界,黑客也无所不在。这些被称为黑客的计算机高手,一直是网络信息安全的最大威胁,也是破坏网络文明的一支强大队伍。美国官方曾统计:每 20 秒就有一台互联网上计算机遭到黑客的入侵。E-mail 是一种方便而快捷的信息传递方式,然而据国家计算机安全协会公布的"2000 年病毒传播趋势报告"显示,E-mail 已跃升为计算机病毒传播的主要媒介(由 1996 年的 26% 上升为 2000年的 87%)。事实已在不断证明,网络污染日趋严重,网络文明正在遭受破坏,如果坐视不管,终将深受其害。

高职学生应当正确认识网络这个虚拟世界,计算机只不过是传播信息的机器,网络并不能代替现实的人际交往活动。我们应当辩证地看待网络的作用,既要注意克服片面夸大其作用,对之盲目崇拜的倾向;又要克服因为网络的消极作用而对其全盘否定或盲目排斥的倾向。在纷繁复杂的信息网络世界里,高职学生网民要学会筛选有用的信息,充分发挥网络的积极作用,让网络为我所用。同时,要用理智的眼光正视网络的负面作用,提高自身抵制污染的能力,自觉维护网络文明,不仅要成为计算机网络的使用者,而且要成为计算机网络的建设者和真正的主人。调查表明,对虚拟的网络世界,大多数学生能保持清醒的判断,有比较正确的认识。网络正面效应的逐步提升,是非常可喜的现象。

(二)加强对青少年的人文关怀,提高青少年网络素养

1. 建立社会伦理和人文关怀

学校、家庭、社会应该帮助青少年理解有关技术的社会伦理和文化的问题;帮助和指导青少年以一种负责任的态度使用技术、信息和软件;帮助青少年并让其善于利用技术系统来形成一种建设性的网络利用态度,以支持自己的终身学习、合作、个人追求以及生产能力等。

2. 培养青少年计算机素养

计算机素养是指一个人是否真正能从计算机获益的能力。作为家长、教师,要教会青少年如何正确地从计算机上获得对自己发展有利的信息和技术以及敢于尝试利用各种正确手段解决问题的计算机操作能力。

3.引导青少年做互联网的主人

互联网是青少年生活中的网络,而不是青少年毫无选择地生活在互联网中,计算机或互联网只是青少年生活、学习的一种工具。谁也不愿意青少年为互联网所控制,被动地去适应它们,而是应确立青少年面对互联网时的主体地位,并帮助他们正确使用这些新技术。

五、大胆求助,摆脱困境

为了使沉迷于网络的高职学生们走出网瘾,首先要让他们认识到网瘾的危害,对自身心理和身体的伤害,愿意走出来,主动地寻求帮助,只有这样才能真正摆脱网瘾的困境,走上阳光健康生活的道路。他们可以向自己的亲友、师长等求助,也可以向专业的心理咨询师求助,最终目的是走出困境,积极面对人生。

(一)求助于老师、家长、同学、朋友等

遇到麻烦和不顺心的事,不可压抑。把所有的烦恼埋藏在心里,只会加剧自己的苦恼,很容易闷出病来。倾诉是改善不良心情的最好方法。倘若发现自己在现实生活中难以适应,同时存在情绪低落、能力下降等心理问题,而自己又不能走出心理误区时,就应当积极求助他人。向自己亲近、贴心的朋友或家人或老师倾诉,把心中的苦处、不悦,像"竹筒倒豆子"全部说出来,心里会顿感舒畅。"把苦闷讲给朋友听,一个苦闷就会变成半个",这句话很有意义。通过向他们倾诉,可以释放心理压力,缓解内心痛苦;还可以得到他人对你的支持,帮助你解决思想上的不愉快和想不通的问题。此外,把问题提出来,或许你会发现,很多事情其实都是可以轻易解决的,"有时人在倾诉中自己就能发现问题。"因为通过将自己的苦恼转换成话语表达出来,可令你更清楚问题的核心所在,从而找到问题的解决办法。

(二)进行心理咨询

心理咨询是摆脱网络成瘾的一种有效方法。心理咨询的方式有多种,既可以进行现场心理咨询,与心理咨询师面对面地交流,也可以进行网络心理咨询。尤其值得一提的是,互联网为心理健康教育开辟了一种高质量、高效率的崭新手段。网络心理咨询除具有一般网络教育的特点外,还有其独特或具体的特点。一是,信息快捷,即时性强。网络心理咨询信息传递快,具有迅速扩张性和强力渗透性的优势。教育的时限性好,可以为心理困惑者、心理障碍者,甚至是有自杀意图的人提供及时而有效的帮助。二是,信息量大,准确全面。网络心理咨询信息量大,联系广泛,心理教育信息准确全面,可以对不同地点、不同学派的心理专家的意见进行反复比较,避免因受某个专家自身知识或经验的局限性而影响心理教育效果的情形。三是,选择自由,隐秘性强。网络心理咨询不受时空限制,操作方便、简洁,节省人力资源,能有效地发挥心理专业教育工作者的作用,造福更多的青少年。网络心理咨询的隐秘性强,咨询对象和咨询内容不受限制,如同性恋、婚外恋、性错乱等特点的性问题和隐私问题。四是,生动活泼,互动性强。网络心理咨询信息图文并茂,生动活泼,比信函、电话、报刊宣传、广播电视等心理教育更有优势。网络心理咨询人机互动性强,可以突出青少年为主体的特点,有助于调动青少年的主观能动性;也可进行同辈辅导、病友互助,加强人际沟通,充分体现青少年在心理教育中"自我教育""自我帮助"的本质特征。"以其人之道还治其人

之身",通过网络解决网络心理问题,无疑是大学生网民培养良好网络心理的好路子。

(三)进行心理治疗

如果所患网络心理障碍较为严重(如停止上网后出现不适感),请教心理医生是更为明智的。网络沉溺症只是一种依赖症或强迫症,并不是不治之症,最好是看心理医生。

外因是变化的条件,内因是变化的根据。只有完成从他助向自助的过渡,才能达到提高网络心理素质的目的。患有网络心理障碍的高职学生,可以从他助获得的指导,调整日常生活,改善适应能力,调整情绪和心态,情况严重的可根据心理医生的要求应用药物及心理咨询等进行综合治疗,以全面恢复身心的健康,提高心理素质。

六、建立良好的家庭环境

良好的家庭环境会给青少年带来一种安全感,家庭中良好的互动也会避免青少年过度依赖互联网等来躲避现实生活中的难题和发泄自己的不满。研究表明,青少年如若生活在一个相对和睦和稳定的家庭,这类青少年就比较喜欢文学、知识类等。家庭环境不好的青少年则比较喜欢武打、战争和暴力内容,也喜欢使用电子游戏机等媒介。此外,父母的爱好也会对青少年的爱好起着潜移默化的作用,一般情况下,青少年的喜好大都受父母的影响,从而产生和父母相同或类似的兴趣爱好。在对待互联网资源时,父母可以和青少年一起寻找有意义的信息,并积极和他们讨论,帮助青少年学会控制和制止有害信息对他们的影响,培养他们辨别和正确处理信息的能力。

家长还可以积极配合学校组织青少年参加有意义、积极向上的丰富多彩的活动,培养青少年广泛的兴趣,提倡让孩子到户外、到实践中去体验和感受自然、社会这个大千世界,并让他们在和谐欢畅的自然环境中,在多姿多彩的社会交往中真正形成热爱生活的良好品质。

七、通过社会舆论和法律手段

限制互联网的负面影响还应当着手于推进互联网经营者自律、加强传播监管和完善法律规范。要彻底解决某些互联网对青少年的负面影响更需要全社会的力量行动起来,各司其职,互相配合,共同把好"制度关"和"检查关"。此外,必要的时候,可用法律手段来维持青少年的合法权益。

心理案例

一位随父母在郑州上学的外地中学生,因为网络成瘾,家人劝阻,反而将父亲砸成骨折。这位上网成瘾近1年的少年,被郑州市精神病防治医院的心理医生确诊为"网痴",属于严重的心理疾病。

据了解,少年姓贾,今年才15岁,暑假该少年上网成瘾,甚至泡在网吧彻夜不归。几天前,这位少年因为父母不让其上网而用钢管砸向父亲,致使父亲腰椎骨折。

据医生讲:这位少年已是第2次殴打他的父亲。第1次是在一个月前。为了上网,他10天都没有回家。在被父亲劝回家后,半夜非要去上网,被父亲阻拦,他竟在父亲脚上扎了一刀。同时又开始夜不归宿，父亲前去找他，竟被这个孩子砸成骨折。到医院后父母才知道，因为上网，这孩子已经有了严重的心理疾病。

专家分析：

据有关心理专家介绍，网络成瘾简称"网痴"。主要是指过度沉溺在网络中浏览或热衷于通过网络建立人际关系，并对成瘾者产生消极后果的一种行为。这种异常行为属于网络性心理障碍。男性大学生是网迷的中坚力量，由于他们心理素质不强，自制能力相对较弱，所以成为此种心理障碍的多发群体。

患者因为缺乏社会沟通和人际交流，将网络世界当成现实生活，脱离时代，与他人没有共同言语，从而出现孤独不安、情绪低落、思维迟钝、自我评价降低等症状，严重的甚至有自杀意念和行为，需接受深度的心理辅导。哪些人易成为"网痴"？

心理医生说，并非所有的人上网都会成瘾。上网注注与自身的某些心理因素有关，上网促成有心理障碍的人，主要是这几类人：如性格内向，不善交友并希望得到重视，但又十分孤独的人；生活中受到某些挫折的人；家庭不和的孩子；没有特长、学习成绩不突出、心情压抑，因环境变化导致成绩下降又难以适应的青少年学生最易上瘾，因为他们在现实生活中感觉到的不是成功，而是挫折和失败，所以就希望在网上得到安慰。

（资料来源：中国青少年教育网、纳川教育）

心理训练

第一步：回想一下你的上网经历，盘点你经历过的网络不文明现象有哪些（至少写出5种）：

1. _____
2. _____
3. _____
4. _____
5. _____
6. _____

第二步：根据以上不文明现象，按照危害程度排序，并列举杜绝不文明现象的途径或方法。

危害程度排序	不文明现象	案　例	杜绝的途径或方法

第三步：设计文明上网的标语（你认为最基本的网络文明行为有哪些）。

1.

2.
3.
4.
5.

心理测量

测试一:

网络文明自测

文明上网是对上网者的一个最基本的要求,你是否文明上网了呢,是否遵守了网络道德? 以下说法是否符合你的实际情况,请在"是"或"否"下面打"√"。

	是	否
1. 在网上很乐意帮助别人。	是	否
2. 网上谁也看不见谁,相互欺骗很正常。	是	否
3. 如果在网上受到伤害,就要给予恶意攻击来挽回尊严。	是	否
4. 尊重、信任网友并能够进行真诚交流。	是	否
5. 在网上从不和多人同时保持"恋爱"关系。	是	否
6. 向他人发送大批的垃圾邮件或伪造电子邮件。	是	否
7. 经常在论坛发泄私愤甚至散布谣言、制造绯闻等,以侮辱他人为乐。	是	否
8. 网上用语文明规范,从不搬弄是非。	是	否
9. 盗窃他人资料、智力成果等,网络虚拟,做什么都毫无顾忌。	是	否
10. 面对网络,有正确的自我意识,能够清醒地区分现实与虚拟。	是	否

【结论】

对于第 1、4、5、8、10 题,选择"是"各得 1 分,而第 2、3、6、7、9 题选择"否"则各得 1 分;反之各得 -1 分。

如果得分为正,说明你能够控制并监督自己文明上网,请继续保持良好的网络习惯;如果得分为负,说明你还需要加强网络道德行为自律,以做个网络文明使者。

测试二:

美国 IAD(网瘾)评估

美国 IAD 评估网瘾的标准:

1. 每月上网时间超过 144 小时,即一天 4 小时以上。

2. 头脑中一直浮现和网络有关的事。

3. 无法抑制上网的冲动。

4. 上网是为逃避现实、戒除焦虑。

5. 不敢和亲人说明上网的时间。

6. 因上网造成课业及人际关系问题。

7. 上网时间往往比自己预期的时间久。

8. 花许多钱更新网络设备或上网。

9. 花更多时间在网上才能满足。

【结论】

只要有 5 项以上的回答"是",即说明上网成瘾。

测试三：

网络成瘾 IAD 自测量表

1. 你是否对网络过于关注(如下网后还想着它)？

2. 你是否感觉需要不断增加上网时间才能感到满足？

3. 你是否难以减少或控制自己对网络的使用？

4. 你是否对家人或朋友遮掩自己对网络的着迷程度？

5. 你是否将上网作为摆脱烦恼和缓解不良情绪(如紧张、抑郁、无助)的方法？

6. 当你准备下线或停止使用网络的时候,你是否感到烦躁不安、无所适从？

7. 你是否由于上网影响了自己的工作状态或朋友关系？

8. 你是否常常为上网花很多钱？

9. 你上网时间是否经常比预期的长？

10. 你是否下网时觉得心情不好,一上网就会来劲？

【结论】

答一个"是"得 1 分,看你的总分有多少？

A. 0~4 分:网瘾不大；

B. 5~8 分:你的网瘾很大；

C. 9~10 分:需要诊断是否患了 IAD。

第十章 规划职业 设定人生——就业择业心理

随着"双向选择、自主择业"的就业政策不断推进,许多学生不能正确把握自我与社会的需求,心理上产生了种种矛盾与冲突。新形势下,大学生的择业问题已引起社会的广泛关注。"双向选择,自主择业"的就业政策给大学生们带来了很多机遇和选择空间,但同时也带来了择业过程中的心理困惑与焦虑,产生了各种择业心理障碍。对此,老师必须认真分析,加以引导、疏导,采取有效策略,使他们越过择业心理障碍,正确择业就业。

第一节 就业择业心理准备

高职学生完成学业,从学生身份转变为社会生活中的职业人身份,是其人生中的一次重要转折,它不仅表现为一个人的身份转换,其内心世界也会随之发生着种种变化。作为一名即将毕业的高职学生,需要了解影响就业的心理因素,自觉加强就业心理准备,努力提高自我就业心理调适能力,为顺利就业做好准备。

一、高职学生就业心理分析

随着毕业生分配制度改革,市场机制在毕业生资源配置中发挥着越来越重要的作用。毕业生自主择业,就业市场竞争激烈。高职毕业生就业的成功与否,不仅取决于其专业能力、道德素养、文化素养等方面,同时也取决于毕业生的就业心理状况和心理调适能力。现通过对大学生就业心理的分析,使毕业生了解影响就业的心理因素,积极做好就业心理准备,及时调整不良的就业心态,帮助毕业生在就业市场实现顺利就业的目的。

毕业生的就业心理是指学生在毕业前后因就业问题而引发的心理活动,它的产生与发展变化受到主观、客观两方面因素的影响。

(一)主观因素

1. 生理状况和心理发展水平

高职毕业生的年龄多在23岁左右,生理发育已经成熟,但心理还不够成熟。就生理方面来说,由于用人单位在招聘员工时,对于应聘人员的性别、身高、健康状况等有所要求,同时职业本身的性质对从业者的生理状况也有限制,如招警考试要求应试者的视力在1.0以上、色盲者不宜从事需要色彩辨别的职业等。因此生理因素对就业有一定影响,从而影响到求职者的心理。

心理发展水平主要表现在个体的心理过程,包括一个人的认知、情绪情感和意志3个方面,如感知能力、记忆力、分析能力、逻辑思维能力、注意力、情绪调节能力、意志品质等。心

理发展水平直接影响个体的工作能力、工作效果,所以很受用人单位重视。一些用人单位特别是外资企业在招聘员工时往往让应聘者做一些心理测试题,以便选拔出适应岗位要求的从业者,这也体现出心理发展水平对就业的影响。

2. 个性特点

个性是指一个人在其生活、实践活动中经常表现出来的、比较稳定的、带有一定方向性的个体心理特征的总和,指一个人区别于其他人的独特的精神面貌和心理特征。

个性贯穿着人的一生,影响着人的一生。正是人的个性中所包含的需要、动机、理想、信念、世界观和兴趣指引着人生的方向、人生的目标和人生的道路,也是人的个性特征中所包含的气质、性格、能力,影响和决定着人生的风貌、人生的事业和人生的命运。

俗话说,人上一百,各样各色,不同的个性特点,决定了毕业生在择业时有不同的心理和行为表现,决定了择业的不同取向。如有的毕业生希望得到一份稳定的工作,有的毕业生甘愿承担一定的风险而自主创业,有的学生希望到经济发达的地区工作,有的学生甘愿到艰苦的地方就职,有的学生择业时消极自卑,有的学生充满自信等。

3. 知识结构

知识结构是指知识体系在求职者头脑中的内在联系。知识结构决定着能力,不同的知识结构预示着能否胜任不同性质的工作。随着科学技术的发展,职业发展呈现出智能化、综合化等特点,根据职业发展特点,从业者的知识结构应该更加宽泛、合理。高职学生在校学习期间,不仅掌握了本专业的知识技能,而且对相近或相关知识技能进行了学习。只有具备了扎实的基础和掌握了必要的技能,才能适应因社会快速发展而对人才要求的不断变化。

可以说丰富的知识容量、较强的动手能力、合理的知识结构是高职毕业生顺利就业的关键,也是确立高职毕业生在求职市场是否自信的基础。所以,高职学生的知识结构是影响毕业生就业的重要因素。

(二)客观因素

1. 社会环境因素

人是社会性动物,生活在社会中的个体会受到社会环境的影响。影响就业心理的社会环境因素包括社会风气、社会经济发展对人才的需求状况、就业形势、就业政策等。随着中国就业制度的发展与改革,双向选择已成为现在大学毕业生择业的主要手段,也给了大学毕业生择业更大的自主权和更广阔的空间,形成了有利于大学毕业生公平、公正、自主就业的局面。但由于近几年大学毕业生人数的激增,经济发展对不同专业人才的需求差异,区域经济发展不平衡,社会上仍存在任人唯亲等不正之风,都在不同程度上影响了大学毕业生的就业,从而影响大学毕业生的就业心理。从心理学角度来说,适应是健康的重要标志之一,面对社会环境对就业的影响,大学生应客观地看待它,积极地应对它,保持健康心态。因此,毕业生应深入了解社会、分析社会,及时调整自己的就业心理,以达到适应社会,顺利就业的目的。

2. 学校教育

随着人们对教育认识的深化,高校不仅重视专业教育,而且重视学生的全面素质的培养。学校担负着对学生进行社会化的教育与培训的使命。学生在学校为之提供的社会化教育环境中不断积累生活阅历,在自己的学习、生活实践中,去了解、认识社会,掌握社会生活的本领,从而使其心理不断走向成熟。在这一过程中,一个学校的校风、人文环境、教学模式等对大学生有着深刻的影响,进而潜移默化地影响大学毕业生的就业心理。如南阳理工学院的计算机学习氛围,使一届届毕业生从中受益,最终找到了适合自己发展的理想职业。

【资料阅读】

闯荡中关村,不需要名牌护航

北京,是中国 IT 业的重要基地,而中关村更是其心脏。这里汇集了北京大学、清华大学等全国著名高校以及中科院等一批高水平的科研机构,其引领着中国信息产业的发展方向,成为从事 IT 业人士向注和梦想的"殿堂"。

南阳理工学院,这所偏居于河南西南部、名气不大的高校,却有不少毕业生走进了中关村。他们有的从事网页设计、软件编程、数据库管理、企业形象包装设计,有的从事电子产品的研发,也有的选择了自主创业,实现着自己的"青春梦想"。靠着一批又一批大学毕业生的带动,如今,该院已有 300 多名毕业生扎根在中关村。

出现这种现象绝非偶然。南阳理工学院早在 1996 年就开始在全省高校中率先投资建设校园网,联通教室、公寓、实验室等各个角落。现在,计算机和网络已经成为南阳理工学院学生生活中不可缺少的部分。通过计算机和网络,同学间可以方便地交流、浏览新闻、完成作业、查找资料、下载软件,给学习生活带来便利。在该校,学习和应用网络的风气浓厚,学生在不知不觉中增加了这方面的知识和技能。

目前,校园网作为现代化教育技术平台在南阳理工学院得到了充分利用。如该院的"大学生软件苑",这里不但网站林立,还有网络技术支持中心和电子与电气协会等,已经初步形成一个兼具网站建设、软件开发、计算机维护、电子制作等功能的较大规模和较高水平的大学生科技团体。在网站工作,不仅开拓了学生的眼界,锻炼了学生动手能力,培养了学生创新精神,而且还学到了很多书本上学不到的东西。他们技术水平和实践能力逐步得到锻炼提高。"丰富的网络资源为催生这些优秀人才奠定了良好的基础和成才环境。"该院党委书记安身健如是说。

中国教育报所报道的《闯荡中关村,不需要名牌护航》就是很好的例证。

3. 家庭影响

家庭是社会的基本细胞,父母是子女的启蒙教师。家庭的教育方法、家长的价值观念都影响着学生的心理发展。大学毕业生在就业时,其就业心理很容易受到家庭因素的影响。如教育模式为民主型的家庭,大学毕业生就业时就自信、乐观,敢于面对挑战;溺爱型家庭成长起来的毕业生在严峻的就业形势面前就悲观、无助、自卑感强,寄希望于家长的帮助。当然,父母在子女就业时的态度,对大学毕业生的择业心态也有重要影响,如有的父母希望子女留在身边,有的父母不愿子女到民营或个体企业就业。

二、学生就业动机分析

需要产生动机,动机影响个体行为的发生。一个人为什么要选择这种职业而不选择其他职业,为什么到这个地方而不去其他地方等,在很大程度上是受就业动机支配的。因此,就业心理的核心是就业动机。影响就业动机的主要因素有职业的社会意义、收入、地理位置、劳动强度、自身的适应性等。概括起来,毕业生就业动机主要表现在以下6个方面。

(一)谋求专业对口的职业岗位

不少毕业生在择业时首选专业对口的职业,学以致用是大部分毕业生的共同心理。他们认为专业对口能缩短工作适应期,有利于自我才能发挥,有利于自我的发展。所以,不少毕业生宁愿报酬低点,条件艰苦点,也乐意从事与所学专业相关的工作。

(二)谋求社会地位高的职业岗位

社会地位高的职业容易受人尊重,而光宗耀祖是一种传统心态。所以,谋求社会地位高的职业岗位几乎是毕业生普遍存在的就业心理动机。这些所谓社会地位高的岗位,主要是指有实权、有声望、经济实力雄厚的单位。毕业生在求职择业过程中往往首选的就是这样的岗位。

(三)谋求稳定性强的职业岗位

"从一而终"的职业观念也会影响人们的就业态度,认为有了稳定性才有安全感。所以,部分大学毕业生放弃了一次次机遇,而到一些党政机关、事业单位或国有大中型企业工作,不愿"冒险"。当然,随着社会的发展,人们观念的更新,也有的大学毕业生不再看重稳定性,而是选择有利于自身发展的就业形式。

(四)渴望到经济发达地区

经济发达地区就业机会多、劳动报酬相对高、就业市场相对规范,所以很多大学生的就业目标就定位于长江三角洲、珠江三角洲、北京、上海等经济发达地区,而亟须人才的中西部地区往往得不到所需人才。

(五)注重经济待遇

现在社会上有句很流行的话,"金钱不是万能的,但没有钱是万万不能的"。在市场经济环境下成长起来的高职学生对经济问题也很敏感。当然,一直依靠父母供养的高职学生,渴望真正自立时,挣钱也就成了当务之急。有了一定的经济基础,他们才能建立家庭、回报父母,有的毕业生才能将求学时的助学贷款还清等。所以,大学毕业生在择业时,经济待遇是他们考虑的一项重要因素。

(六)渴望奉献社会,到基层建功立业

不可否认,有一批大学毕业生面对职业选择时,放弃了工作环境优越,收入高的职业,而是选择支援西部建设或到边疆、到基层、到生产第一线去建功立业。每年毕业前夕,都有一部分大学毕业生申请支边、支援西部,到艰苦地方去工作就是例证。这部分毕业生的就业心理动机是报效祖国,做奉献社会的有志青年,充分展现了新时代学子的精神面貌,是大学毕业生学习的榜样。

三、高职学生常见的就业心理表现分析

由于大学毕业生就业动机的不同,结合其自身实际,就会有不同的就业心理表现。有的学生乐观、自信,为自己的就业目标不懈努力;有的学生则消极、悲观,认为自己生不逢时,茫然无措不知从何做起。

(一)积极的就业心理

1. 乐观自信

这部分学生能客观地认识、评价自己,对职业的选择有比较明确的目标,能正确分析社会就业形势和社会需求,求职时能扬长避短,千方百计地采用最有效的方法追求目标,遇到挫折不气馁,相信天生我材必有用。他们通常会主动收集就业信息,主动出击,直至找到自己最满意的职业。

2. 敢于竞争,有风险意识

这部分毕业生能顺应形势,早已从传统的"统招统分"的思想中解脱出来,明白在求职市场中,竞争是必然选择。他们一方面为增强自身的就业竞争力而不断地从各方面充实完善自己,积极参与社会实践和校园文化活动,提高自身综合素质;另一方面,他们有强烈的竞争意识,敢于竞争。相当一部分大学毕业生不仅有竞争意识,更具有冒险精神。他们已丢弃了"铁饭碗"观念,不再把稳定性作为最佳选择,而更喜欢具有挑战性和竞争性的职业岗位。尽管这样的职业岗位有一定风险,但因其发展潜力大,更容易体现自身价值,所以为大学毕业生所青睐。同时,他们在就业中出现多元化的求职趋向,不局限于国家行政、事业单位和国有大中型企业,开始尝试选择那些具有挑战性与竞争性更强的职业,甚至着手自主创业。

(二)消极的就业心理表现

1. 缺乏自信,依赖他人

有的大学毕业生对于求职一事总是忧心忡忡,担心失败,明明是自己理想中的工作,可是一看到求职者众多,就打起退堂鼓,连尝试一下的勇气也没有;明知求职要靠自己去"推销"自己,可就是没有勇气跨进招聘单位的大门。有的大学毕业生依赖家长、依赖亲朋好友,在洽谈会上,由父母或亲朋好友代替自己同用人单位洽谈,把命运交给别人来决定。有的大学毕业生一到招聘者面前就面红耳赤,手足无措,回答招聘者的提问也是语无伦次。凡此种种都是缺乏自信,缺乏对自己正确的、全面的认识所致。

2. 自卑自贱,封闭自我

有的毕业生因自己生理或等其他原因,担心别人瞧不起自己,进而自我否定,自我封闭,不敢走向求职市场。如有的毕业生认为自己个子矮或来自闭塞的农村而感到自惭形秽,有的毕业生认为自己眼睛近视或外形不好而不敢与人交往等。这些自卑心理严重影响毕业生的求职择业。

3. 犹豫观望,徘徊不定

世界上没有完美的工作,任何工作都是有利有弊的。在双向选择时,瞻前顾后,犹豫观望,徘徊不定,前怕狼,后怕虎,这山望着那山高,该拍板时不敢拍板,即使作出一个决定,也

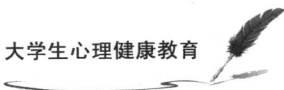

还忐忑不安,顾虑重重,别人一旦说好,便沾沾自喜;别人一旦说不好,就后悔不已。这类毕业生缺乏对自己的清醒认识,对利害得失过分注重,往往会失去许多难得的良机。

4. 缺乏主动,盲目从众

从众心理是我们日常生活中常见的一种现象,大学毕业生在求职择业时也往往会出现这种情况。一些学生在求职现场热衷于热门职业,热门职业应聘的人数越多,他们对热门职业的渴求就越大;也有毕业生看到别人都去大城市或经济发达地区择业,自己就跟着效仿。这部分毕业生缺乏对自身的客观认识,没有"量体裁衣"的求职意识,把自己限制在狭窄的求职道路上,因一叶障目之势错失不少就业良机。

5. 求稳或求闲心理

在就业形势比较严峻的情况下,有的毕业生不能从这一现实出发,一味求稳或求闲,人为地给自己的就业道路设置障碍。所谓求稳是指在选择职业时受传统思想的影响,试图从职业的稳定性出发而寻找有"安全保障"的工作;所谓求闲是指在求职择业中认为自己是大学毕业生,是知识分子,而追求舒适、清闲、安逸的工作,宁可待业也不干"艰苦"的工作。这样的毕业生往往是毕业后便失业,仍然依靠父母供养。

6. 怨天尤人,认为生不逢时、怀才不遇

"包分配"是20世纪80年代人才紧缺时的国家分配政策,对于目前的大学生来说已是"过去式"了,有人曾形象地比喻:在求职的道路上,没有人会主动向你说"请"字,你必须使劲地敲门,直到有人来给你开门为止。而有些毕业生还是没有明白这个道理,面对求职的艰辛,怨天尤人,认为自己生不逢时、怀才不遇,在郁闷、抱怨中打发日子,而不是发挥自己的主观能动性,适应形势变化,主动地走进求职市场。

7. 孤芳自赏,好高骛远

有些毕业生在择业时,认为自己无所不能,社会上的所有工作都能胜任,因而在求职择业过程中自傲清高,挑三拣四。如在目前毕业生求职倾向中有"三高",即"起点高、薪水高、职位高"。有的毕业生还有攀比心理,认为自己比别人强,所以选择职业不能落后于人,对工作的具体要求有"六点",即"名声好一点、牌子响一点、效益高一点、工作轻松一点、离家近一点、管理松一点。"这是一种明显的贪图安逸、追求享乐、怕吃苦的表现。其就业思想中带有明显的功利动机、享受动机、求名动机。如此追求"三高""六点"在就业过程中必然会碰壁。究其原因,一是脱离社会,对社会缺乏认识;二是过于依赖自我感觉,而对自我理性认识不足。

在人才竞争异常激烈的今天,毕业生应该使自己与社会发展要求保持一致,从实际出发,与时俱进,树立自强、自立、自信的意识,根据社会需要和自身条件,既不自负也不自卑,充分发挥自我优势,正视自己的不足,通过"双向选择"寻求自己理想的职业。

四、高职学生就业应有的心理准备和意识

高职学生就业是其人生发展中的一次重大转折,为了适应职业需要,高职学生除了应做好就业知识和能力准备,还应有充分的心理准备,调整好择业心态,勇敢地迎接就业挑战。求职不同于学习期间的社会实践,它是要找到一个适合自己的工作岗位,并能在这个岗位上充分发挥自己的作用,实现自我发展、体现自我价值。因社会发展迅猛,经过数年专业学习

的高职学生在毕业时,人才需求的数量和模式与当年入学时所做的预测已经发生了很大的变化。许多同学经过几年学习,对专业和行业的认识和情感也发生了很大变化。一些专业由热变冷了,或由"短线"变成了"长线";一些专业在不断地调整和改造中,但仍然跟不上形势的变化和需要。种种原因可能使同学们在毕业后求职择业时感到灰心、无奈或失落。为了能够有所作为,走出无奈,毕业生只有走出象牙塔,正确认识自己所处求职地位,了解社会需求,积极主动地去适应社会需要,调整好自己的心态,才能顺利实现就业。

(一)应有的心理准备

由于缺乏就业经验和就业市场竞争异常激烈,许多大学毕业生就业压力大,备受就业问题的困扰。他们在找工作的过程中或焦虑不安,或情绪高涨,或灰心丧气,怨天尤人,或优柔寡断,患得患失,整日心神不宁,以致影响了正常的生活和学习,也影响了正常的求职择业。如何避免或减轻这种心理反应呢?充分的心理准备是重要的因素之一。毕业生应该从以下7个方面做好心理准备。

1. 做好角色转换的心理准备,并进行合理的角色定位

对于大多数学生来说,大学阶段是一种相对单纯而有保障的生活,学习、生活、交往等都有稳定性、规律性,在这样的环境里,容易滋生浪漫的情怀和怀揣美好的理想,但这样的生活与社会现实存在一定的距离。在大学生活即将结束时,面临着由一个无忧无虑、令人羡慕的大学生,转变为一个现实的社会求职者,这种身份的转变,也就是所谓的角色转换。角色转换需要大学毕业生抛开幻想,面对自主择业这一社会现实,及时地进行角色调整。只有这样,才能使大学生有充分的心理准备去应对激烈的就业竞争。大学生应该清醒地认识到大学时期所学的专业知识、技能是为个人适应社会需要、成为一名合格的社会主义建设者而打下的基础,只是一个知识积累、储备的过程。这样,大学生就不再认为自己是社会上的特殊群体,而是就业劳动大军中的普通一员。从而及时地进行角色转换和合理的角色定位,正视自己的身份,自觉投身于择业者行列,去寻找适合自己的位置。

2. 正确的自我认知

世界上没有两片相同的树叶,人的个体差异更是不胜枚举。每个人都有自己特定的气质、性格、兴趣、爱好、能力、特长,这种种的不同,决定了适合自身的职业和职业发展方向的不同。全面了解自己的特点是选择职业的重要前提,作为一名求职者,只有在知己的基础上才能扬长避短,从而作出适合自己的求职决策。正确认识自己最有效的方式是通过科学的心理测试、测量。当然,通过与老师、家长、同学交流,得到他们对自己的客观评价也是一个有效的渠道。

3. 正确的职业认识和评价

正像不同的人有适合自己的不同职业一样,职业对适合从事的人群也有要求。如从事推销、公关性质的职业,需要性格外向、多血质或胆汁质的人,而在流水线上工作的人最好具有黏液质的气质特征。所以,作为一名求职的大学毕业生,需要对职业要求有一定的认识。

职业只有分工的不同,没有高低贵贱之分。俗话说:"七十二行,行行出状元",因此,作为一名大学毕业生,最好不要把自己的职业选择限定在某个范围内,摆脱轻视体力劳动或服务性劳动的传统思想,而是要根据社会需要和自己的特点,选择适合自己的职业,从而拓宽

就业渠道。

4. 对严峻就业形势的心理准备

在 20 世纪 80 年代,大学生被称为天之骄子,就业时是"皇帝女儿不愁嫁"的状况。但随着我国高等教育的发展,高等教育从"精英教育"过渡为"大众教育",人才出现"相对过剩"的现象。据统计,中国 2003 年有大学毕业生 212 万,一次性就业率为 70%,有 60 多万毕业生在当年未落实到就业单位,2004 年有大学毕业生 280 万,一次性就业率略有提高,达到 73%,有 70 多万毕业生在当年未落实就业单位。从中可以看出,大学毕业生就业形势是严峻的。作为即将毕业走向社会的大学生,对目前的就业形势要有充分的认识,做好求职道路上将可能遇到艰辛和曲折的心理准备。所谓人才"相对过剩",是指国家培养的大学生不是多得用不完了,而是呈现出需求不平衡的状况。如急需人才的边远地区和基层单位,仍然招不到所需的人才,处于"无米下锅"的局面。所以希望回报社会、展示自己的才华、实现人生价值的大学生,应该审时度势,做好到边远地区或基层单位工作的心理准备。

5. 克服依赖心理,实现真正自立

对于一个人来说,年满 18 岁便被视为成人。但在中国,青年学生在大学毕业前仍多在依赖父母、老师的帮助指导,没有实现真正意义上的自立。因此,有些学生在择业过程中缺乏自信,把希望寄托在"拉关系""走后门"上。有的毕业生甚至由家长出面与用人单位洽谈就业事宜,殊不知,这样做的结果是,用人单位会对毕业生产生缺乏开拓能力、独立生活和工作能力差的印象,最终事与愿违。因此,大学毕业生一定要实现自主择业,靠自身实力叩开职业大门,充分做好不依赖任何人的心理准备,实现真正自立。

6. 遭遇挫折的心理准备

求职过程也是一个竞争的过程,有竞争就会有失败者。当前,由于受多种因素的影响,毕业生的就业理想与现实会出现一定的差距,这时,大学生往往产生自卑、恐惧等不健康的心理,如自负心理,认为伯乐还没有出现,不能从自身找原因;迷惘心理,即当所学专业与社会需求不尽吻合时感到无所适从,当与别人竞争失败时怅然迷惘;逃避心理,在"双向选择"时发现自己的知识、技能不能适应用人单位的需求,于是追悔、逃避,对就业失去了信心和勇气;消极心理,即不能正确认识和分析就业中的不合理现象,而感到失望和无助;报复心理,即认为自己就业不成功是招聘人员的故意刁难,从而谋求报复。以上几种表现,都是毕业生对求职过程中可能遇到的挫折没有充分的心理准备而造成的,当挫折真正出现时,不知该何去何从,以致迷失了方向。作为一名新时代的大学生,应该对自己和就业形势有清醒的认识,预想到可能出现的障碍和挫折,不怕失败,及时总结经验和教训,欲挫欲勇,直到择业成功。

7. 就业后期望值与现实有差距的心理准备

大多数毕业生是怀着对未来的美好期望离开学校,走向工作岗位的,一帆风顺的成长过程可能使大学毕业生梦想着在社会这个大舞台一展身手,实现自己的人生价值,这本来是无可非议的。但大学毕业生职业意识的缺乏和工作能力的不足,可能导致领导或同事的批评或冷遇,犹如当头一盆冷水,使其失去心理平衡。如将大学时期懒散的生活习惯带到工作中;好高骛远,大事做不来,小事不愿做;对工作挑肥拣瘦,拈轻怕重;工作责任心不强,敷衍了事,不能按时完成领导交办的任务;过于看重自我得失,不思奉献;缺少集体观念,对事妄加评论,造成不良影响;感到工资低,觉得领导对自己不重视而牢骚满腹;业务不熟练,造成工作差错等。这些情况都可能使意气风发的毕业生受到批评或冷遇,有时可能不是毕业生的过错,但也受到批评,感到冤枉、委屈。遇到这样的情况,有的毕业生能够冷静下来,分析其中原因,亡羊补牢,不断进步;但也有人一气之下"跳槽"走人,造成不必要的损失。对于每一个人来说,以往的成败得失只能代表过去,新的起点需要重新开始,以自己的实际表现来赢得别人的尊重和信任。所以,大学毕业生要对期望值与现实的差距有一定的心理准备,宠辱不惊,不断完善、提高自己。

总之,面对人生的转折,大学毕业生要做好充分的心理准备,顺应社会发展。古人云:凡事预则立,不预则废。只有未雨绸缪,才能临阵不乱。希望每一个大学毕业生都能找到自己满意的工作,并在自己的岗位上做出一番成绩。

(二)应有的就业意识

必要的心理准备是大学生顺利就业的前提,树立一定的就业意识则能帮助毕业生发挥主观能动性,迎接就业挑战。

1. 培养积极主动的求职意识

很多高职学生在对学校或专业的选择上,因受外界因素的影响,并没有把自身情况与职业生涯有机地联系起来。如有的同学是为了获取最大的被录取可能,而选择了自己并不了解或自己并不喜欢的专业;有的同学是受当时社会热点的影响而随波逐流,选择那些所谓的热门专业;有的同学是受家长、中学老师以及亲朋好友建议影响,以他人的尺度来选择自己的专业;有的同学则是因分数低或志愿没报好而被调剂录取的。因而,从总体上来讲,高职学生对所选专业以及将来自己所适合的职业等问题可能处于盲目状态。等到即将毕业,尤其是面临择业问题时,往往感到手足无措,更难以适应就业制度的变革和人才市场的激烈竞争。但专业的选择已成事实,高职学生应抓紧了解自己的专业,明确自己所学专业的培养目标及使用方向,树立专业思想。并主动将个人发展与社会需求结合起来,跟上社会发展变化的步伐,变被动为主动,提高自己的综合素质,提升自己的竞争力。在毕业前,注意搜集社会各方面特别是本专业招聘单位的用人信息,树立自我推销的求职意识,凭借自己的实力叩开职业大门。

2. 创业意识

大学生是青年中的佼佼者,思维活跃,创新意识强,在政府多项优惠政策的激励下,完全可以走自我创业的道路。这样可以在就业难的情况下,另辟蹊径,不但为社会拓展了就业渠道,而且最大限度地满足了大学生自我实现的需要。据说,大学生创业在美国高达25%,在日本有10%,中国大学生自主创业也呈上升势头。作为新时代的大学生,应有敢闯敢干的精神,从而树立自主创业意识。

3. "转业"意识

笔者通过与毕业生座谈了解到,不少强调专业对口的毕业生在求职过程中往往更加难以找到用人单位,有的同学不能实现一次性就业,与其就业观念有很大关系。以专业对口为择业标准的这种画地为牢的观念,制约着一部分毕业生的就业。有关专家指出,一个大学生在校期间所学知识仅占其一生中所需知识的10%左右,终身学习理念已被越来越多的人所接受。目前在发达国家,一个人全部在业期间平均更换4~5次工作岗位,从业期间的再学

习已非常普遍。"从一而终""一步到位"的就业观念已不能适应社会发展需要,更不利于个人发展。经过系统学习,基本素质较高的大学生应具备"转业"意识,树立"先就业,再择业"的观念,避免"一棵树上吊死"。

4.转换角色意识

对于大学生来说,大部分时间都是在校园中度过的,他们熟悉的是"三点一线"的学校生活,对社会了解较少。在大学学习时期,虽然有一些社会实践和实习活动,其也只是对社会有限的接触。从学生到一个真正的社会人,是社会角色的转换,必然有一个适应过程、一段磨合期。毕业生应意识到自己的角色转换,自觉调整自己的思想、行为,以适应社会和用人单位的要求。

第二节　调适就业择业中的心理问题

大学毕业生求职择业不仅仅是关系到某一职位和收入,更是选择一种生活和自我发展方式。因此,职业选择对大学毕业生的重要性不言而喻,也决定了其必然是一个艰难甚至痛苦的过程。

大学毕业生在职业选择过程中不仅受个人素质、个性特点、价值取向等因素的影响,而且受社会、家庭等客观因素的制约,是其人生中一次重大转折过程。在这一转折过程中,困难与挫折、不顺心、不如意的情况可能会相伴而生。如果毕业生在心理准备不足的情况下,就可能出现自卑、焦虑恐惧、愤怒、退缩等不良心理反应,直接影响其就业的成功与否和其身心健康。如果毕业生能及时调整好心理状态,则可能渡过难关,并以最佳状态投入求职择业的大潮中。

一、自卑心理及调适

自卑心理是一种因过多的自我否定而产生的自惭形秽的情绪体验。其实,自卑感人人都有,但自卑感达到一定程度,影响毕业生的求职择业时,就需要予以及时调适。自卑感主要来源于能力方面的消极自我暗示,如对自己知识、能力不如他人的自我暗示;生理上的某些不足而引起的消极自我暗示,如个子较矮、长相不好等;也有对自己的个性特点的不良自我评价而产生的消极暗示,如自以为性格不好等。自卑感会夸大对自己不足的认识,甚至产生以偏概全的自我否定,从而导致毕业生不能从容地走向求职市场,严重影响求职效果。针对以上情况,同学们可以尝试从以下几个方面进行调适。

(一)通过积极的暗示,增强自信心

每个人都有自己的长处和不足,只不过自卑者把自己的注意焦点放在自身的不足之处,忽视了自己的优势和长处。针对这种情况,自卑感强烈的同学可以通过把自身的优势和长处用书面的形式罗列出来(如个性方面的优势、专业知识技能方面的优势、自己的特长、自身的道德修养、人际交往方面的优势等),把这些优点张贴或放在自己容易看到的地方,并经常默念,冲淡自我否定的意识,增强自信心。另外,也可以把自己人生中曾经的成功案例罗列出来,并以这些成功的案例激励自己,以增强自信心,达到积极暗示的效果;或者制订阶段性

的易于达到的目标,并按计划完成,如两天内完成自己的求职简历,通过这些具体的成功事件来证明自己"我能行"。

除了寻求积极的自我暗示外,同学们也可以找自己要好的朋友或老师交流。人有时不能客观地认识自己,就是"不识庐山真面目,只缘身在此山中"的缘故,通过与他人的交流,得到其对自己的客观评价,特别是自己的优势和长处方面的信息,以期收到积极暗示,修正不良认知,重拾自信心。

(二)"避己之短,扬己之长"

田忌赛马的故事大家都耳熟能详,田忌之所以能够胜利,就是利用了以己之长克人之短的谋略。毕业生求职择业应从中汲取经验、教训。每个人都有长处和不足,所以,毕业生要进行客观自我评价,既看到自己的优势,也要意识到自己的不足。在求职过程中,充分发挥强项和长处,挖掘和发展自身潜力,以最佳状态出现于人才市场,从而达到求职成功的目的。如一个人的专业技能强而人际交往能力差,那么避免应聘那些营销或公关方面的工作,以避开自己的不足之处。

(三)正确地对待失败,客观地总结失败的经验教训

大学毕业生由于经验方面的不足,在求职过程中难免会有失败。有的同学面临失败的打击,无法排解而产生自卑感,自卑又影响了下一步的择业,进而出现恶性循环:失败导致自卑,自卑又引起另一次失败。其实,失败并不可怕,关键是对待失败的态度。毕业生可以从爱迪生发明灯泡的实验过程中得到启示。在爱迪生发明灯泡的时候,他失败了很多次,助手对他说:"你已经失败了很多次了,成功已经变得渺茫,还是放弃吧!"但爱迪生却说:"到现在我的收获还不错,起码我发现了有 1 000 多种材料不能做灯丝。"最后,他经过 6 000 多次的实验终于成功了。在大学生求职时也应有这样的精神,失败并不可怕,只要能及时地总结经验教训,成功也就不远了。如果遇到失败就怨天尤人,一蹶不振,那么一次失败就足以将其击垮,陷入自卑的深渊。

二、焦虑、恐惧心理的调适

目前,"双向选择,自主择业"的市场机制使一部分过惯了依赖生活的高职学生在就业时感到很不适应。因为他们已习惯了家长、老师和同学的帮助,平时很少独立地与陌生人打交道,也很少独立地解决生活中难题的学生,在求职时在激烈竞争的人才市场必须面对招聘人员挑剔的目光和口气,对他们确实是一个不小的挑战。

部分毕业生在缺乏对社会和用人单位的了解、缺乏对自己的正确认识、缺乏基本的求职技巧的情况下,害怕走进人才市场、害怕应聘失败,从而表现出对求职的焦虑、恐惧心理,也就不足为怪了。焦虑、恐惧心理会影响毕业生的正常求职状态或求职效果,所以,一旦出现这种情况,应予以及时调适。

对焦虑、恐惧心理的调适,同学们可以尝试如下办法。

(一)参加模拟招聘会

人才市场对大多数毕业生来说是陌生的,因心里没底气才导致焦虑、恐惧。如果在有充

分准备的情况下,如进行模拟招聘演练,毕业生既可以充当应聘者角色,也可以充当招聘者角色,从而获得"临场"经验,增强实战信心。对于平时比较内向,人际交往能力差的同学,应该通过由易到难的渐进过程来锻炼自己,比如与自己的寝室室友或好朋友进行模拟招聘演练,然后扩大至与班级其他同学演练,最后与同年级其他班级同学甚至同校其他系的同学进行模拟演练,从而克服对求职的焦虑、恐惧。

(二)制订计划,明确目标

有些毕业生之所以紧张,烦躁不安,是不知道自己的想法到底是什么,也不知道自己该从何做起。所以心乱如麻,以致焦虑、恐慌。为解决这一问题,毕业生应冷静下来,想一想自己"愿意从事何种职业""现在需要做些什么",然后给自己制订出明确的行动计划。例如,学习提高完善自我的计划、收集就业信息的计划等,用具体的行动来占据以前胡思乱想的头脑,从而克服焦虑、不安心理。

(三)学会放松

放松是缓解焦虑、恐惧,达到心理平衡的有效方法之一。人们常用的有深呼吸法、肌肉张弛放松训练等。这里介绍一下肌肉张弛放松训练,此方法可使自己充分体会肌肉紧张与放松的感觉。取舒适体位坐好或躺好,开始训练:

第一步:深呼吸。请深吸一口气,然后慢慢呼出,再做第2遍。

第二步:提眉。尽量提眉,然后放松,体会放松的感觉。

第三步:紧闭双眼,然后放松。

第四步:咬紧牙关,放松。

第五步:低头和仰头。尽量低头将下颌抵住胸口,然后放松,头尽量向后仰,然后放松。

第六步:缩肩和耸肩。双肩向胸部靠拢,然后放松;再将双肩向后肋挺胸,然后放松;再将双肩耸起,然后放松。

第七步:紧握拳头,紧握、再紧握,然后放松。

第八步:提肋。感觉肋骨上提,膈肌下降,胸腔扩大,呼气放松。

第九步:收腹,放松。

第十步:绷紧腿部肌肉,然后放松。

第十一步:跷足。尽量将脚尖抬起,然后放松。

第十二步:全身肌肉放松,体验放松的感觉。

通过肌肉张弛放松训练,可缓解或消除各种不良反应,如焦虑、紧张、恐惧、入睡困难、血压增高、头疼等症状,达到心理平衡。另外,在应聘前有紧张或恐惧感时,通过深呼吸或一组、二组肌肉张弛训练,可以达到转移注意力,放松心情的效果。

三、挫折心理及调适

挫折是一种普遍存在的心理现象,是个体从事有目的的活动时,遇到无法克服的障碍或干扰而产生的紧张状态和情绪反应。人们所说的挫折通常包括挫折情境与挫折感受。挫折情境是个体活动的一种特殊环境,是阻碍人们实现目标、满足需求的情境或事物,也有人称为挫折源,如毕业生求职失败,挫折感受是指个体由于挫折情境而产生的心理感受和情绪状态。

从挫折情境到挫折感受并不是一个简单的刺激—反应过程,而是要受到个体的生理状态、心理状态和思想状态等诸多因素的影响,其核心是认知方式和挫折承受力。生活中常常看到,面对同一挫折情境,有的人反应轻微,而有的人则反应强烈。例如,对于求职失败这一事件,求职者的反应就有很大差别,有的人一笑了之,但情况严重的,会出现打击报复的行为或不敢再到人才市场参加应聘的严重后果。如何有效地应对挫折,我们做以下探讨。

(一)对挫折应有的心理准备

前面已经谈到过,在求职择业过程中,事先预知可能遇到的困难或失败,可以降低毕业生的失望值、减少其心理落差、理智地对待出现的挫折,并能够审时度势,适当调整就业目标与自己的行为方式,采用积极的挫折应对方式,增强挫折承受力。

(二)多用问题应对策略,少用情绪应对方式

当毕业生求职失败时,应该理智地分析问题出在哪里,而最好不要沉浸在挫折感受中。美国有实证研究表明,大学生采用问题定向应对策略的效果明显优于情绪定向应对方式。所以,当毕业生在择业过程中遇到挫折,应该冷静地分析主、客观两方面的原因,找出问题的症结所在,为下一步行动做准备,而不是停留在痛苦、失望、自怨自艾等情绪反应上。

(三)合理的宣泄

求职遇到挫折,大学生心理上会处于焦虑、愤怒、冲动的情绪状态中,如果得不到妥善化解,就可能表现出种种消极的行为反应,给个人和社会带来不良后果。因此,采用不伤害他人,合乎社会规范的方式宣泄挫折后的不良心理,尽快恢复心理平衡,对求职压力很大的毕业生来说是很必要的。宣泄的方式有多种,如到空旷无人的地方喊叫、哭泣,到运动场上做大运动量的活动,找朋友倾诉,到心理咨询室倾诉苦恼等。

(四)做"合理化"的解释

合理化是面对挫折一种常见的应对方式。即当个体达不到追求目标时,为避免或减轻因挫折而产生的焦虑、痛苦,并维护自尊等,总是从外部寻找某种理由来解释自己的行为。做"合理化"解释是为了缓解压力,达到暂时的心理平衡。比如,我们去应聘某一职位没有被主聘人员所赏识而落选,这种情况下可以暂时自我安慰,如"主聘人员不是伯乐""没有选择我是他们的损失"等,以缓解受挫感。但过一段时间后,等心情平静了,还是要找出自身的问题在哪儿,做好继续求职的准备。

(五)转移注意力

受到挫折以后,心里一定不好受,但是越是想它越是难受,这时进行注意力转移是一种有效的策略。如体育锻炼,和朋友聊聊天,看场电影或到教室、图书馆看书等。

（六）寻求支持，分担痛苦，汲取力量

俗话说快乐时与人分享，你会得到加倍的快乐，痛苦时告诉他人，你会减少一半痛苦。现实生活中与人分忧是我们人类的一大美德，绝大多数人都有一颗助人之心。因此遇到挫折时，应学会倾诉和寻求帮助。这并非软弱和无能的表现，没有必要怕遭人讥笑，因为它是一种情感的疏泄和痛苦的分担过程。在这一过程，也有可能得到他人的帮助，从而摆脱困境，所谓"当局者迷，旁观者清""三个臭皮匠，顶个诸葛亮""一个篱笆三个桩，一个好汉三个帮"等谚语都是有力的佐证。毕业生在求职中遇到挫折，积极寻求社会支持，有利于受挫者汲取社会的力量，在他人或群体、组织的支持、引导下，改善心态，调整行为，缓解挫折感，摆脱由挫折引发的烦恼、痛苦。

（七）转换看问题的角度

当挫折成事实时，沮丧、痛苦都于事无补，大学生可以苦中找乐，树立自己乐观向上的信念，如"塞翁失马，焉知非福""天将降大任于斯人也，必先苦其心志，牢其筋骨，饿其体肤，空乏其身，行拂乱其所为，所以动心忍性，增益其所不能。"看待问题角度的转变，可能出现柳暗花明的新局面，重新找到希望。

【案例分析】

小周是某高校 2015 届的毕业生，学习成绩较好，连年取得奖学金，甚至还获得过国家奖学金。在 2015 年年前年后，他与同学们一起参加了几次招聘会，眼看同学们一个个"名花有主"，而他不但没有找到合适的用人单位，而且有的用人单位还对他这个"优等生"冷言冷语、不屑一顾，小周心里非常难过。为什么会出现如此的局面呢？小周经过分析，认为找到了原因，比如自己来自于偏远落后的农村，没有什么可用的关系；个子矮、长相不好；性格内向，不善言辞等。总之，认为自己除了学习好之外，再没有什么优势了，而学习好又得不到用人单位的认可，他感到对不起含辛茹苦的父母，自卑感油然而生，害怕再到人才市场，即将毕业时，没有再迈出校门，多数时间在宿舍睡觉或上网玩游戏。老师发现小周的情况后，对他进行了辅导，帮助他正视了其问题所在。随后，小周又走出校门，终于在深圳找到了一份专业对口的工作。

点评：小周因学习成绩好，所以他起初对自己找工作是满怀信心的，但随着求职失败，他开始找自身的原因，夸大了自身的不足之处，从而产生了强烈的自卑感，进而出现了求职恐惧。其实，小周开始求职时是比较盲目的，缺乏对就业形势和具体用人单位的了解，也缺乏对自己全面客观的认识。

小周面对求职，应该做好充分准备，特别是对自我的正确认识，如果有条件可以进行心理测试。在出现求职挫折时，应进行及时调适，而不是自暴自弃。

从小周的事例可以看出，求职出现障碍的关键不在社会而是在毕业生自己，毕业生应认清形势，积极进行自我调整，勇敢面对就业挑战。

第三节　规划职业

从学校走向社会，大学毕业生将面对一个全新的世界，在这个社会里，能够使大学生能够立足的是所选职业,因为职业不仅是生活的基础,更重要的是它能体现出每个人存在的价值。

但调查发现,一部分大学毕业生对于自己将来的职业没有一个明确的定位,不知道自己将来毕业做什么。从学校走向社会,许多人一开始根本没有考虑到事业发展。在找工作时一是看哪个单位的牌子大,二是哪个单位能出国,三是挑哪家单位待遇高,而并没有考虑到自身发展的问题。因此,在进行职业规划时,针对个人特点,确立未来发展方向,对人的一生来说,就显得格外重要。但职业怎么发展,是有一系列科学讲究的,这个科学讲究实际上就是职业生涯设计的过程或者方法。大学毕业生们要根据职业生涯规划理论与原则以及职业成功的标准,掌握正确的职业生涯设计方法,准确进行自我定位,合理规划职业人生,列出具体措施和日程,通过具有前瞻性的职业生涯设计,减少在人生路上的徘徊犹豫,避免浪费时光,为主动迎接未来职业发展的挑战做好充分准备。

高职学生制订职业生涯规划,有利于自我定位、认识自我、了解自我,明确自己的方向和自己的人生目标。他们在进行规划时,都会问:"我想干什么? 我能干什么? 现在要准备什么? 就业环境如何?"这有助于毕业生的个性化发展和创新人才的培养。个性张扬,而非"个色"发挥。在校生可以自己找点事情做,如对写作感兴趣并有一定写作能力的,可以试着写一本书。找出自己擅长的东西,并发挥这种特长。

因此,高职学生及早制订属于自己的职业生涯规划是十分必要的,而制订职业生涯规划也需要遵循一定的原则,对自己的认识和定位也是很重要的。在全球化的竞争下,每个人都要发挥出自己的特长。从事自己所热爱的工作,这样的人才是最幸福和最快乐的人,也最容易在事业上取得成功。"知己"十分重要,"知彼"也是同等重要的。

一、自我盘点

自我盘点就是对自己做全面分析,通过自我分析,认识自己、了解自己。因为只有认识了自己,才能对自己的职业作出正确的选择,才能选定适合自己发展的生涯路线,才能对自己的生涯目标作出最佳抉择。自我盘点包括自己的性格、兴趣、优劣势、成功经验、失败教训、角色建议等。

(一)自我性格盘点

性格是指人对现实的态度和相应的行为方式中的比较稳定的、具有核心意义的个性心理特征,它是一种与社会密切相关的人格特征,在性格中包含有许多社会道德含义。性格表现了人们对现实和周围世界的态度,并表现在人们的行为举止中。性格主要体现在对自己、对别人、对事物的态度和所采取的言行上。

有的学生属于内向型,对熟悉或者认识的人会有很多话,而对于一个陌生人就无法交谈。有的学生开朗,对外面的世界充满了好奇。不管是什么性格,都要正确认识自己的性格,分析自己的性格适合什么样的职业和环境,进而再作选择。

(二)兴趣爱好大盘点

个人兴趣是指"个人"对特定的"事物""活动"以及"人为对象"所产生的带有倾向性、

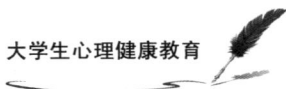

选择性的态度、情绪。和"个人爱好"意思相近，但含义不同。

根据兴趣产生的方式，可以将兴趣分为直接兴趣和间接兴趣。直接兴趣是人对事物本身或活动过程本身感兴趣。间接兴趣是人对活动的结果感兴趣。直接兴趣的作用时间短暂，而间接兴趣的作用比较持久。兴趣不只是对事物表面的关心，任何一种兴趣都是由于获得这方面的知识或参与这种活动使人体验到情绪上的满足而产生的。例如，一个人对跳舞感兴趣，他就会主动积极地寻找机会去参加，并且在跳舞时感到愉悦、放松和有乐趣，表现得积极而自觉。

很多家长都认为当前孩子最应该做的事莫过于学习，却往往忽略了孩子对某一活动的喜爱。当家长发现孩子的兴趣时为时已晚，那时孩子的学习不仅一落千丈，也没有自己擅长的东西，相当吃亏。而如果及早发现孩子的兴趣，性质又有不同了，家长可以让孩子去学习他喜欢的，如果语文数学不好，至少还有擅长的。因此及早发现孩子的兴趣，并作分析、发掘、培养，好的兴趣加上辅导选择会更有利于帮助孩子定下目标，立下理想，在某一方面身心得益。兴趣的发掘、培养将会影响一个人今后的人生、事业、婚姻等个人的成长方面。不一样的兴趣塑造不一样的性格，最后导致个人能力随兴趣的改变而发展。

怎样培养兴趣爱好呢？首先，要善于发展入趣点，从入趣点着手。"入趣点"是指人在做事情过程中的兴趣所在。每一件事情只要认真去做，努力去发掘，必定能找到入趣点。学习也是一样，或许你对语文不感兴趣，但是你必定对其中的一篇文章特别喜欢。你可以从这篇文章入手，努力把它弄明白，你就会逐渐发现与之相关联的文章以外的东西需要了解一下，如此顺藤摸瓜，就会逐渐学到很多东西。其次，顺着入趣点，拓展自己的知识面。找到了学习的入趣点，你就会发现以前所讨厌的东西其实很有意思。不仅增加了兴趣，还学到了知识。不过这时候千万别半途而废，一定要主动对自己施加压力，强制自己继续深入探究。时间长了，就会发现其实学习并不是一件痛苦的事。最后，阶段性地加以总结。为了增加学习的兴趣，持之以恒，阶段性地总结一下自己的成绩，会增强自己的学习兴趣，逐渐使自己变成一个勇于研究、富于创新的人。

（三）优势盘点

任何人都有优点与缺点，优点是指人的长处，与缺点相对。优点是与同类事物作比较之后得出的结论，重点在于更优秀、更好。权衡以后，对自己的优势进行盘点和罗列，能更客观地评价自己，更好地认识自己。例如，偏内向性格的个体少一份张扬，多一点内敛；学习刻苦，做事情认真负责，锲而不舍；考虑问题全面，比较细心、耐心，做事比较负责任；对人比较坦诚，重视感情；准备充分，有条理，不打无准备之战；对环境的适应能力强；有自己明显的喜恶。

（四）劣势盘点

劣势是指人的短处，欠缺之处，与优势相对。劣势是与同类事物作比较之后得出的结论，重点在于认清自身不足而尽量改之。任何人都有优点与缺点，认清劣势，才能够扬长避短，尽量克服劣势才会不断进步。例如有的同学有点懒惰；表达能力欠佳；性格波动明显；思想上属保守派，比较传统，缺乏自信心和冒险精神等，当我们认识、盘点出自己的劣势，就知道下一步应该如何去成长,如何去克服自己的劣势,在做职业选择时有据可依。

（五）生活中成功经验的盘点

成功的经验是指人生中成功的生活实践经历,比如在与人交往时让个体学到了很多为人处世的道理;在帮助他人的时候不仅给他带来了方便而且也给自己带来了快乐;经历过一次高考让我明白了努力就有收获以及坚持的要义。通过盘点自己的人生经验,可以增强自己的信心,对未来更加明确和坚定,有更好的择业方向。

（六）生活中失败的教训

人生的道路曲折漫长,在人的一生中有成功与失败,有顺境与逆境、幸福与不幸等矛盾。而失败则是一个人迈向成功征途必须认真对待的一个基本课题。只有仔细回味把握人生失败,才能真正领会,感悟人生的乐趣,也只有在战胜了人生失败以后,才能真正走向成功。例如,考试时总是因为自己的粗心而失分过多;在中学时期多次因打篮球受伤而对其存在一丝恐惧感;在高中阶段,因自己的放弃而与理想的大学失之交臂;在一次参加元旦晚会表演时由于自己太紧张而失去了一次锻炼的机会。做好自己生活中失败教训的盘点对自己的择业有很大帮助。

（七）角色建议

角色,是指演员扮演的剧中人物,同时比喻生活中某种类型的人物和戏曲演员专业分工的类别。在生活中,我们的父母、老师、朋友、陌生人都扮演着不同的角色,对每个人的影响都是潜移默化的,对自己想从事的职业起到不同的作用、也会对自己职业生涯提出不同的建议。比如,有些人从小看了英雄电影,特别崇拜,长大后立志当警察,那么,他会找到周围的警察朋友,进一步了解该职业的特性,听取朋友对自己的建议。大多数人的职业受家庭影响最大,尤其是自己的父母和其他家人,但也不排除一本书、一部电影、一次旅行、一次事故等对自己职业生涯的影响。

二、职业分析

职业生涯规划还要充分认识与了解相关的环境,评估环境因素对自己职业生涯发展的影响,分析环境条件的特点、发展变化情况,把握环境因素的优势与限制,了解本专业、本行业的地位以及发展趋势。下面以笔者的经历为例阐述如何进行职业分析。

（一）家庭环境分析

笔者家庭经济不富裕,仅能维持正常的生活。其学习费用仍然是负担,加上老人的赡养费和两个姐弟的学费,其家庭经济负担更重了。父母是棉农,收入微薄,但是家庭和谐。我很爱我的家人,出生在这样的家庭里,我感觉很幸福。

（二）学校环境分析

笔者所读的学校是西北地区较好的高校,学习人力资源管理专业,由于是兵团学校,各

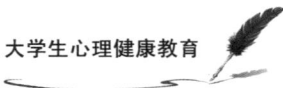

方面政策较好;但由于其地处西北边陲,师资及教学质量自然不能与其他重点大学相媲美。这就更需要不懈努力,以加强自身的学习实践来实现自身素质的进一步提高。

(三)社会环境分析

由于大学扩招,而职位的需求却没有以相同的需求量增长,社会上存在类似于"毕业就失业"这类话。在人力资源方面就显得更加突出,毕竟人事管理不像工厂那样为了增加产品量就可以大量增加工人的数量。而且随着每年毕业的学生越来越多,社会对学生的综合素质要求也就越来越高,一些知名的大企业已经不再招收本科毕业生了。这样,摆在笔者面前的就业形势就更加严峻了。

(四)职业环境分析

高等教育事业发展迅速,各高校办学条件得到较大改善,招生规模不断扩大,人力资源管理专业的毕业生数量和质量大大提高,但是在就业形势严峻的情况下,人力资源管理专业的毕业生就业形势也不容乐观。现实就业现状是毕业生人数在不断增加,就业难度逐渐加大,现以人力资源专业为例进行阐述。

人力资源是在经济学与人本思想指导下,通过招聘、选拔、培训、报酬等管理形式对组织内外相关人力资源进行有效运用,满足组织当前与未来发展的需要,保证组织目标实现与成员发展的最大化。笔者学习的主要课程有:人力资源规划、招聘与配置、培训与开发、绩效管理、薪酬福利管理、劳动关系管理。

人力资源培养目标:培养具备管理、经济、法律及人力资源管理等方面的知识和能力,能在事业单位及政府部门从事人力资源管理以及教学、科研方面工作的工商管理学科高级专业人士。

人力资源就业现状:

①毕业生人数在增加,就业难度逐渐加大。

②毕业生就业期望值过高。

③毕业生与市场供需矛盾。

人力资源就业前景:随着世界经济的持续发展和科学技术的突飞猛进,人力资源管理工作已成为现代企业的重要管理工作之一,正在全球范围内迅速发展,国际一流公司中,人力资源管理已成为最核心的管理技术。目前,人力资源管理已被列为我国 12 种紧缺人才之一,市场经济就是竞争的经济,而竞争归根结底是人才的竞争。

中国很多大型企业都逐渐认识到引才、用才、育才、激才、留才的重要性,而这些正是人力资源管理工作者的职责范围,所以有一支经过专业学习,具有专业知识,掌握专业技能的人力资源管理队伍对企业来讲显得尤为重要。国家自 2003 年开始将该职业列为实行就业准入制度的职业之一,规定从业人员必须持证上岗。目前,该职业缺口较大,一些高科技企业人力资源管理人员的年薪相当可观。诱人的高薪以及广泛的就业前景,使得人力资源管理职业超越 MBA 而成为"黄金职业"。

三、职业定位

职业定位就是要为职业目标与自己的潜能以及主客观条件谋求最佳匹配。良好的职业定位是以自己的最佳才能、最优性格、最大兴趣、最有利的环境等信息为依据的。职业定位过程中要考虑性格与职业的匹配、兴趣与职业的匹配、特长与职业的匹配、专业与职业的匹配等。通过自我盘点、职业分析，认识自己、分析环境，得出自己职业定位的 SWOT 分析如下所述。

（一）内部环境因素

优势因素：做事认真，有责任心；考虑问题全面、比较细心、耐心；人际交往能力较强。

弱势因素：表达能力一般；行事低调；不善于自我宣传；性格波动明显。

（二）外部环境因素

机会：人力资源管理是一个朝阳学科，各位同行都站在人力资源管理事业的高度上；目前人力资源管理人才是我国的紧缺人才，市场需求较大。

威胁："人才短缺"与"人员富余"问题并存，就业压力大；激励机制的不灵活或失效，挫伤了人力资源的积极性；人力资本投资不足；人才选拔机制不健全。

结论：

①职业目标：选择人力资源管理，成为人力资源管理分析师。

②职业的发展路径：学业有成—初步找到适合自身发展的工作环境、岗位—取得职业资格证书，获得一定的实践经验—取得助理分析师及办公室主任职务。

四、未来人生职业生涯路线

在职业确定后，还须考虑向哪一路线发展。即是向行政管理路线发展，还是向专业技术路线发展；是先走技术路线，再转向行政管理路线……由于发展路线不同，对职业发展的要求也不相同，这一点也不能忽视。因为，即使同一职业，也有不同的岗位，有的人适合搞行政，可在管理方面大显身手，成为一名卓越的管理人才；有的人适合搞研究，可在某一领域有所突破，成为一个专业人才；有的人适合做经营，可在商海大战中屡建功勋，成为一名经营人才。如果一个人不具有管理才能，却选择了行政管理路线，这个人就很难成就事业。因此，在职业生涯规划中，须作出抉择，以便使自己的学习、工作以及各种行动措施沿着你的职业生涯路线或预定的方向前进。

大学一年级——由于正式地过渡到大学生活，因此有更多的时间去复习，巩固基础学科的知识，万丈高楼平地起，只有地基好的楼才能建得高。同时不能忘记学习英语，因为学习目标不是过六级而是要学好英文，要为了学习而学习。

大学二年级——确立目标阶段，可以初步考虑毕业以后是继续学习深造还是直接就业，如果打算毕业后直接就业，可以通过参加班级和学校组织的活动锻炼自己的各种能力，还可以尝试与自己未来职业有关或本专业相关的兼职等社会实践活动，以提高自己的责任感、主动性和受挫能力。注意增强外语口语能力和计算机能力，通过英语和计算机的相关证书考试，并有选择性地辅修其他专业知识充实自己；如果打算考研究生，就应着重专业课和英语的学习和钻研，把主要精力放在学业上，同时也应注意自身综合素质的提高。

大学三年级——自我和环境评估，并进入职业选择与实践阶段，要对自身的优势和劣势

进行客观科学的分析,查漏补缺,继续全面地提升自己。在对自身和环境作出合理评估后,如果选择就业路线,应有意识地增加与社会接触的机会,开展多种形式的社会实践活动,为自己的就业打下坚实基础。与此同时,留意各种行业的信息,并在确立目标方面形成初步的打算和计划。如果选择考研路线,此时应根据自己的性格、兴趣和学业专长确定自己所要报考的学科,从这一年的暑假开始便要着手考研的复习和准备。

大学四年级——如果选择就业路线,就要再次检验自己的职业目标是否明确,前3年的准备是否充分。然后积极参加招聘活动,在实践中检验自己的积累和准备是否充分。最后在同学和老师的帮助下进行预习和模拟面试,并积极了解就业指导中心提供的用人单位信息,强化求职技巧。如果选择考研路线,此时复习已接近尾声,应注重有关考研信息的收集和整理分析。通过各种途径,如向自己报考专业相同的在读研究生及该学科专家教授咨询有关应试技巧,以及本学科发展前沿信息等,向报考学校招生办公室了解有关招生信息,积极联系报考导师等。

职业生涯路线,即职业方向,它会直接反映一个人职业生涯的动机,或称主观愿望,甚至有时还会决定一个人的成败。所以,确定职业路线有以下3个非常重要的注意事项。

(一)不能没有路线

一个人无论年龄多大,真正的人生是从设定目标的那一天开始的,以前的日子都只不过是在绕圈子而已。

想一想,在过去的经历中,你有没有过绕圈子的感觉? 如果你已经绕了几年,你还想再继续绕下去吗? 记住:新生活是从选定路线开始的。

要想确定自己的职业生涯路线,首先要选定自己的职业。有人问:“我选择这个职业是一辈子就必须干这个吗?”“不一定。”在市场经济社会中,人一生可能换4~8种职业。但你一旦决定在某几年中从事哪一种职业,那么就应该按照这种职业标准去提高专门知识和技能,以提高自己的职业化水平。

(二)不能同时有很多路线

生命短暂,一个人的时间与精力是有限的,只能在特定的一种或多种职业中谋求成功。在确定职业方向时,一定要理解特定职业对人生的意义,思考自己可能在特定职业中担任的职务,自己在这个职业中是短期发展,还是长期发展。

(三)不能随意改变路线

人们一生中可能会换多个职业,但想在每一个职业上都取得成功是不容易做到的。因此在确定职业路线、修改职业路线时,一定要特别慎重。

五、路线引导未来

有人说:“我现在的职业生涯发展得挺顺利,处于一个阶段性成功期,我似乎登上了一座山的顶峰,环顾四周,风景秀丽,心情很不错! 这时,我还要再定什么规划吗?”

也有人说:“我的职业生涯现在处于一个低谷,正是低落的时候,干什么全都不顺心。还定什么规划?"

在职业生涯发展的道路上,重要的不是你现在所处的位置,而是迈出下一步的路线。即便你是在一座山的顶端,如果路线搞错了,再跨出一步可能就是万丈深渊;虽然你现在是在一个山谷里,但是如果你找准了路线,每迈出一步都是在上升。

针对上述生涯路线要注意的事项和问题是,要明确自己最佳的职业生涯路线,必须在毕业后直接就业和考研两条路线中作出选择!经过全面地分析和慎重地考虑,在自己的职业生涯规划上,我选择首先继续学习深造——考研。

原因很简单,"生当做人杰",人生在世,谁不想成就一番事业。我想,任何一个有理想有抱负,渴望用自己的努力去开创未来的新时代大学生,要的不仅仅是一份养家糊口的"工作",而是一份能最大限度实现自身价值的"事业"。这样的事业需要有深厚的专业理论知识的沉淀和丰富的实践经验。

六、如何设定职业生涯目标

职业生涯目标的设定,是职业生涯规划的核心。一个人事业的成败,很大程度上取决于有无正确的目标。没有目标如同驶入大海的孤舟,四野茫茫,没有方向,不知道自己走向何方。只有树立了目标,才能明确奋斗方向。目标犹如海洋中的灯塔,引导你避开险礁暗石,走向成功。目标的设定,是在继职业选择、职业生涯路线选择后,对人生目标作出的抉择。其抉择是以自己的最佳才能、最优性格、最大兴趣、最有利的环境等信息为依据。通常目标分短期目标、中期目标、长期目标。短期目标一般为 1~2 年,短期目标又分日目标、周目标、月目标、年目标。中期目标一般为 3~5 年。长期目标一般为 5~10 年。

根据自己的兴趣和所学专业,在未来应该会向医学和英语两方面发展。围绕这两个方面,笔者特对未来设定如下职业生涯目标:

(一)短期目标(高职专科为 3 年,即将步入大三)

专科 3 年学业有成期:充分利用校园环境及条件优势,认真学好专业知识,培养学习、工作、生活能力,全面提高个人综合素质,并做好就业准备。

(二)中期目标(大学毕业后 5 年)

熟悉适应期:若考上本科、研究生,则继续勤奋学习,然后利用 3 年左右的时间,经过不断的尝试和努力,初步找到合适自身发展的工作环境、岗位。

(三)长期目标

事业上升期:5~10 年的规划,主要设定较长远的目标。如规划自己 30 岁成为一家中型公司的部门经理,规划自己 40 岁成为一家大型公司副总经理等。在单位努力工作,虚心求教,不断拼搏创新,作出一点成绩,工作步步高升。

无论如何,人生不能没有目标。当然你会说,尽管人们常说"有志者事竟成""世上无难事,只怕有心人",可是现实情况却往往并非如此。的确,"想干什么"与"能干什么"不是一回事,每个人的能力、天赋和悟性都有所不同,确立了目标,也未必一定能成功。但是,如果

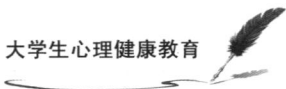

没有一个目标，我们就更不容易获得成功。国外有句谚语说得好，"如果连你自己也不知道你要到哪里，往往你哪里也到不了"；中国也有句古语，"欲得其中，必求其上；欲得其上，必求上上"。所以，不管我们制订的目标是否一定能够达到，目标对我们的成功都有着重要意义。

所以，我们要敢于梦想，敢于制订富有挑战性的目标，这样，我们的潜能才能最大限度地激发出来，才更加容易在未来的职场上获得成功。

注：笔者的职业目标，笔者考虑了整整3天，终于理出头绪了，也鼓足了勇气把它写出来！这都是笔者以前没有真正明确目标导致的结果，笔者浑浑噩噩过了22年！既然想明白了，弄清楚了，那以后它就是笔者的一面镜子，要时时刻刻想到它，特别是在受到打击后并觉得前途一片茫然时，就拿出来好好看看，好好给自己充充电！

七、制订行动计划与措施

在确定了职业生涯目标后，行动便成了关键环节。没有达成目标的行动，目标就难以实现，也就谈不上事业的成功。这里所指的行动，是指落实目标的具体措施，主要包括工作、训练、教育、轮岗等方面。例如，为达成目标，在工作方面，你计划采取什么措施来提高你的工作效率？在业务素质方面，你计划学习哪些知识，掌握哪些技能来提高你的业务能力？在潜能开发方面，应采取什么措施开发你的潜能等，都要有具体的计划与明确的措施。并且这些计划要特别具体，以便于定时检查。

为了实现自己的目标，应写出详细的行动计划，而且计划应是明确的、具体的、可量化的，是可以实现的；设计的时间也是按照学期和假期来进行设计。

八、缩小差距的方法及成功标准

大学毕业生都知道，现在离自己的职业生涯目标有很大差距！要成为一个有一定经验的工作者，需要缩小自己和他人的差距。以下以医学工作者为例来说明各种差异的产生。

(一)思想观念上的差距

刚从事医学事业的人一般会认为医生只是给病人看病，但有一定经验的人则会认为医生是"推荐自己"——病人只有相信医生，才可能请你帮他看病。为了缩小这种差距，需向有经验的人员请教，并在实践中体会这一点。

(二)知识上的差距

目前笔者的医学基础知识不是太扎实，英语基础较差，离目标还有一定的距离。书本知识的欠缺只是一个方面，更重要的是实践的差距。为了缩小这种差距，应利用今后的在校时间，为自己补充所需的知识和技能。包括参与社会团体活动，广泛阅读相关书籍，选修、旁听相关课程，报考职业技能资格证书；多参加医院的实践活动，在实践中理解书本知识。

(三)心理素质的差距

从事医学工作需要百折不挠的毅力，而作为一个学生，缺少的恰恰是这一点，往往遇到一点挫折和失败就会退缩。这种差距需要在实践中逐步消除。为了缩短这种差距，应充分利用毕业前的实习时间,把相关技术进一步巩固,并且不断地学习新技术,丰富自我;锻炼自己的注意力,即使在嘈杂的环境里也能思考问题和正常工作;在大而嘈杂的环境中能有意识地进行自我训练。

(四)能力的差距

做事情反应不够敏捷,动手能力还有待提高;技术比较生疏,缺乏创新能力,适应能力较差,这两点可能是最重要的。为了缩小这种差距,在校期间多和老师、同学讨论交流,毕业后选择和相关人员经常进行交流;常参加一些交流会、联谊会等,不断积累经验,向其他人"取经";充分利用自身的工作条件扩大社交圈,重视同学交际圈,重视和每个人的交往,不论身份贵贱和亲疏程度。

那成功标准是什么呢?

美国的成功学大师安东尼·罗宾斯曾经提出过一个成功的万能公式:成功＝明确目标＋详细计划＋马上行动＋检查修正＋坚持到底。从这个公式可以看出,人们要想成功,首先要有明确的目标和制订详细的计划。在职业生涯领域也是同样,首先选择一个最适合我们发展的行业和工作,然后确定目标,同时对我们的整个职业生涯进行初步规划,最后付诸行动,并且经常对自己的目标和计划进行检查修正,最后坚持到底,定能获得职业生涯的成功。所以笔者的成功标准是:个人事务、职业生涯、家庭亲人和睦的协调发展。

只有尽心尽力,能力才能得到发挥,每个阶段都有了切实的自我提高,即使目标没有实现,笔者也不会觉得失败,给自己太多的压力本身就是一件失败的事情。

九、评估调整

俗话说:"计划赶不上变化。"是的,职业生涯规划是一个动态的过程,影响职业生涯规划的因素很多。有的变化因素是可以预测,而有的变化因素则难以预测。在此状况下,要使职业生涯规划行之有效,就须根据事实结果的情况以及变化,在实施中去检验成效,不断地对职业生涯规划进行评估与修订。其修订的内容包括:职业的重新选择;职业生涯路线的选择;人生目标的修正;实施措施与计划的变更等。

订好计划固然好,但更重要的在于其具体实施并取得成效。这一点时时刻刻都不能被忘记。任何目标,只说不做都只会是一场空。然而,现实是未知多变的,订出的目标计划随时都可能受到各方面因素的影响,这一点,每个人都应该做好充分的心理准备,当然,包括笔者自己。因此,在遇到突发因素、不良影响时,要注意保持清醒冷静的头脑,不仅要及时面对、分析所遇问题,更应快速果断地拿出应对方案,对所发生的事情,能挽救的尽量挽救,不能挽救的要积极采取补救措施,争取做到最好。如此一来,即使将来的作为和目标相比有所偏差,也不至于相距太远。

行动决定成败。以上是笔者对职业生涯的初步规划,虽然前途仍然还有些迷茫,社会总在变化,可已经有了大的方向,知道了自己行动的目标,现在需要做的就是每天努力,去实现自己的理想。通过这次的学习,笔者更加清晰自己的目标,选择自己喜欢的,做自己喜欢的。

其实,每个人心中都有一座山峰,雕刻着理想、信念、追求、抱负。每个人心中都有一片森林,承载着收获、芬芳、失意、磨砺。但是,无论眼底闪过多少刀光剑影,只要没有付诸行

动,那么,一切都只是镜中花,水中月,可望而不可即。一个人,若要获得成功,必须拿出勇气,付出努力去拼搏、奋斗。成功,不相信眼泪;成功,不相信颓废;成功,不相信幻影。成功,只青睐有充分磨砺充分付出的人。未来,掌握在自己手中;未来,只能掌握在自己手中。爱拼才会赢!

心理训练

如何明确自己的职业定位?

拿出纸笔,认真填写下面的问题。

1.你在求学阶段投入最多精力的分别是哪些方面?

2.你的兴趣、爱好是什么?

3.你的优势在哪些方面?

4.你毕业后第一个工作设想是什么? 你希望从中获取什么?

5.你希望将来从事的职业领域在哪个方面?

在回答以上 5 个问题的基础上,根据 5 类职业定位的解释,确定你的主导职业定位。

1.技术型

出于自身个性与爱好考虑,不愿意从事管理工作,而愿意在自己所处的专业技术领域发展。

2.管理型

有强烈的愿望去做管理人员,同时经验也告诉他们自己有能力达到高层领导职位,因此他们将职业目标定为有相当大职责的管理岗位。高层经理需要突出 3 个方面的能力:①分析能力;②人际能力;③情绪控制力。

3.创造型

需要建立完全属于自己的东西,或是以自己名字命名的产品或工艺,或是自己的公司,或是能反映个人成就的私人财产。认为只有这些实实在在的事物才能体现自己的才干。

4.自由独立型

更喜欢独来独往,不愿像在大公司里那样彼此依赖,同时也有相当高的技术型职业定位。但不同于简单技术型定位的人,他们并不愿意在组织中发展,而是宁愿做一名咨询人员,或是独立从业,或是与他人合伙开业。

5. 安全型

最关心职业的长期稳定性与安全性,他们为了安定的工作,可观的收入,优越的福利与养老制度等付出努力。

心理测量

测试一:

职业倾向测试

测试目的:看你对哪种职业的工作有极大的倾向值或有潜力,以便帮助你选择和确定自己的最佳职业。

测试方法:以下前 10 题为 A 组,后 10 题为 B 组。每组各题你认为"是"的打 1 分,"不是"的打 0 分,然后,比较两组答案分值。

1. 当你正在看一本有关谋杀案的小说时,你是否常常能在作者未交代结果之前知道哪个人物是罪犯?

2. 你是否很少写错别字?

3. 你是否宁可参加音乐会也不愿待在家里闲聊?

4. 墙上的画挂歪了,你是否想去扶正?

5. 你是否常论及自己看过或听过的事物?

6. 你是否宁可读散文和小品文而不愿看小说?

7. 你是否愿少做几件事一定要做好,而不想多做几件事而马马虎虎?

8. 你是否喜欢打牌或下棋?

9. 你是否对自己的消费预算有控制?

10. 你是否喜欢学习能使钟、开关、马达发生效用的原因?

11. 你是否很想改变一下日常生活中的一些惯例,使自己有一些充裕时间?

12. 闲暇时,你是否较喜欢参加一些运动,而不愿意看书?

13. 你是否认为数学不难?

14. 你是否喜欢与比你年轻的人在一起?

15. 你能列出 5 个你自己认为够朋友的人吗?

16. 对于你能办到的事情别人求你时,你是否乐于助人?

17. 你是否不喜欢太细碎的工作?

18. 你看书是否很快?

19. 你是否相信"小心谨慎,稳扎稳打"是至理名言?

20. 你是否喜欢新朋友、新地方和新东西?

得分分析:

1. 若 A 组分值比 B 组高,则表明你是个谨慎的人,适合从事具有耐心、谨慎和研究等琐细的工作,诸如医生、律师、科学家、机械师、修理人员、编辑、哲学家、工程师等。

2. 若 B 组分值高于 A 组,则表明你是知识广博的人,最大的长处在于成功地与人交往,你喜欢有人来实现你的想法。适合做人事、顾问、运动教练、服务员、演员、广告宣传员、推销员等工作。

3. 若 A、B 两组分值大体相等,就表明你不但能处理琐碎细事,也能维持良好的人缘关系。适合工作包括护士、教师、秘书、商人、美容师、艺术家、图书管理员、政治家等。

测试二:

RCCP 通用人职匹配测试量表

《RCCP 通用人职匹配测试量表》是职业测评量表,具有较高的信度和效度,适用于青少年及成人,能根据兴趣(你想做什么)、能力(你能做什么)、人格(你适合做什么)这3个因素了解填表者。此量表可以帮助你根据测试结果获知自己的人格特征更适合从事哪方面的工作。答题者做题时应以对问题的第一印象尽快回答,不必仔细推敲,一般用 30 ~ 45 分钟可以答完。答案没有对错之分,题目回答根据与实际情况符合程度来判断,与你的实际情况相符合的用"√"表示,不符合的用"×"表示,难以回答的用"?"表示。

作答时,有如下 4 点要求:

● 不必仔细推敲,答案没有对错之分。

● 对于有些你没有机会从事的工作,你也可以在"假设"从事过这些工作的情况下作出判断。

● 请不要遗漏,务必填完所有的问题。

● 做完 108 道题后,再分类统计各类型的得分。

现实型(R)问题(1 ~ 18)

(　　)1. 你曾经将钢笔全部拆散加以清洗并能独立地将它装起来吗?

(　　)2. 你会用积木搭出许多造型吗? 或小时候常拼七巧板吗?

(　　)3. 你在中学里喜欢做实验吗?

(　　)4. 你对一些动手较多的技术工(如电工、修钟表、印照片、织毛线、绣花、剪纸等)很感兴趣吗?

(　　)5. 当你家里有些东西需要小修小补时(诸如窗子关不严,凳子坏了,衣服不合身等),常常是由你来做吗?

(　　)6. 你常常偷偷地去摆弄不让你摆弄的机器或机械(诸如打字机、摩托车、电梯、机床等)吗?

(　　)7. 你是否深深体会到身边有一把老虎钳等工具,会给你提供许多便利吗?

(　　)8. 看到老师傅在做活,你能很快地、准确地模仿吗?

(　　)9. 你喜欢把一件事做完后再做另一件事吗?

(　　)10. 在做事情前,你经常害怕出错,而对工作安排反复检查吗?

(　　)11. 你喜欢亲自动手制作一些东西,并从中得到乐趣吗?

(　　)12. 你喜欢使用锤子、斧头一类的工具吗?

(　　)13. 如果掌握一门手艺,并能以此为生,你会感到非常满意吗?

（　　）14.你曾渴望当一名汽车司机吗？

（　　）15.小时候,你经常把玩具拆开,把里面看个究竟吗？

（　　）16.你喜欢修理自行车、电器一类的工作吗？

（　　）17.你喜欢跟各类机械打交道吗？

（　　）18.你亲手制作或修理的东西经常令你的朋友满意吗？

研究型(I)问题(19~36)

（　　）19.你对电视或单位里的智力竞赛很有兴趣吗？

（　　）20.你经常到新华书店或图书馆翻阅图书(文艺小说除外)吗？

（　　）21.学生时代你常常会主动地去做一些有趣的习题吗？

（　　）22.你对一件新产品或新事物的构造或工作原理感兴趣吗？

（　　）23.当有人向你请教某事如何做时,你总喜欢讲清内部原理,而不仅仅是操作步骤吗？

（　　）24.你常常会对一件想知道但又无法详细知道的事物想象出它将是什么或将怎么变化吗？

（　　）25.看到别人在为一个有趣的难题争论不休时,你会加入或者独自思考,直到解决为止吗？

（　　）26.看推理小说或电影时,你常分析推理谁是罪犯,并且这种分析时常与最后结果相吻合吗？

（　　）27.你喜欢做一些需要运用智力的游戏吗？

（　　）28.相比而言,你更喜欢独自思考问题吗？

（　　）29.你的理想是当一名科学家吗？

（　　）30.你经常不停地思考某一问题,直到想出正确的答案吗？

（　　）31.你喜欢抽象思维的工作吗？

（　　）32.你喜欢解答较难的问题吗？

（　　）33.你喜欢阅读自然科学方面的书籍和杂志吗？

（　　）34.你能够做那种需要持续集中注意力的工作吗？

（　　）35.你喜欢学数学吗？

（　　）36.如果独自在实验室里做长时间的实验,你能坚持吗？

艺术型(A)问题(37~54)

（　　）37.你对戏剧、电影、文艺小说、音乐、美术等其中的一两个方面较感兴趣吗？

（　　）38.你常常喜欢对文艺界的明星品头论足吗？

（　　）39.你参加过文艺演出、绘画训练或经常写些诗歌、短文吗？

（　　）40.你的朋友经常赞扬你把自己的房间布置得比较优雅并有品位吗？

（　　）41.你对别人的服装、外貌以及家具摆设等能做出比较准确的评价吗？

（　　）42.你认为一个人的仪表美主要是为了表现一个人对美的追求,而不是为了得到别人的赞扬或羡慕吗？

（　　）43.你觉得工作之余坐下来听听音乐,看看画册或欣赏戏剧等,是你最大的乐趣吗？

( )44. 遇到有美术展览会、歌星演唱会等活动,你常常去观赏吗?

( )45. 音乐能使你陶醉吗?

( )46. 你喜欢成为人们注意的焦点吗?

( )47. 你喜欢不时地夸耀一下自己取得的成就吗?

( )48. 你喜欢做戏剧、音乐、歌舞、摄影等方面的工作吗?

( )49. 你能较为准确地分析美术作品吗?

( )50. 你爱幻想吗?

( )51. 看情感影片或小说时,你常禁不住眼圈发红吗?

( )52. 当接受一项新任务后你喜欢以自己独特的方法去完成它吗?

( )53. 你有文艺方面的天赋吗?

( )54. 与推理小说相比,你更喜欢言情小说吗?

社会型(S)问题(55~72)

( )55. 你常常主动给朋友写信或打电话吗?

( )56. 你能列出5个你自认为是朋友的人吗?

( )57. 你很愿意参加学校、单位或社会团体组织的各种活动吗?

( )58. 你看到不相识的人遇到困难时,能主动去帮助他,或向他表示你同情与安慰的心情吗?

( )59. 你喜欢去新场所活动并结交新朋友吗?

( )60. 对一些令人讨厌的人,你常常会由于某种理由原谅他、同情他甚至帮助他吗?

( )61. 有些活动,虽然没有报酬,但你觉得这些活动对社会有好处就积极参加吗?

( )62. 你很注意你的仪容风度,这主要是为了让人产生良好的印象吗?

( )63. 大家公认你是一名勤劳踏实、愿为大家服务的人吗?

( )64. 旅途中你喜欢与人交谈吗?

( )65. 你喜欢参加各种各样的聚会吗?

( )66. 你很容易结识同性朋友吗?

( )67. 你乐于接触别人的痛苦吗?

( )68. 对于社会问题,你很少持中庸的态度吗?

( )69. 听别人谈"家中被盗"一类的事,很容易引起你的同情吗?

( )70. 你通常不喜欢一个人独处吗?

( )71. 在工作中,你喜欢听取别人的意见吗?

( )72. 和一群人在一起的时候,你经常能找到恰当的话题吗?

管理型(E)问题(73~90)

( )73. 当你有了钱后,你愿意用于投资吗?

( )74. 你常常能发现别人组织的活动中的某些不足,并提出建议让他们改进吗?

( )75. 你相信如果让你去做一个个体户,一定会赚到钱吗?

( )76. 你在上学时曾经担任过某些职务(诸如班干部、科代表等)并且自认为干得不错吗?

( )77. 你有信心去说服别人接受你的观点吗?

（　　）78. 你对一大堆数字感到头疼吗？

（　　）79. 做一件事情时,你常常会事先仔细考虑它的利弊得失吗？

（　　）80. 在被人跟你算账或讲一套理由时,你常常能换一个角度考虑,而发现其中的漏洞吗？

（　　）81. 你曾经渴望有机会参加探险吗？

（　　）82. 你认为在管理活动中一个人的意志影响别人的行为是必要的吗？

（　　）83. 如果待遇相同,你宁愿当一名商品推销员,而不愿当一名机关办事员吗？

（　　）84. 当你开始做一件事后,即使碰到再多困难,你也执着地干下去吗？

（　　）85. 你总是主动地向别人提出自己的建议吗？

（　　）86. 你更喜欢自己下了赌注的比赛或游戏吗？

（　　）87. 和不熟悉的人交谈对你来说毫不困难吗？

（　　）88. 和别人谈判时,你不愿放弃自己的观点,是吗？

（　　）89. 在集体讨论中,你不愿保持沉默,是吗？

（　　）90. 你不愿意从事虽然工资少,但是比较稳定的职业,是吗？

常规型（C）问题（91～108）

（　　）91. 你能够用一两个小时坐下来抄写一份你不感兴趣的材料吗？

（　　）92. 你能按领导或老师的要求尽自己的能力做好每一件事吗？

（　　）93. 无论填什么表格,你都非常认真吗？

（　　）94. 在讨论会上,如果已有不少人的观点与你的不同,你就不发表自己的观点了吗？

（　　）95. 你常常觉得在你周围有不少人比你更有才能吗？

（　　）96. 你喜欢重复别人已经做过的事情而不喜欢做那些要自己动脑筋摸索着干的事吗？

（　　）97. 你喜欢做那些已经很习惯了的工作,同时最好是这种工作责任心小一些,工作时还能聊聊天,听听歌曲吗？

（　　）98. 你经常将非常琐碎的事情整理好吗？

（　　）99. 你总留有充裕的时间去赴约吗？

（　　）100. 对别人借你的和你借别人的东西,你都能记得很清楚吗？

（　　）101. 你喜欢经常请示上级吗？

（　　）102. 你喜欢按部就班地完成要做的工作吗？

（　　）103. 对于急躁、爱发脾气的人,你仍能以礼相待吗？

（　　）104. 你是一个沉静而不易动感情的人吗？

（　　）105. 你喜欢把一切安排得整整齐齐,井井有条吗？

（　　）106. 你经常收拾房间,保持房间整洁吗？

（　　）107. 你办事常常思前想后吗？

（　　）108. 每次写信你都要好好考虑,写完后至少重复看一遍吗？

计分方法：

与你的实际情况相符合的用"√"表示,得2分;不符合的用"×"表示,得0分;难以回答的用"?"表示,得1分。请你将上述6个部分答题结果的得分分别填入职业兴趣自我测评成绩登记表。

类　型	得　分
现实型(R)	
研究型(I)	
艺术型(A)	
社会型(S)	
管理型(E)	
常规型(C)	

如果你在某一部分得分明显高出其他部分,说明你属于该种典型类型的人。一般来说,综合性的兴趣特征者在生活中居多数。那么,怎么确定你自己的综合特征呢?

第一步,列出得分较高的两个兴趣类型的代号(　)(　)。

第二步,将得分最高的兴趣类型代号的字母填入第一空格。例如,你的第一个类型是现实型,则填:(R)(　)。

第三步,再将得分次高的兴趣类型代号的字母填入空格。如果第二个特征是I,则真:(R)(I)。

第四步,据此可知,这位填表者的兴趣特征是现实研究型。然后,就可以依据这个类型代号在36种职业兴趣类型中进行查询,便可知自己的主要职业兴趣了。

【结论】

36种职业兴趣类型表

	现实型(R)	研究型(I)	艺术型(A)	社会型(S)	管理型(E)	常规型(C)
现实型(R)	RR	IR	AR	SR	ER	CR
研究型(I)	RI	II	AI	SI	EI	CI
艺术型(A)	RA	IA	AA	SA	EA	CA
社会型(S)	RS	IS	AS	SS	ES	CS
管理型(E)	RE	IE	AE	SE	EE	CE
常规型(C)	RC	IC	AC	SC	EC	CC

表中RR、II、SS、EE、CC为典型类型,其余都是综合类型。各种类型及其相匹配的职业类型如下:

典型现实型(RR):需要进行明确的、具体的、按一定程序要求的技术性、技能性工作,如机械操作人员、电工技师、技术工人。

研究现实型(IR):具有一定科技含量的技术、技能性工作,如计算机编程人员、工程技术人员、质量检验人员。

艺术现实型（AR）：需要一定艺术表现的技术或技能性工作,如雕刻、手工刺绣、家具、服装制作。

社会现实型（SR）：与人打交道较多的技术或技能性工作,如出租汽车驾驶员、家电维修人员。

管理现实型（ER）：需要一定管理能力的技术或技能性工作,如领航员、动物管理员。

常规现实型（CR）：常规性的技术或技能性工作,如计算机操作人员、机械维护人员。

典型研究型（II）：需要通过观察,科学分析而进行的系统创造性活动的科学研究工作和理论性工作,如数学、物理等学科的研究人员、学术评论者。

现实研究型（RI）：侧重于技术或技能性的科学研究工作,如机械、电子、化工行业的工程师、化学技师、研究室的实验人员。

艺术研究型（AI）：艺术研究方面的工作,如文艺评论家、艺术作品编辑、艺术理论工作者。

社会研究型（SI）：社会科学研究方面的工作,如社会学研究人员、心理学研究人员。

管理研究型（EI）：管理研究方面的工作,如管理学科研究者、管理类刊物编辑。

常规研究型（CI）：常规性的研究工作,如数据采集者、资料搜集人员。

典型艺术型（AA）：需要通过非系统化的、自由的活动进行艺术表现的工作,如演员、诗人、作曲家、画家。

现实艺术型（RA）：运用现代科技较多的艺术工作,如电视摄影师、录音师、动画制作人员。

研究艺术型（IA）：具有探索性的艺术工作,如剧作家、时装艺术大师、工艺产品设计师。

社会艺术型（SA）：侧重于社会交流或社会问题的艺术工作,如作家、播音员、广告设计、时装模特。

管理艺术型（EA）：一定管理能力的艺术工作,如节目主持人、艺术教师、音乐指挥、导演。

常规艺术型（CA）：常规性的艺术工作,如化妆师、花匠。

典型社会型（SS）：需要更多时间与人打交道的说服、教育和治疗工作,如教师、公关人员、供销人员、社会活动家。

现实社会型（RS）：具有一定技术或技能的社会性工作,如护士、职业学校教师。

研究社会型（IS）：需要作些分析研究的社会性工作,如医生、大学文科教师、心理咨询人员、市场调研人员、政治思想工作者。

艺术社会型（AS）：具有一定艺术性的社会工作,如记者、律师、翻译。

管理社会型（ES）：需要一定管理能力的社会工作,如工商行政人员、市场管理人员、公安交警。

常规社会型（CS）：常规性的公益事务工作,如环卫工作人员、工勤人员。

典型管理型（EE）：需要胆略,冒风险且承担责任的活动。主要从事管理、决策方面的工作,如企业经理、金融投资者。

现实管理型（RE）：具有一定技术或技能的管理性工作,如技术经理、护士长、船长。

研究管理型（IE）：需侧重于分析研究的管理工作,如总工程师、总设计师、专利代理人。

艺术管理型（AE）：与艺术有关的管理工作，如广告经理、艺术领域的经纪人。

社会管理型（SE）：与社会有关的管理工作，如销售经理、公关经理。

常规管理型（CE）：常规性的管理工作，如办公室负责人、大堂经理、领班。

典型常规型（CC）：严格按照固定的规则、方法进行重复性、习惯性的劳动，并具有一定自控能力的相关工作，如出纳员、行政办事员、图书管理员。

现实常规型（RC）：需要一定技术或技能的常规性工作，如档案资料管理员、文印人员。

研究常规型（IC）：需要经常进行一些研究分析的常规性工作，如估价员、土地测量人员、报表制作人员、统计分析员。

艺术常规型（AC）：与艺术有关的常规性工作，如美容师、包装人员。

社会常规型（SC）：需要更多时间与人打交道的常规性工作，如售票员、营业员、接待人员、宾馆服务员。

管理常规型（EC）：需要一定管理能力的常规性工作，如机关科员、文秘人员。

第十一章　强化意志　珍惜生命——危机干预

生与死,除了那几声欢呼,几声痛哭外,便再没了别的。那么,生与死之间的——生命呢?

生命本身是脆弱的,一个人如果有顽强的意志和毅力,去感受生命的美好,去实现生命的价值,感恩生命给予我们开始与结束。

第一节　生命的意义及感恩教育

一、生命

(一)生命的定义

人类从不同的角度给生命下了定义:

1. 生物学角度

生命其实是多分子体系,它是由核酸和蛋白质等多种物质组合而成。而且生命会不断地自我更新,也会不断地被繁殖,还会对外界事物产生不同的感应。

2. 物理学角度

主要是根据热力学——"负熵",而"熵"是用来表征系统混乱程度的物理量,但是在孤立的系统中混乱程度永远是在增加的,且无数的自然现象都在印证这个原理。但是在众多的现象中,生命却是一个例外,它的演化过程是朝着"熵减"少的方向进行,当"熵减"到零时,生命也会走到终点,即个体死亡。

3. 哲学角度

生命是所有生物的组成部分,也是生存发展的性质和能力。生物通过生长、繁殖、进化、运动等过程表现出来生命体的特征。总的来讲,人类的生命是通过发现、界定等方式从生物中抽取出的具体和抽象的事物。

人的生命是指有意识的存在,生命具有感情,生命的由来是伟大的、富有精神意义的,对人类具有重要作用的。作为人来说,不仅要有信念、精神、意志,更重要的是怀有对生命的敬意与感怀,认同生命,使它灿烂无比。人能认同生命更能用爱对待他人,也就不会有那么多的社会犯罪心理出现。所以,认同生命并爱它是极为重要的自爱表现。

【故事分享】

有一名女性从小就患上了脑性麻痹症。这种病的症状十分吓人,因为肢体会失去平衡感,手足会时常乱动,口里也会经常念叨着模糊不清的词语,且模样十分怪异。医生根据她的情况,判定她活不过6岁。在常人看来,她已失去了语言表达能力与正常的生活条件,更别谈什么前途与幸福。但她却坚强地活了下来,而且凭借顽强的意志和毅力,考上了美国著名的加州大学,并获得了艺术学博士学位。她靠手中的画笔抒发着自己的情感。在一次讲演会上,一位学生贸然提问:"黄博士,你从小就长成这个样子,请问你是怎么看待你自己的,你有过怨恨吗?"在场的人都暗暗责怪这个学生的不敬,但黄博士却没有半点不高兴,她十分坦然地在黑板上写下了这么几行字:

一、我好可爱;

二、我的腿很长很美;

三、爸爸妈妈那么爱我;

四、我会画画,我会写稿;

五、我有一只可爱的猫;

……

最后,她以一句话作结论:我只看我所有的,不看我所没有的。

(二)生命的意义

人类存在的目的与意义究竟何在,人们可能会经常问自己:生命是什么? 活着有什么意思? 生命的真谛是什么?

有的人认为,人的出生就是为了活着,活着是为了生命更好地延续和更新。

有的人认为,生命的意义就是活在当下,因为过去已经成为历史,而未来还不可预知,所以把握现在就好。不要害怕未来发生什么,也不用去后悔过去的什么,只需要珍惜目前的一分一秒。

英国哲学家罗素说:"整个人类的生命,宛如一道壮阔的洪流,从不可知的过去,汹涌地冲向不可知的未来,我们每人都只是这种洪流中的一粒水滴,一个泡沫。"也就是说:生命相对于整个宇宙来说显得非常渺小,只是一粒水滴,一个泡沫。而生命又是像流水一样经历过去—现在—将来的一个过程,当然这个过程在整个宇宙中也是微不足道的。因为生命的活动,完全是寄托于时间和空间,更是由世间万物的自然规律所支配。而生命本身是无悲喜之分的,因为它仅仅是一种自然现象,只是人类给它增添了一些色彩,让它具有了悲喜等精神状态。

所以,简单地说生命在时空中并没有特殊的意义,仅仅是一种过程而已。而在精神领域,它却有不可小觑的意义,对于精神领域而言,生命的存在是不朽的。

当婴儿呱呱坠地,就开始了生活,拉开人生的帷幕,扬起风帆,开始起航。当慢慢长大,生活真谛就慢慢浮出水面。虽然这个时候的人类还需要依赖父母,但很多问题还需要自己去处理,所以生命的更新,生命过程中的不如意就开始考验自我的耐性。当走出学校,每个人不得不走出那个坚实的避风港,迈向社会的大门,进入现实的社会。必须学会去适应社会,适应生活,接受社会现实,面对社会中的一切。

其实,生命的真谛就在于调整,放松自己,寻找真实的自己,提醒盲目的自己,在安静中训练自己,让自己适应生命过程的各种变化。

二、学会感恩

在人生成长的道路上,有太多的人给予我们帮助,因为有他们,我们成长在这精彩世界;因为有他们,我们过着幸福的生活;因为有他们,我们无忧无虑地成长。感谢父母的养育,感谢师长的教诲,感谢朋友的帮助,感谢万物的供给。

感恩不仅是一种美德,还是一个人之所以为人的基本条件。古人云:"滴水之恩,当涌泉相报。"常怀感恩之心的人是幸福的,常怀感恩之情的生活是甜美的。同学们,让我们学会感恩,与爱同行,用感恩之心去拥抱生活吧!

(一)感恩父母

部分高职学生因家长的溺爱、学校教育的空白、社会责任感的缺失,使部分学生成了不懂感谢、不懂感激的"冷漠一代"。

1. 自身心理问题

当今普通高职学生大多是"90后",他们个体意识、思想变化快,但自立意识、理想意识淡漠,依赖意识、功利思想严重。部分学生存在心理上的偏差,他们认为父母做的一切都是天经地义,依赖父母,坐享其成,成为寄生于家庭中的特殊群体——"啃老族"。一些学生头脑中缺少感恩观和同情心,久而久之,只会一味追求享乐,对家庭、对社会重索取,而轻奉献。

2. 家庭因素

在家里,家长时刻把孩子作为关注的中心,总是围绕孩子转,视考试为孩子的重中之重,过多地注重孩子的学习成绩,却忽略了基本的道德和感恩教育,忘记了如何教育孩子做一个堂堂正正的人。久而久之,家庭环境促成了孩子们以自我为中心,唯我独尊的心态和习惯,没有感恩的情感体验,尤其是独生子女,更加任性、自私,只注重自己的感受,不会设身处地替他人着想,不懂得体谅父母的辛劳。很多大学生把父母的付出看作理所当然,他们记得住明星、偶像的生日,却记不住父母的生日。

家长方面,特别是经济收入较低的家长,在孩子身上倾注了过高的期望,他们千方百计满足孩子的要求,盼望孩子将来能成龙成凤,出人头地,同时也让家人扬眉吐气。效果与动机往往不符,家长对孩子物质上的要求言听计从,不考虑家庭情况一味地满足孩子的要求,反而事与愿违,造成孩子贪图享乐,毫无感恩之心。

3. 学校教育方面

传统的教育一直存在着一种偏差。学校把教育的重心放在提高学生的考试成绩上,而忽视了道德教育、情感教育和感恩教育。学校感恩教育缺乏实质内容,教育方式单一,由于高职教育的特殊性,仅停留在概念化、形式化的理论灌输层面,学生体验不到真实感。德育处于边缘化的地位,结果培养出"品""学"不一致的"跛足"学生,使许多学生成了头脑发达、道德平庸的"单面人"。

4. 社会环境因素

社会舆论宣传不够是感恩氛围缺乏的因素之一,当前社会环境也缺乏产生感恩意识的土壤。部分人采用不正当的手段谋取私利,腐化了社会风气,腐蚀了涉世不深的青少年的灵魂。面对多元经济、多元文化、多元结构、多元利益、多元开放的挑战,学生们不知不觉受到

影响,变得自私、无情,不懂得感激他人、感激社会,感恩意识缺乏。

(二)如何感恩父母

1.减少父母的操劳

努力学习、提高自身素质,争取做一个让父母放心、让他们骄傲的人,让他们少担忧,只有拥有足够的能力,才能减少父母的操劳。我们运用所学的专业知识,帮助家庭走上致富之路。这不仅能使家庭经济收入增长和物质生活改善,而且可以融洽与父母的关系,增进相互之间的沟通和理解,减少误会和冲突,帮助我们实现感恩的愿望。

2.孝敬父母

感恩父母把我们带到人间,感恩父母含辛茹苦的哺育,感恩父母的鼓励和默默支持,感恩父母无私的爱。高职学生应当听从父母的教诲,体贴父母的辛苦,肯定父母的付出。

感恩父母不需要精美的礼物,不需要华丽的言辞,在紧张的学习之余给父母发一条短信、打一个电话、写一封邮件,或者说一句思念的话语,告诉他们你在外身体健康、生活安稳、学习努力,让他们放心,这都是对父母的感恩。如果能用优异的成绩回报养育你的父母,在你们将来能在工作岗位上大展宏图,学业上和事业上的成功更是你们感恩父母的最好礼物。

3.替父母分忧解难

应该认识到,作为家庭集体中的一员,我们没有权利坐享其成,也要为家庭操劳,可以帮助父母谋划家庭的发展,促进家庭和谐。虽说许多同学长期生活在家里,但并不一定能完全体验到家庭生活的方方面面,也没有注意到父母的奔波与辛劳。我们可以选准时机去体验。家在农村的同学可以随父母到地里干活,体验挥汗如雨、创造财富的艰辛;家在城市里的同学可以陪伴父母一起上街买菜,共同扛包、拎货。可以利用星期天为全家人做饭洗衣,还可以同父母一起回忆家庭的变迁。

4.主动与父母沟通

作为子女,有义务去关心视我们比他们生命更重要的父母。我们可以主动与父母沟通,不要让他们想了解我们的生活学习的时候,还要去偷偷翻看你的日记或是聊天记录,我们不要拒绝他们想了解我们的这个小小要求。能够主动与父母沟通也是我们成熟的表现,更是我们感恩父母的开始。

5.促进父母之间的和谐

家和万事兴,我们都希望生活在和谐的家庭,促进家庭和谐不仅是父母的事情,也是孩子的义务。在必要的时候我们可以代表他们某一方传递心中的爱意和关心,要善于观察生活中父母之间的共同点,调节父母之间的小摩擦,善于发现父母双方的优点,积极化解父母之间的矛盾,促进父母之间的和谐。

(三)感恩生命

生命之于我,是一种幸运。生命,对于我们每个人来说都是最珍贵的。有时它很坚强,有时却很脆弱。生命对我们来说都很公平,因为它给每个人都有一次机会,它给予我们的都是同样的东西。

笔者感谢父母,是因为刚出生时,是父亲用他那宽阔的胸膛和结实的肩膀支撑了整个家庭;是母亲用她那无私的爱和乳汁哺育了我;是父母呵护了我的生命。是他们用无私的爱和心血养育了我,是他们在尽自己的所能给我创造了舒适的生活,他们把生活中的每一件事都已经看在眼里记在心里。

父母给我的永远是最亲切的一面。每当我受伤或生病时,有父母的陪伴。父母的怀抱让我感到了无限的温暖和安全。

我感谢朋友,是因为在我成长的过程中,我收获了几位知心朋友。朋友关心的话语让我感到了温馨,朋友的祝福让我感到了幸福,我用真心对待每一位朋友。同时我深深明白,朋友之间应该"求同存异",朋友之间应该尊重、真诚、友爱。

朋友会在我忧郁时,倾听我诉说烦恼。在我心情坏到极点时,给我一个路标,一个暗示,让我从困境中走出来。

当然,在生命给我带来亲人与朋友的同时,也给我带来了"敌人"。虽然我不喜欢他们,可是我仍然要感谢他们,是他们让我看到了自己的不足,是他们让我知道了自己的弱点,是他们让我有了战胜他们的斗志。

敌人总会在任何时候,任何时间,不断地扫描你,他们总是用那最敏感的一面来抨击你,只要找到你的弱点就给予最沉痛的打击。是他们把我成功的梦想激醒,是他们让我在茫茫人海中不敢迷失自我,正是因为这样才让我在激烈的竞争中占得一席之地。

父母是我受伤时的避风港,朋友是我忧郁时的倾听者,敌人是我生活中的镜子。

感谢生命给我带来快乐,感谢生命给我带来的忧郁,感谢生命给我带来的伤痛,感谢生命给我带来的一切。

【故事分享】

1. 据传在法国一个偏僻的小镇有一口特别灵验的水泉,常会出现神迹,可以医治各种疾病。有一天,一个挂着拐杖,少了一条腿的退伍军人,一跛一跛地走过镇上的公路,旁边的镇民带着同情的口吻说:"可怜的家伙,难道他要向上帝祈求再有一条腿吗?"这句话被退伍军人听到了,他转过身对他们说:"我不是要向上帝祈求有一条新的腿,而是要祈求他帮助我,在我没有一条腿后,也知道如何过日子。"

试想:学习为所失去的感恩,接纳失去的事实,不管人生的得与失,总是要让自己的生命充满了亮丽与光彩,不再为过去掉泪,努力地活出自己的色彩。

2. 有一个天生失语的小女孩,爸爸在她很小的时候就去世了。她和妈妈相依为命。妈妈每天很早出去工作,很晚才回家。每到日落时分,小女孩就站在家门口,充满期待地望着门前那条路,等妈妈回家。有一天,下着很大的雨,已经过了晚饭时间,可妈妈却还没有回来。小女孩站在家门口望啊望啊,总也等不到妈妈的身影。天,越来越黑,雨,越下越大,小女孩决定顺着妈妈每天回来的路去找妈妈。她走啊走啊,走了很远,终于在路边看见了倒在地上的妈妈。她使劲摇着妈妈的身体,妈妈却没有回答她。她以为妈妈太累,睡着了。就把妈妈的头枕在自己的腿上,想让妈妈睡得舒服一点。但是这时她发现,妈妈的眼睛没有闭上!小女孩突然明白:妈妈可能已经死了!她感到恐惧,拉过妈妈的手使劲摇晃,却发现妈妈的手里还紧紧地攥着一块年糕……她拼命地哭着,却发不出一点声音……雨一直在下,小女孩也不知哭了多久。她知道妈妈再也不会醒来,现在就只剩下她自己。妈妈的眼睛为什么不闭上呢?她是因为不放心自己吗?她突然明白了自己该怎样做。于是擦干眼泪,决定

用自己的方式来告诉妈妈她一定会好好地活着,让妈妈放心地走……小女孩就在雨中一遍一遍用手语做着《感恩的心》,泪水和雨水混在一起,从她小小的却写满坚强的脸上滑过……"感恩的心,感谢有你,伴我一生,让我有勇气做我自己……感恩的心,感谢命运,花开花落,我一样会珍惜……"她就这样站在雨中不停歇地做着,一直到妈妈的眼睛终于闭上……

(资料来源:豆丁网)

第二节　正视死亡

一、死亡的定义

生命的本质是机体内同化、异化过程这一对矛盾的不断运动;而死亡则是这一对矛盾的终止。人体内各组织器官的同化、异化过程的正常进行,首先需要循环系统供给足够的氧气和原料,尤其是中枢神经系统耐受缺血缺氧的能力极差,所以一旦呼吸、心跳停止,可以立即引起死亡。死亡意味着个体生命的终结,也意味着事物的毁灭。

从哲学意义上讲,生命其实只是物质运动的一种特殊形式,死亡就是这种特殊形式的结束。在生命领域中,物质运动的表现形式就是死亡与生存的不断交替。个体生命的死亡并不代表事物的结束或消失,只是事物运动形式消失和结束了。世界是物质的,物质是运动的。物质的运动永远不会终止,一种运动形式消失,而另一种运动形式又会开始。个体生命的死亡并不代表事物的结束或消失,只是事物运动形式消失和结束了。死亡是一种状态、一个过程、一个终点、一个起点。

医学上定义死亡是所有生命机能的永远停止。从以下两个方面对死亡进行定义:第一,大脑功能、血液循环系统的自发机能出现总的、不可逆转的终止;第二,可感觉到的跳动的心脏和呼吸最终的,不可逆转的终止。

与死亡一起来的一面是永久的黑暗,一面是永久的安宁。死亡将人类生活中的幸福带走,也会一并把生活中的痛苦带走。

二、死亡的特点

(一)死亡具有必然性

凡是个体的生命都存在死亡的必然性。马克思在《异化及其克服》中对于死亡的论证是非常经典的。他这样说道:"死似乎是类对特定的个体的冷酷的胜利,并似乎是同它们的统一相矛盾的;但是个体不过是一个特定类的存在物,而作为这样的存在物是迟早要死的。"

柏拉图在"分有"概念中指出:人只是上帝"完美的善"——理性的"分有",不可能获得只属于"完美的善"的性质。"分有"概念与马克思的概念联系起来,"分有"是讲现实世界部分拥有理性世界的善,而类的特殊性也是离散地分布在一个个特殊个体之中。

黑格尔利用辩证法得出,人类对于生命不仅要肯定,也要进行自我否定。而这里所说的否定就是生命的死亡,所以生命的死亡是必然的。

（二）死亡的不可抗拒作用

死亡来临时，人类都是无法自己选择的。就算是帝王将相、达官贵人在死神面前，也是无力的，也无法避免死神的眷顾。因此，古代的很多帝王从登基之日起，就开始了漫长的寻找长生不老的途径。

三、如何面对死亡

每个人都会走向死亡，应该怎样走完这一生？相信不少人思考过这个问题，当然答案一定是要幸福地、快乐地、健康地走到最后。事实上，是不是真的这样做到了呢？

假设每个人的生命轨迹有这样两种：一种是一生都处于健康之中，只有当晚年生命之能逐渐减弱时，身体机能才开始走下坡路，但仍然能生活自理，最后生命自然耗尽而结束，没有痛苦，没有恐惧；另一种是一直处于疾病之中，忍受着巨大的病痛与精神的折磨，生命因为痛苦而失去尊严，在无奈与恐惧之中痛苦地死去。我们应该如何选择呢？

所以说，爱护自己的健康，认真地对待自己，放下对名利的执着，开心地生活，幸福地度过每一天。不要担忧明天，也不要错失今天，享受人生的每一秒钟。当最后的时刻来临，笔者希望每个人都能在安详中愉悦地面对它。在生命的最后一分钟，都能保持自己生命的尊严。

四、死亡的价值

自古以来，长生不老这个幻想不知道迷惑过多少人，不管是王侯将相，还是贩夫走卒，不论境况如何，总是抗拒着死亡的到来，求生的本能让人们总是试图避开种种生命障碍，"知其不可为而为之"地为生命的延续做苦苦挣扎。

但是，任何对死亡的反抗都是以失败告终的，注定会以悲剧收场。埃及的金字塔，秦始皇的兵马俑，汉宫高达数丈的承玉露的铜柱，不知浪费了人民多少血汗钱，断送了多少无辜老百姓的生命。

人一生下来就要面对死亡的威胁。人的出生就是走向死亡的开始。尽管我们不能让生命永垂不朽，但是可以把追求不朽当作一种信仰，在思想上超越死亡。古人坚信，死者没有"死"，只是"活"在另一个世界，他们通过这种信仰摆脱了对死亡的恐惧，在思想上超越了死亡。在笔者看来，之所以会恐惧死亡，是因为我们活得太消沉，太没有意义，如果我们能活得认真充实，力求在有限的生命时光里，把该做的事做完，死亡便不会显得那么可怕，便可以超越死亡了。

哲学家海德格尔指出：人只有预先步入死的境界，才能把人的一生从开始到结束的自我显示出来，才能获得真正的人生。

俄国一位作家说过："人生在世之所以会有意义，就是因为有死亡这件事，假如人生没有死，人生的意义就没有了。"只有死亡才可以证明活的价值和意义，才是个体生命和生活最终的确认。正是死亡这一结局，才使生活丰富多彩，变化万千。也正是死亡让我们的人生舞台可以上演无数个悲喜剧，试想如果没有死亡，人们也许不会珍惜生命的短暂，不能感受生活的失败、伤痛，不会因自己的努力付出后的收获感到喜悦。所以死亡让生命、亲情、爱情、

存在的价值显得弥足珍贵。

通常认为，死亡是最无意义的东西；而且，它还吞噬掉了所有的人生价值。但是，人们若明白了人之生必然相伴于死，每个人从生下来的那一刻开始，便步入了走向死亡的过程，那么，在生的过程中从观念上去体验死、去沉思死，通过对死的叩问而让自我的生命获得长足的发展，建构出一个健康正确有意义的人生观，从而使我们的生活更加有价值。这种方法可称为"生死相长"。

首先，死亡的存在，以及对死亡的沉思，让我们意识到生命的有限性，能使人们更加珍惜生命中的每一分每一秒。让生命中的每一时段都充满内容，都能够留下不可磨灭的印记。可见，"死"的存在不是使"生"毫无意义，而是更凸显出"生"的价值。当一个人能够牢牢抓住生活，不浪费人生中的宝贵时光，努力地从事各种创造性的活动，珍惜生活中的亲情、友情、爱情、人情，并尽可能多地品尝人生的种种滋味，那么，人们就能在死亡来临之际，毫无恐惧，并为自己即将永久地安息和为别的生命之诞生而欣喜不已，这就达到了生死两相安的最佳境界了。

其次，死亡的存在使人们能够拥有更健康的人生观。在现实生活中，常可看见许多人汲汲于求这求那，总以为拥有得越多越好；在为人处世方面，刻薄、吝啬、毫无怜悯之心，无所不为。也许他的确成功了，拥有了很多很多，可是他在这个世界上不爱别人，不帮助别人；当然别人也就不会爱他，也就不会帮助他。因此，他在现世的生活就肯定相当孤独；而当他面对死亡时，他会因为所拥有的一切都将永久地丧失而痛苦万分。人们生前拥有得少，死时就丧失得少，其痛苦也就相对要小；人们生前拥有得越多，死时就丧失得越多，按一般的逻辑，痛苦就必然会比较大。对于那些在人世间一心只知攫取者而言，这一生死的规律实在是太可怕了。

为了生活和生存，我们当然要去赚钱；但不能以赚钱为唯一的人生目的，不能以聚财为全部生活中唯一的兴奋点。要明白一个深刻的生死之理：人世间的物质性拥有不是人生的一切，甚至不是人生中最主要的东西；人活着时最重要的除了创造外，就是一个"情"字，是和谐的人际关系，是温馨的亲情和友情。所以，我们在世间生活，对物质性的东西要拿得起放得下，要以与人和谐生活、爱和助人为乐作为人生中最值得追求的东西，并成为实际的生活准则。这样做的结果是，我们既能在生活中得到他人的爱和帮助，也因对死亡的体认而获得了做人的正确立场。

再次，死亡的存在还能让人们拥有更好的人生态度。人们若只是沉溺在日常的生活中，往往对什么都十分地执着。你的我的他的，不能混为一谈，更不能让别人从自己这里取得一丝一毫，什么都得分得清清楚楚，不仅执着于自己的，更盯着他人的，还渴望取得其他人的。而且，对哪怕是轻微的损失也无法忍受，哪怕是吃小亏也是坚决不干的。这样的话，人们在生活中一定累得很，苦得很，无奈得很。

如果人们能够从日常的生活中超脱出来，学会由死观生的方法，心胸便会豁然开朗，意识到人们生到这个世间时，是一无所有的来；而死时离开这个世间，也将赤条条地去。人际关系在我们的生命中都是唯一的，不可重复的，故而是弥足珍贵的。因此，何必执着于你的我的他的呢？又何必因此而形成你我他之间的紧张呢？所以，如果在生的过程中，稍稍去想想死的问题，生活中的许多事情便会豁然开朗，面对各种复杂的关系也能处理得更好一些。

这样一种人生态度当然对我们的一生都会有益处,而它似乎只能建构在对死亡沉思的基础之上。

最后,死亡的存在使我们能时刻意识到生命的可贵与脆弱。人虽然是万物之灵,但生命自身却相当地脆弱,十分容易受到外在的和自我的伤害。人的生命只有一次,生命时限又十分地短暂,死亡意味着人们此生的完全结束,这就时刻提醒我们一方面要充分地利用好生存的时间,不浪费分毫,每一天每一小时都应该有丰富和独特的内容;另一方面还要十分注意保护自己脆弱的生命,不要使之受到损伤,更不要沦入非正常的死亡。不仅要细心地保护自我的生命,还要通过各种锻炼和养生努力地活够大自然赋予我们的自然寿命,在任何的情况下,都不要采取自杀的过激行为。

人生中的挫折固然很多,生活中的痛苦虽然无数,生命中的烦恼也似乎无数,但我们出于对生命的珍惜态度忍忍也就会过去。自杀不仅是人生中的怯懦行为,更是对神圣生命的亵渎,它也是一种最不好的解决生死问题的方式。对自杀者而言,人生的所有问题似乎都得到了解决,但对社会和死者的亲人来说,令人痛心的一大堆问题才刚刚开始,这如何是解决生死问题的良方呢?

由此可见,死亡的存在不仅有其意义,而且意义非常重大,关键在于我们能否仔细地去思索,去发掘,去显现。能够做到这一点,对人生实在是有很大的益处。

所有这些现象,据本人的实地观察和思考,皆起因于人类在 20 世纪前,运用科技的力量大大改善了生存的品质,大幅度地提升了生活的水准,在此基础上,人们又迫切地希望进一步解决死亡的问题,以提升死亡的品质。实际上,在西方发达国家,死亡的有关问题早就成了公众问题,关注的范围相当广泛,讨论得也十分深刻。可见,生活水平间接地决定了某个地区的人们是否重视有关死亡的问题。中国历经 1 个半世纪(1840 年至 20 世纪末)的奋斗,社会、经济等已有突飞猛进之态势,人们的生活水准也有相当程度地提高,因此,在新的世纪到来之后,笔者认为,死亡的问题与人生的问题一起肯定会引起人们更为广泛的关注和思考。

第三节　帮助处于危机中的高职学生

一、高职学生处于危机中的表现

近年来,高校学生自杀现象屡见不鲜,给家庭、学校和社会造成严重影响。高校学生自杀在大学生非正常死亡比例中居高不下,且呈现上升趋势。鉴于生命的不可逆性,为最大限度地挽救生命,有必要对大学生自杀征兆进行研究,加大干预力度,以制止自杀行为的发生。

(一)高职学生自杀倾向的表现

1. 高职学生作为大学生中的特殊群体的自杀现状

社会压力已经攒到了临界边缘,几乎每个领域都发生了精神变异事件,影视剧近几年频频涉足心理问题,大学生自杀是其中一个突出的反映,心理危机波及普通大众,已经无可避免地成了社会热门话题。可以说,继农民、破产者、下岗工人、明星等自杀高危人群之后,大学生也加入了这个群体的行列。下面针对目前大学生自杀事件做了简单介绍：

①某高校一名大二学生坠楼身亡，学校向媒体表示，死者成绩欠佳。

②某学院发生了一起事件，大三女生刘某即因"求职压力过大"而自杀。

③北京某学院的一名研二女生小聂跳河溺亡。事发前，小聂曾发短信告知舍友，"明天看不见我，就来河边找我"，同学于清晨看见短信并报警。据知情人士透露，其遗书自曝其患有抑郁症，因生活压抑才选择跳河来结束自己的生命。

④重庆某学院研究生黄某跳楼身亡。

⑤福州某学院一女生因失恋而自杀。

⑥紧接着，四川某学院一名大三学生从男生宿舍楼6楼坠下，系自杀身亡。

⑦广西某职业学院一男生自杀。

⑧南京某学院一黄姓女生被舍友发现在宿舍内上吊自杀身亡。对于女生上吊的原因，一位知情女生表示，宿舍内上吊自杀的女生黄某某留有一封遗书，主要内容就是，因其是一名大三学生，无法正视大四和考研等问题。

⑨某医学院一名大三学生邹某在家中死亡，其父母在政府街道旁被一辆宝马车撞死，获百万赔偿金。据邹某的同学介绍，父母的离世对她打击很大，使她突然失去了依靠，导致内心异常孤独，这可能是她最终选择终结生命的直接原因。某小学校长朱老师说，对于失去双亲的邹某，最为需要的可能并不是巨额的赔付，而是有效的心理疏导和社会给予的关心和照顾。

⑩在河西某高校一宿舍西南角，一男子持刀将该校一女生杀死，随后自杀。警方初步查明，嫌疑人王某因恋爱纠纷将该女生杀害，目前王某伤势较重，正在医院抢救，案件正在进一步侦查中。

触目惊心的事实，一条条生命的逝去，一次次冲击着人们的心灵，他们到底是怎么了？

根据南京危机干预中心对南京部分大学的调查，显示大学生近几年自杀率相当高，而自杀者中有70%的人是因为抑郁症造成的。在医学上，"抑郁症"又属于"情感障碍"。而在高职学生中有相当一部分人陷入了这种痛苦之中。

在有自杀倾向的高职学生中，有的高职学生在过去的一个月中曾感到非常悲伤和无望，有的持续两周以上，而且这样的感受已影响正常的学习和生活；有的高职学生曾想过自杀；有的高职学生曾经为如何自杀制订过计划，即有自杀企图；有少数的高职学生有自杀行为。

不同性别的高职学生自杀倾向发生的情况不同，通常男生消极情绪发生率高于女生，在想过自杀、企图自杀及自杀行为方面体现出男生多于女生，但这个差异在统计学上并没有实际意义。

不同年级的高职学生自杀倾向发生情况也不一样：在消极情绪发生率上，二年级学生最高，一年级次之，三年级较低，但在想过自杀、企图自杀及自杀行为方面没什么显著的不同。

不同生源地的高职学生自杀倾向方面比较，在曾经想过自杀和企图自杀这两方面有明显差异，来自城镇的高职学生在过去曾想过自杀、企图自杀方面的报告率高于来自农村的高职学生。有成瘾性药物滥用的高职学生自杀倾向报告率明显高于无药物滥用的学生，特别是服用毒品的学生自杀倾向更加严重。

是什么原因导致这些社会上人们认为有远大前途的人要主动结束生命呢？当下，高职学生中有自杀倾向的又会有何前兆呢？

2.高职学生自杀的前兆

自杀并非突发。一般而言,自杀者在自杀前处于想死的同时又渴望被救助的矛盾心态,从其行为与态度变化中可以看出蛛丝马迹。大约2/3的人都有可观察到的征兆。据南京危机中心调查,61例大学生自杀的案例中,有22人曾明显地流露出各种消极言行以引起周围人的注意。常见的征兆有:

①对自己关系亲近的人,表达想死的念头,或在日记、绘画、信函中流露出来。

②情绪明显不同于往常,焦躁不安、常常哭泣、行为怪异粗鲁。

③陷入抑郁状态,食欲不良、沉默少语、失眠。

④回避与他人接触,不愿见人。

⑤性格、行为突然改变,像变了一个人似的。

⑥无缘无故地收拾东西,向人道谢、告别、归还所借物品、赠送纪念品。

日本长冈利贞认为自杀前会有种种信号,可以从言语、身体、行为3个方面观察。

①言语。有自杀意念的人会间接地,委婉地说出来,或者谨慎地暗示周围,如"想逃学""想出走""活着没有意思"。

②身体。有自杀意念的人会有一些身体症状反应,比如感到疲劳、体重减轻、食欲不好、头晕等。这往往是抑郁情绪所致,不能简单地认为是身体有病,应引起注意。

③行为。当自杀意念增强时,在日常生活中会表现出不同于平常的行为,如无故缺课、频繁洗澡、看有关死的书籍,甚至出走、自伤手腕等。根据以上种种征兆,可以为自杀预防提供线索和可能。

(二)有自杀意念的高职学生的心理特征

有自杀倾向的高职学生,在对自杀行为性质的认识及对安乐死态度方面的得分低于无自杀倾向的高职学生。有自杀意念的高职学生,心理健康水平较差,自卑感强、人格缺陷明显,对自杀持宽容态度。

有调查显示,有自杀意念的大学生SCL-90各因子的平均得分高于无自杀意念的学生,说明有自杀意念的学生是心理健康水平较低的群体。自杀意念者的性格比较内向,没有很强的掩饰性,情绪不稳定,易焦虑、紧张,遇到刺激易有强烈的情绪反应,难以适应外部环境,固执倔强,具有攻击性。有自杀意念学生总体自卑感较强,自我价值、社交能力、体能方面较自卑。自杀意念者对自杀行为持矛盾、中立态度,无否定、排斥和歧视态度;有自杀意念者对安乐死持反对态度,无自杀意念者倾向于矛盾中立。

二、如何预防危机

目前,很多独生子女已经进入高校学习,由于特殊的成长经历和背景,部分学生的心理发展滞后于其生理和学业的发展,他们的心理调适水平还处在中学阶段,自身的心理平衡系统还未完全建立。但入校以后所面临的生活、学习、工作、人际关系等,对他们的心理调适能力又提出了新的要求,在这多重的压力下,大学生成为心理危机的高发人群,严重影响着他们的成长和发展。因此,加强大学生心理健康教育,提前预防、及时发现、积极疏导、有效干预学生中出现的心理危机事件,降低学生心理危机的发生率,减少心理危机给学生带来的各种伤害,是高校心理健康教育工作中一项迫切的任务。

(一)预防在先,提高学生的心理健康水平

建立学生心理档案,针对大学生可能出现的心理危机,及时开展心理健康教育,提高大学生的心理调适能力和危机应对能力,预防心理危机的发生,是高校心理危机干预的首要任务。

1. 建立学生心理档案

大学生心理健康普测所获得的信息、学生基本情况和个性特点、个体咨询记录、危机事件及其干预记录等信息是了解大学生的生活适应能力和心理调节能力的基本要素。学生的成绩、信用记录、贷款记录等对学生正在面临和即将面临的危机提供了第一手资料。将这些信息结合,进行动态的信息化管理,形成学生心理健康档案,可以及早发现学生可能面临的心理危机,提前做好相应的预防和支持工作。

2. 大力开展心理健康教育

各高校要利用各种形式开展心理健康教育,普及心理健康知识。

3. 对心理危机的高发群体进行针对性的教育引导

(1)新生群体

很多学生对大学生活抱着梦幻般的期待。在入学以后,"梦幻"破灭,有的同学人生中第一次住校,第一次独自面对陌生的班级、陌生的室友、陌生的环境,而原来头上的"光环"都渐渐退去,这些都给新生带来了很大冲击和挑战。因此,结合新生所面临的问题,对他们进行针对性的引导和教育就显得尤为重要。

(2)家庭经济困难学生群体

这一群体的学生,背负着沉重的心理压力和经济负担。一方面,他们为自己的经济地位低下感到自卑;另一方面,他们又有着较强的自尊心。自卑和自尊的强烈冲突和碰撞,使得他们内心的平衡遭到极大的破坏。帮助这一群体,有效解决其经济压力,重建内心的稳定和平衡,有着非比寻常的重要性。

(3)学习困难群体

大学生的学习困难背后往往隐藏着深层的心理问题,他们往往自我怀疑和否定,有疏离感,学习失败带来的耻辱感和失败感,也会导致心理危机的发生。

(4)毕业生群体

高校扩招带来的大学毕业生数量的持续增长,以及高校毕业生就业制度的改革,使大学就业从以往的"精英就业"步入"大众就业"时代。而大学毕业生对于就业的期望值仍然普遍偏高,这使得部分毕业生产生了严重的心理失衡,加上对自身定位不足,以致在就业过程中容易出现焦虑、抑郁、自卑、人际关系紧张、自闭等心理问题。同时,毕业过程中面临的论文压力、同学之间离别的失落、恋人之间分手的悲伤等都给毕业生带来了巨大的冲击,这要求他们不断打破原有心理平衡状态,寻求新的平衡和发展。针对这一现象,对毕业生群体的心理状况进行分析,针对其在毕业过程中出现的生理、心理和行为表现,对毕业生进行求职辅导,引导毕业生建立起与社会协调一致的价值观,积极面对毕业时的各种挑战,对于毕业生群体顺利度过毕业前的一段时间是大学生危机干预不可忽视的一个环节。

（二）防微杜渐，及早发现学生的心理危机

1. 构建全方位的危机预警网络

大学生心理危机具有突发性和潜在性的特点，在心理危机爆发前进行预测和干预，及时发现和识别潜在的和现实的危机因素和表现，进行系统评估，采取防范措施，将心理危机消除在萌芽状态，有利于将心理危机的影响控制在最小范围内。在学校心理危机的干预过程中，可设置"四线三级"的危机预警网络，定期对学生的心理状态进行了解、评估和帮助，并将相关信息汇总到指定的危机预警和干预机构（学校心理咨询中心或学生工作指导中心），由相关部门进行分析后采取必要的措施。

2. 制订危机预警指标

在建立起全方位、全覆盖的危机预警网络之后，还必须建立预警指标。这些指标包括：大学生可能出现危机的时期、人群以及危机的具体指标。危机的具体指标包括：情绪困扰、失眠、学习成绩不理想、失恋、人际关系不和谐、突发疾病、家庭遭遇变故、幻觉等。在危机预警的指标确立以后，要对危机预警网络中的相关人员进行相应的培训，教给他们危机识别的技巧和方法，有效发挥预警作用。

（三）有力疏导，有效干预学生心理危机

1. 建设和完善心理危机干预队伍

一个完善的心理危机干预队伍应该有辅导员、保卫处、教务处、学校医院、学校心理健康教育咨询中心，家长、院系学生工作负责人、学校心理危机干预领导小组、精神卫生中心组成。各级机构协同工作，共同处理发生的危机事件。

2. 制订危机干预预案

根据大学生常见的危机信息，制订相应的预案。对于恋爱挫折、违纪处分、学业困难等突发事件引起的危机，在第一时间内应向院系学生工作负责人和学生处相关负责人汇报，成立临时协调小组，汇集情况后由校心理咨询师介入，做好危机爆发前的情绪疏导和安抚工作，并指导学生家长、室友、好朋友等充分发挥社会支持系统的作用，帮助当事人度过危险期。

心理案例

在每年5月的第二个星期日，世界各地都举行庆祝活动，以颂扬母爱的伟大。

1876年，美国还在悲悼南北战争的死者。安娜·查维斯夫人（Anna Jarvis）在礼拜堂讲授美国国殇纪念日的课程，讲到战殁中捐躯的英雄故事后，她进行祈祷说："但愿在某处、某时，会有人创立一个母亲节，纪念和赞扬美国与全世界的母亲。"查维斯夫人为她的礼拜堂服务超过了25年，当她在72岁逝世时，41岁的女儿安娜，立志创立一个母亲节，以实现母亲多年前祈求的心愿。安娜先后写信给许多有名望的人物，要求他们支持设立母亲节，以发扬孝道，初时人们反应冷淡，但她不气馁，继续向各界呼吁。1907年5月12日，安德烈卫理教堂应安娜之邀为母亲们举行了一个礼拜仪式。隔年，此仪式在费城举行，反应热烈，终于获得西弗吉尼亚州州长支持，并于1910年宣布在该州设立母亲节。接着，美国多个州和加拿

大、墨西哥等先后对母亲节给予认可,举行庆祝仪式。到了 1914 年,美国总统威尔逊提请国会通过决议案,将母亲节定为全美国的节日,并促请人们"公开表示我们对母亲的敬爱"。世界各地相继仿效,遂成为"国际母亲节"。安娜原建议以她母亲的逝世日 5 月 10 日作为母亲节的日期,但后来为方便人们共叙天伦,便选定 5 月份的第二个星期日为母亲节。

心理训练

训练一:

1. 你知道自己母亲是哪一天生日吗?

2. 你愿意或者你经常在母亲节给母亲打电话吗?

3. 每次放假回家或者偶尔会想着给母亲买礼物吗?

4. 你知道你母亲最喜欢的食物是什么吗?

……

请认真回答上面的问题,然后思考自己与母亲的关系如何?

训练二:

请各位每人准备一支笔,一张纸,把你平时最珍爱的 5 项人、事或物写在上面。这 5 项中有两项必须是"我""妈妈"。

实验第 1 步

现在要请你忍痛割爱了,5 项东西中只能保留 4 项,请你慎重考虑,从 5 项中去掉 1 项,去掉的这 1 项要用笔划去。请注意,一旦划去,就意味着它从你的生活中消失了。在划去之前,你要不断回忆它在平日给你带来的欢乐,可现在,它就要消失了,你不得不跟它永别了。想到这些,你会很难过,但你还是要坚决地把它划去。

实验第 2 步

现在要请你继续忍痛割爱,4 项最珍爱的东西中只能保留 3 项,请你慎重考虑,然后从 4 项中划去 1 项。一旦划去,它就从你的生活中消失了,可它却给你带来过无穷的欢乐,把它划去,你一定非常难过,但你还是要坚决地把它划去。

实验第 3 步

现在你的生活变得更惨了,3 项中只能保留两项。怎么办? 你自己好好思考吧,再喜欢也得把它划去,它带给你再多的欢乐也是昨天的事了。要坚决、彻底地划去。

实验第 4 步

实验已进入最残酷的阶段了。现在,你和妈妈坐在船上,遇到了类似泰坦尼克号沉没一样的灭顶之灾,你们两人只有一人能活下来,怎么办? 请你在一两分钟之内作出决断。你和妈妈到底谁活下来? 划去你自己吗? 你还没有好好欣赏这多彩的世界,还没有实现自己的理想呢! 划去了妈妈,就意味着从此你永远失去了母亲,失去了母爱。请你回想一下,母亲平时对你多么关心,多么呵护,可现在,你就要失去母亲了……

请谈谈你在选择时的心理活动。

参考文献

[1] 黄希庭. 心理学导论[M]. 2 版. 北京:人民教育出版社,2007.

[2] 林崇德. 发展心理学[M]. 2 版. 北京:人民教育出版社,2008.

[3] 张晓舟. 大学生心理健康教育[M]. 武汉:华中师范大学出版社,2013.

[4] 沙莲香. 社会心理学[M]. 2 版. 北京:中国人民大学出版社,2006.

[5] 张晓舟. 大学生心理健康教育[M]. 武汉:华中师范大学出版社,2013.

[6] 中国就业培训技术指导培训中心,中国心理卫生协会. 心理咨询师(基础知识)[M]. 修订版. 北京:民族出版社,2012.

[7] 魏丽萍. 心理健康教育[M]. 北京:北京师范大学出版社,2011.

[8] 郭念锋. 心理咨询师[M]. 北京:民族出版社,2012.

[9] 邵志芳. 认知心理学[M]. 上海:上海教育出版社,2006.

[10] 卢晓蕊. 以科学发展观和人的全面发展理论引导大学生个性发展[J]. 黑河学刊,2011(3):69.

[11] 向先孟. 当代大学生个性发展问题与优化路径研究[J]. 咸宁学院学报,2012(2):86-88.

[12] 马雁平. 大学生心理健康教育[M]. 2 版. 长春:吉林大学出版社,2013.

[13] 彭聃龄. 认知心理学[M]. 杭州:浙江教育出版社,2004.

[14] 邵志芳,陆峥. 重新审视内隐学习人工语法范型[J]. 华东师范大学学报:教育科学版,2004,22(2):47-52.

[15] 中国大百科全书总委员会《心理学》委员会. 中国大百科全书·心理学[M]. 北京:中国大百科全书出版社,1992.

[16] 邵志芳. 思维心理学[M]. 上海:华东师范大学出版社,2001.

[17] 张述祖,沈立德. 基础心理学[M]. 北京:教育科学出版社,1987.

[18] 杨清. 现代西方心理学主要派别[M]. 沈阳:辽宁人民出版社,1980.

[19] 汪安圣. 认知心理学[M]. 北京:北京大学出版社,1992.

[20] 胡邓. 人际交往从心开始[M]. 北京:机械工业出版社,2008.

[21] 邓旭阳. 大学生心理训练[M]. 北京:北京出版社出版集团,2004.

[22] 陶国富,王祥兴. 大学生网络心理[M]. 上海:立信会计出版社,2004.

[23] 汪海燕. 走进阳光地带:大学生心理健康导航[M]. 武汉:华中师范大学出版社,2004.

[24] 冯鸿滔. 普通心理学[M]. 北京:中国人民公安大学出版社,2006.

[25] 郝伟. 精神病学[M]. 北京:人民卫生出版社,2004.

[26] 黄希庭. 简明心理学词典[M]. 合肥:安徽人民出版社,2004.

［27］黄希庭,郑勇,等.当代青年价值观研究［M］.北京:人民教育出版社,2005.

［28］梁瑞琼,邱鸿钟.大学生心理健康教育与训练［M］.北京:教育科学出版社,2009.

［29］钱铭怡.心理咨询与治疗［M］.北京:北京大学出版社,2003.

［30］石林.健康心理学［M］.北京:北京师范大学出版社,2001.

［31］王晓刚.大学生心理健康［M］.北京:清华大学出版社,2007.

［32］张大均,吴明霞.大学生心理健康［M］.北京:高等教育出版社,2009.

［33］张积家.高等教育心理学［M］.北京:北京大学出版社,1992.

［34］郑洪利.大学生心理素质训练教程［M］.上海:上海交通大学出版社,2005.

［35］朱智贤.心理学大词典［M］.北京:北京师范大学出版社,1989.

［36］林崇德.发展心理学［M］.杭州:浙江教育出版社,2002.

［37］周宗奎.大学生学习指南［M］.北京:高等教育出版社,2005.

［38］卡耐基.人性的弱点［M］.李志敏,译.北京:机械工业出版社,2004.

［39］弗兰克·哈多克.意志力训练手册［M］.高潮,译.北京:中国发展出版社,2005.